外尾健一著作集　第七巻

フランスの労働組合と法

信山社

はしがき

これまでに公刊した論文をまとめて「著作集」を出版しないかというお誘いは、かなり前から受けていたのであるが、その度に、改めて世に問うほどの論文はなにもないからと固辞していた。しかし、「現物がなくて、読むことのできない論文があるのでまとめてほしい。」という話もときどき耳にするようになったので、とにかく今までに書いたものを集めてみようと、手元にないものは人から借りたりしてコピーをとった。私は、多作のほうではないが、それでも約五〇年の間に執筆したものは相当な数にのぼった。その一つひとつは、稚拙で面はゆいものばかりであるが、私が目の当たりにしてきた戦後の、労働問題・労使関係・労働法の動きと密接に結びついている。論文の表題をみただけで、その当時なにが問題となっていたのか、労使関係や経済の動きはどうであったのか、そして労働法の学説判例の状況はどうなっていたのかが走馬燈のように思い浮かべられた。

論文を書くことによって私が学んだ成果は、その間に執筆した教科書(『労働法入門』)や概説書(『労働団体法』)にある程度結実している。私は、論文を執筆することは、「私は今このように考えているが、どうだろうか」といって世に問うことだと思っている。私自身、多くの批判的論文その他によって、さらに考え直し、教えられて学問的に成長してきた。その成果は、あくまでも理論的な概説書にまとめるべきだと考え、これまでの業績を集大成するような体系的な概説書を執筆したいと考えていた。それが「過去の論文集」の出版を逡巡させた原因の一つでもあった。しかし、最近のめまぐるしく動く社会経済情勢の変化につれて労働法と労働問題の分野にも、新たに学びたいこと、考え直したいことがつぎつぎとでてきて、個別的労働関係をまとめる予定の『労働契約法』の刊行はおろか、『労働団体法』の改訂すら手に着かない状況である。そこで、そのときどきの問題状況の一端を明らかにする意味で、思い切ってすすめられるままに、過去のいくつかの論文をまとめて出版することにした。

私がこれまでに執筆したものは、求められるままに書いたものがほとんどであるので、種々雑多なものであるが、大別すれば、実態調査の報告書、講演会の速記録・通信教育のテキスト・教科書、裁判所・労働委員会に提出した意見書、フランスやアメリカを中心とする比較労働法に関するもの、日本の労使関係や経済変動と労働法の動向に関するもの、その時々に問題となった労働法上の争いに関連するもの等である。本著作集では、このなかから、主として実用法学に関するもの、日本の労使関係と法に関するもの、比較法学に関するものをいくつかを拾い出し、テーマ別にまとめることにした。当初、若手の研究者に少しでも役に立ちそうなものという基準で選んだら、ほとんど掲載するものがなくなってしまった。やめようかと思っていると、「著作集の論文は自分で選ぶものではなく、人が選ぶものです。」といってくれた人がいたので、なん人かのひとに相談しつつ、まとめることにした。

本著作集は、テーマ毎にまとめたため、各論文の執筆の年代はまちまちである。したがって、文体は統一されていないし、仮名遣いなども入り交じっている。今ならば、もっと簡潔に分かりやすく書くのにと思いながらも、あえて誤字脱字以外は訂正をせず、そのまま掲載することにした。内容だけではなく、文章そのものも生硬であるが、論文も時代の背景とともに存在していると考えたので加筆・訂正は行わなかった。それぞれの論文の初出の掲載誌や年度は、各巻末に解題とともに掲げておいた。

私自身は、いまだに未熟な過去の「足跡」を出版することにためらいがあるし、忸怩たるものがあるが、一方においては、労働者の権利が具体的には無に等しかった状況のなかから、基本的人権として法の体系のなかに定着し、今日にいたるまでのわが国の労働法の軌跡の一端を体験し、観察して来た者の一人として、私の論文集をこういう形で世に示すことができたことを有り難いと思っている。この論文集が、若い研究者に少しでも役に立つことができれば望外の幸いである。

本書の出版を、終始、熱心にすすめてくれ、刊行にまでこぎつけてくれた信山社の袖山氏、村岡氏にはこころからお礼を申し上げたい。

一九九八年一月

外尾健一

目　次

目　次

第一章　フランスにおける団結と団結権

一　フランスの労働運動と労働争議権

一　ル・シャプリエ法と団結禁止時代

自由、平等、博愛の三色旗を旗印に、徹底的なブルジョワ的自由主義を貫徹せんとしたフランス革命は、資本主義経済の発展にとって手かせ足かせとなっていた同職組合制度を一切破砕し（一七九一年三月二日―一七日命令）、近代的資本主義国家樹立への第一歩をふみ出した。先づ大革命当時の立法議会はル・シャプリエ法（一七九一年六月一四日―一七日）を制定し、一切の職業団体の結成を抑圧すると共に、職業上の利害を論議する目的を以て集会することを禁止した。(1) ついで執政官統治下の共和十一年芽月二二日法（一八〇三年四月一二日法）は重ねて団結禁止を規定する一方、労使双方の団結に対する差別的な取扱いを規定して、フランス革命のブルジョワ的な性格を濃厚に打出してきた。同法によれば、いかなる場合においても労働者の団結は禁止され、違反者は三ケ月以下の体刑に処せられるのに反し、使用者の団結は、不当かつ濫りに賃金の引下げを強要した場合に限って処罰するものとし、しかも罰金刑に限ったのである。

一八一〇年の刑法典は同法を受けつぎ、四一四条乃至四一六条に団結および同盟罷業の罪を規定すると共に罰則を一層過酷なものとした。即ち、労衝者の団結乃至罷業はその目的の如何に拘らず一ケ月以上三ケ月以内の体刑に処せられ、その主謀者は五年までの禁錮を受けるのに反し、使用者側の団結は、前記のごとく不当かつ濫りに(injustement et abusivement) 賃金の引下を目的とする場合に限って罰金又は六日以上一ヶ月以内の体刑が課せられるにすぎなかったのである。

以上のごとき団結禁止の諸規定が十九世紀初頭の自由主義経済思想に媒介されて生れてきたものであることは改めていうまでもない。(2) 私的所有権の不可侵と契約自由の二大原則を支柱とする当時のブルジョワ社会にあっては、賃金も亦需要供給の法則に基いて自由に定めらるべきものであるとせられ、これを団結その他の手段によって人為的に増減せしめることは耐え難き苦痛であるとされたのである。このようなレッセフェールの経済法則の貫徹を守護することこそ法の任務であると見做され、経済秩序を乱す労使の団結は上記のごとき厳罰を以て禁止せられることとなった。しかしながら生計費のアンバランスな上昇から実質賃金が自ら低下の傾向を示していた当時においては使用者が賃金切下を目的として団結する必要は殆どなく、また、企業の分散化と相互の競走心から使用者の団結は望むべくもなかったのである。従って使用者の団結禁止は実質的には無意味な規定にすぎない。しかもなお罰則について不平等な取扱いを規定している点にブルジョワ法としての性格が露骨に滲み出ていると評しても過言ではなかろう。

ともあれ、同職組合の独占と内部的な腐敗、王権の紊乱、その間に滲透してきた産業資本主義の息吹き等々の種々の要因が重なり合って十八世紀を通じて労働者の生活は次第に惨めな状態へとおしやられ、生計費の上昇率は五〇%から六〇%に達するのに反し、賃金の上昇率は二六%以下にとどまっていた。(3) 労働者は一八世紀末から既に本能的に団結を開始し、「これ以下では働かない」という賃金表を使用者につきつけ、或は一揆的な罷業を行っていたのである。(4) このような労働者の動きを当初から否定し、当時漸く緒についたフランス資本主義の荒々しい収奪を側面から援護する点に前記のごとき団結禁止法の経済的意義が存した。

資本による労働力の激しい吸飲と、それに対応する労働者の悲惨な状態は、フランスにおいては一九世紀初頭にまざまざと見せつけられる。自由な契約の結果、リヨンの絹織物業では一八時間労働が一般的であり、児童でさえも不健康な環境の下に一五時間労働を強制せられていた。(5) 彼等はパンとじゃがいもだけを常食とし「労働者にとって生きるということは、ただ死なないということ」にすぎなかったのである。このような労働者の苦悩は或は突発的な罷業となり、或は社会主義運動と結びついた叛乱を惹起しつつ次第に階級的な連帯感情を芽生えさせて行った。ル・シャプリエ法による団結の禁止にも拘らず、ストライキは各所に頻発し、公権力の介入と相俟って時には流血の惨事をも惹き起したのである。この時期の争議の特長として争議の主体が近代的な賃金労働者ではなくて職人的な労働者であること、労働条件の劣悪化と共に機械に対する素朴な反抗が一つの要因をなしている点等を指摘することができる。争議は主として建築、織維、食品、印刷業(6)において勃発したが、企業の孤立化は使用者相互間の競争によってさらに深められており、企業の財政的な脆さから争議は労働者側の勝利に帰す場合が多かったとさえいわれている。(7) また、失敗に終った場合でも主謀者は容易に他企業に職を見出すことができた。それ故にこそ使用者側では公権力による争議の弾圧を必要としたのであろう。また次第に階級的な連帯性に目覚めた労働者は自己の社会的な不安定性を補うために、一方において相互扶助組合を結成し、或は積極的に労働者を生産手段の所有者にするための生産組合を設立するに至った。これらの団結が警察当局によって陰に陽に取締りをうけたことはいうまでもない。団結禁止時代の労働者の活動は以上のごとき三重性を有していた。

さて、一八四八年の共和政府は刑法四一四条および四一六条を廃止するには至らなかったが、四八年の憲法一三条において使用者と労働者との関係の平等を宣言し、一八四九年一一月二七日法を可決して刑法四一四条乃至四一六条所定の罰則を軽減すると共に、使用者の団結と労働者の団結との間に存在する差別待遇を撤廃した。従って暴行強迫を伴わない団結をも一切禁止するという従来の原則には何等変りはないわけである。議会において団結禁止規定廃止の提案を却けたド・ヴァティメニル氏がその理由の中で労働者の団結は「国民産業を破壊せしむるに至るものである。蓋し、労働者の団結を許すの結果は、労働を休止せしめ、ために外国に産業上の顧客を奪われ、且つ公共の平和を脅かすに至るものである」(8)と述べているのは、漸く海外市場への競争に乗り出したフランス資本主義の偽らざる気持を表明したものとして興味深い。

その後、資本の集中と大工場制度の確立により工場生産高は飛躍的に増大し、社会的経済的条件の変動は労使両階級の組織をも一変してしまった。繊維産業、金属産業を母体に進出してきた近代的大工業制度は、同時に夥しい賃労働者を輩出せしめ、新たな労働問題発生への基盤を提供したのである。厳しい弾圧にも拘らず恰も必然的な法則のように各所にくり拡げられた争議は、労働者階級の成長と共に次第に強力なものとなり、これを受けて立つ使用者の組織も亦次第に確立して行った。

特に、第二帝政末期の労働政策は政治的な立場から労働階級への妥協を示し、一八六〇年代には労働組合は殆ど黙認の状態であったといわれる。又、罷業について有罪の宣告をうけた労働者に対しても広く特赦権が行使された。このような事実上の団結および同盟罷業の自由を法的な形式で表現したのが一八六四年五月二五日法である。

（1）P. Durand et R. Jaussaud, Traité de droit du travail, 1947, pp. 61-71.
（2）ル・シャプリエ法制定のいきさつを労働運動史の立場から扱ったものとしては、特にJ. Bruhat, Histoire du mouvement ouvrier français, 1952, p. 114 et s. が興味深い。
（3）F. Barret, Histoire du Travail, 2e éd., 1948, p.65.

（4）この頃の賃金協定については、拙稿「フランスにおける労働協約の起源とその発達」（「労働法律旬報」一四六号）に簡単に紹介してある。
（5）当時の労働者の状態を知るには種々資料を簡潔に集録したB. Cacérés et C. Marker, Regards sur le mouvement ouvrier, 1951, p. 67 et s. が便利である。
（6）団結禁止法下の組合には例えば建築関係では大工組合（一八一二年設立パリ）、塗装工組合（一八一一・パリ）、屋根工（一八〇二・パリ）などがあり、その他パン工組合（一八二〇・パリ）、帽子工組合（一八〇四・リヨン）等種々様々なものがある。V. J. Montreuil, Histoire du mouvemeut ouvrier en France, p 112–115.
（7）G. Lefranc, Les expériences syndicales en France, 1950, p. 238.
（8）カピタン・キューシュ「労働法提要」星野・石崎氏訳・七七頁。

二　一八六四年法と団結自由時代

一八六四年法は団結の罪を規定した刑法四一四条および四一五条を廃止した。従って、暴行、強迫等の違法な手段によらない限り、労働争議は民事上、刑事上の責任を免れることとなったのである。一八六四年法の制定は、かつての団結禁止法が却って労働者の反抗を誘致し或は社会主義運動と結びついた秘密結社による活動に労働者を追いやるのみならず、団結禁止法が労働者階級の成長の前には、事実上無力なものにすぎないことを認めたからに外ならない。団結自由を容認する理由として、議会における報告者エミール・オリヴィエ氏は「個々の個人に許されたる所は又利害関係者の団体にも許さる可きである。而して個人は労働条件を討議する権利を有している。従って雇傭主及び労働者の団体も亦同一の権利を有せねばならない。何故に一労働者、一雇傭主に許されたる所の事が団体より出たる決定となりたる場合犯罪を構成するのであるか(1)」と述べているが、イギリス法のコンスピラシイを思い起させるような上述の説明には興味深いものがある。一八六四年法は団結を法律上固有の権利として認めたものではなく、禁止されざるものは容認せられるという一般的な自由の範疇にくみ入れたにすぎない。しかも一八六四年法の団結(2)とは、争議をなす自由（liberté de faire grève）であって、労働組合結成の自由を法律上容認したわけではないのである。従って集団的行為としての労働争議の基本的な性格が無視されていることはいうまでもない。繰返していえば一八六四年法は個人として適法に行いうる行為は個人の集積である集団としても適法に行いうることを認めたものであって、争議とは個人行為の単なる並列（une juxtapositon d'actes individuels）(3)であり、それ以上の何ものでもなかった。凡てを原子論的に個人に分解してしまう市民法にとっては、団体として個人をこえた独自の性格を有する労働組合は受け入れる余地がなく、従って争議を労働組合の行為として把握し、これに特別の法律上の効果を附与することなどは望むべくもなかったのである。労働組合結成権が法律上認められるまでには、その後なお二〇年間を必要とした。

一八六四年法に基く争議権の法律構造の概略を紹介すると次のようなものである。

(1)　労働争議を行うことは適法な行為（acte legitime）であるが、刑法一二三条並びに一二六条によって官公吏の争議権は否認されている（判例法上支持された立場 Cons. d'Et, 18 juill. 1913, D. P. 1917. 3. 21. 但し、刑法同条は、労働の集団的中止以外の条件を定めたものであるとして学説は反対する）。

(2)　団結の自由は職業上の目的、即ち労働条件の維持改善を目的とする場合にのみ認められる。従って純然たる加害の目的をもってなされる場合は不法行為責任を問われる。

(3)　人および物に対して加えられた違法行為については民事上・刑事上の責任を免れることができない。

(イ)　刑事上の責任　一八六四年法は刑法四一四条乃至四一六条の団結の罪を廃止し、新たに労働の自由を害する罪を設けた。その構成要件は（a）賃金の増減を強制し若くは産業乃至労働の自由な行使を妨げるために（b）暴行、暴力脅迫乃至詐術によって労働の集団的な休止を惹起し若くは維持せしめんとしたものとなっている。罰則は六日以上三年以下の懲役、又は一六フラン以上三、〇〇〇フラン以下の罰金と定められた。

(ロ)　民事責任　一八六四年法は労働争議の民事法上の地位について直接ふれていないが、前述せるごとく争議行為を一般的な自由として捉える結果、争議行為は普通法上の責任、即ち、契約責任と不法行為責任について問題とされうるわけである。契約責任については労働争議と労働契約との関係について多くの争いが生じ、判例、学説が入り乱れてその解決までにはその後約一世紀間を必要とした。ここでは単にその事実だけを指摘するにとどめよう。(4)

不法行為責任については労働争議の目的に関連して前述せるとおりである。かくて、一八六四年法以後、労働争議は、暴行、強迫、詐欺等の行為により労働の自由を侵害しない限り、違法ではなく、それ自体、正当な行為と見做されるようになった。然し、なお依然として労働組合を否認した結果、長期の運動方針の上に立った責任ある労働組合の指導がえられず、労働争議は往々にして暴力的な性格を帯びがちであったといわれる。(5)この時期の労働運動にはプルードニャンの名残りと、マルキストのシェーマ並びに自由主義者の息吹きが溶け込み、(6)かなり過激な斗いが展開されたのである。労働者は次第に階級意識に目覚め、かつての孤立分散的な争議から、職種をこえ、地域をこえた広範囲な争議が行われるようになった。かくのごとき労働運動の高まりと労働階級の政治的な発言力の強大化は第三共和政下の一八八四年三月二一日に労働組合結成の自由を認める立法を制定せしめるに至った。フランス労働運動を特長づけるサンヂカリズムも亦[7]、この時期に確立し、労働組合の組織は次第に地域的な職種別組合から全国的な産業別単一組織へと発展し、一九〇二年にはＣＧＴが結成されるまでに至るのである。ＣＧＴは労働者間の経済的連帯性を創り出すことを目的とし、当初から改良主義的な組合運動と革命組合運動とに分裂していた労働組合間の調整に当らねばならなかった。改良主義的な組合では、ストライキは最後の手段であるとせられ、又成功するという確実性のあるときでなければ行うべきではないとされた。これに反して革命的組合運動の側に立つ労働組合では、ストライキは労働階級を利益の防衛に訓練するが故に、それ自身として必要であると説く。従って日常闘争が重視されると共に、ブルジョワ階級への公然たる決戦であり、プロレタリヤの解放を目ざすゼネストが主唱されたのである。一九世紀末から二〇世紀の初頭にかけてストライキは漸増の傾向を示し、しかも大部分は成功を納めた。

（1）　カピタン前掲書八〇頁。
（2）　ピックは「団結は又結社と混同してはならない。蓋し労働者又は雇主の結社は継続的性質を有する。之に反し団結は獲得したる結果がその目的を達し、又は到底目的を達し得ないと認められるや、直ちに解散される一時的の団体であって恒久的の性質を持っていないものである」と述べている。又、団結と争議との関係は「恰も最後通牒が宣戦に対する如きものである」としている。ピック「労働法」協調会訳二六一頁。
（3）　Rouast et Durand, Précis de législation industrielle, 4ᵉ éd., 1950, p. 288.
（4）　労働争議と労働契約との関係については石崎教授の鋭い御研究がある。石崎教授「同盟罷業と労働契約」(「比較法雑誌」一巻四号)。
（5）　Rouast et Durand, op. cit. p. 288.
（6）　Lefranc, op. cit. p. 238.

(7) Jacques Rennes, Syndicalisme français, 1948, p. 27 et s.

三　労働争議調整法と団結規制時代

労働争議権の容認と平行して、労働争議の発生を防止し、或はその平和的解決を目的とする労働争議調整制度が種々の形態において考案されることは各国共通にみられる現象である。フランスにおいても一八九二年に至って治安判事を主体とする任意的調停仲裁制度が設けられた。しかしながら、独占資本主義の段階に入ったフランスの産業構造は労使両階級の組織にも大きな変化を齎らし、巨大な産業資本家や強力な労働組合に対しては一介の治安判事の発言力は余りにも小さく、一八九二年法は所期の効果を収めることができなかった。(1)その後いくつかの調停仲裁法案が提出せられ、特に一九一〇年のブリアンの法案は労働争議調整制度をおくことにより、鉄道従業員の争議を防止せんとしている点で注目せられたが、成立するには至らなかった。他方、長い間の労働争議の経験は労働慣行を積み重ね、労働争議は次第に単なる事実行為としての自由を超えて、団結権の一態様、即ち集団的権利として主観的にも客観的にも意識され始めたのである。

さて、一九三六年には世界最初の人民戦線内閣が誕生した。労働者階級は、マティニョン協定によってえた賃上げ、一週四〇時間制の実施、有給休暇、労働協約の締結等の戦果、並びに労働者階級に有利に制定せられた社会立法の執行を確保する手段として、労働争議の強制調停仲裁法(一九三六年一二月三一日法)を成立せしめた。同法は「凡ての労働紛争はストライキおよびロック・アウトに先立って調停および仲裁手続に附さねばならない」ことを規定したものである。(2) しかしながら世界的な恐慌の余波と、国際的ファッシズムの板挟みになったフランスでは国防費と社会政策費の二者択一を廻って政変が相つぎ、政権がブルムからショータン、ダラヂエと右へ右へと変化するにつれて、当初においてはむしろ労働者を守るための制度として確立せられた強制仲裁制度は、次第に反労働者的な制度へと転化し、ストライキを抑圧するための制度と化してしまったのである。

一九三六年法は強制仲裁制度をもってストライキおよびロック・アウトに代えんとするものであったが、罰則が設けられていないことから、ストライキに対する同法の効果について大いに争われるところとなった。

使用者は当然のこととして同法によりストライキは禁止されたと主張する。文理解釈によればいかなるストライキも調停仲裁手続に附託する以前には可能ではなく、しかも調停によって解決できない争議は特に拘束力を有する仲裁に附せられる故、ストライキを行う余地は全くないというのである。

これに対して労働者側では強制仲裁法によってもストライキ権は奪われていないと主張する。争議権は一八六四年法以後労働者に与えられた権利の一つと見做されている。強制仲裁が明確に争議権、団結権の禁止を規定していない以上、一九三六年法によって争議権が否定されたと解することはできない。強制仲裁法の下においても目的が正当であり、かつ正常な手段でなされる限り、使用者はストライキを事由として損害賠償を請求することはできないというのである。

これに対して政府は、強制仲裁法は争議権を奪うものではないが、手続の終了するまで争議権は中断せられるという見解を発表した。

この問題はやがて高等仲裁裁判所の判決により、法的には次のように解決せられた。即ち、調停仲裁手続に先立ってなされたストライキは違法であり、損害賠償その他の民事責任を問いうるというのである。

やがて第二次世界大戦前夜の緊迫状態につつまれたフランスでは、全力をあげて軍備の拡充へと向い、時の首相ダラヂエは軍需生産力増強のために労働時間の延長、ストライキの抑圧は不可欠であると考えた。一九三八年一一月にはヨーロッパの政治情勢悪化に伴う経済財政復興計画が立案され、それに伴って多くの命令が公布された。一九三八年一一月一二日命令には、例えば従来の週五日制を六日制にすること、週四〇時間制とは拘束四〇時間ではなく実働四〇時間であること、国防のため使用者は一定時間まで残業を命じうること、軍需工場においては週四八時間制とすること、軍需工場のストライキに対処するため政府は工場を接収しうる権限をもつこと等々の人民戦線政策の撤回にも等しい多くの命令が含まれていた。このような政府の政策に、過去の不満をも一時に爆発させたCGTは、一一月末日のチェンバレン来訪を期して全国的なゼネストを行うことを決定し、一一月一二日の反動立法に反対すると共に、政府の外交政策にも反対することを示したのである。血気にはやる労働者は一一月三〇日のゼネストをまたず、ストライキは各所に勃発した。激昂したダラヂエは、政治ストを理由に県知事宛ストライキ弾圧の指令を出し、ストライキの発生した工場には黒山のごとき警官隊が殺到して、催涙ガスが投げられた。更に政府は鉄道、鉱山を含む凡ての公益事業を接収し、これらの事業の従業員および公務員がストライキに参加した場合には厳罰に処す旨の警告を発した。ゼネストは予定どおりに行われたが、公益事業が政府の接収によってスト戦列から離脱したために威力を全く欠き、惨めな失敗に帰したのである。これに力をえた政府は、ストライキに参加した公務員を懲戒解雇に附し、接収命令に服従しなかった労働者を刑罰に処した。民間企業においても、従業員が政治ストに参加したことを理由に、雇用契約は破棄されたとし、再雇用に当っては戦闘的な組合員を排除する明白な差別待遇を行ったのである。(3)

第二次世界大戦に突入すると共に戦時統制経済の要請は協約法と共に強制仲裁法の効力を停止せしめ（一九三九

年九月一日法)、フランスの敗北、ヴィシー政権の樹立と共に労働憲章(Charte du Travail)が労働争議を規制するようになった。即ち、凡ての紛争は職業機関(Organes de la profession)の調停に附し、調停不成立の紛争は仲裁々判所又は労働裁判所に附託しなければならなかった。従って一切のストライキおよびロック・アウトは禁止されてしまったのである。しかし占領下のきびしい禁止には拘らず、ストライキ或はサボタージュは各所に湧き起った。それは職業上の要求を貫徹するためというよりは、むしろレヂスタンスの一環としての愛国的(patriotique)な行動であったといわれている。(4) 地下に潜ったCGTの闘士たちは、国外輸送反対、労働憲章反対の闘争を組織し、ストライキ、サボタージュを随時行って、ドイツの戦争能力を著しく麻痺せしめたのである。

(1) 拙稿「フランス労働法における紛争調整機構」(私法八号)。
(2) 拙稿「フランスの強制仲裁法」(「レファレンス」四七号)。
(3) 争議参加者約七七万五千人の中、二万四千人が再雇用を拒否された。ゼネストの失敗によりCGTは一九三七年の五三〇万人から一挙に二〇〇万人へと組合員が半減してしまった。Picard, Le marché du Travail et le mouvement syndical, p. 136–45.
(4) Lefranc, op. cit. p. 246.

四　第四共和国憲法と労働争議権

解放後、いち早く、かの「奴隷憲章」と呼ばれた労働憲章は廃止せられ(一九四四年七月一八日命令)、ついで一九四六年一〇月二七日の第四共和国憲法は団結権と争議権を憲法前文において荘重に規定した。また一九四六年一二月二三日法によって労働協約法が復活したが、調停仲裁手続は効力を停止せられたままに放置された。戦後の計画経済政策と賃金統制により賃金はもはや調停仲裁手続の対象とはなりえないというのがその理由である。

解放後労働者階級は労働者代表を議会或は経営委員会に送り込むことによって政治的な発言力を更に強化し、CGTを先頭に物価騰貴に対する闘争やいわゆる生産闘争を行った。(1) 生産拡充に並行してCGTが重要産業の国有化に関する政策を押しすすめて行ったことは周知の事実である。一九四四年の九月から一九四七年の五月まではCGTはむしろストライキを制御する役割すら営んできたほどである。(2) しかしながら資本家陣営の立直りと議会における共産党の敗北によって労働情勢は一変し分裂の一幕をみせながらもCGTを先頭とする激しい労使の対立がみられるようになった。一方フランスの複雑な政治経済情勢を反映して労働者の実質賃金は低下の一途を辿り、年中行事のように繰返される賃上げのストライキは、政府の施策を痛烈に批判するいわゆる政治ストと密接に結びつかざるをえなくなった。一九五〇年二月一一日法によって賃金統制は撤廃せられ、これに代って最低賃金法が施行されたが現在ではその単価をめぐって激しい争いが展開されている。

第四共和国憲法はその前文において「労働争議権はこれを規制する法律の範囲内で行使される」と規定している。従って一九四六年の憲法以後は労働争議はもはや単なる自由ではなく、権利乃至は特権と化した筈である。しかし争議権の性格に関してはいくつかの争いがある。労働者側では当然のこととして、争議権を何物によっても侵されない不可侵の憲法上の原理（un principe constitutionnel intangible）と解する。(3) 従って絶対的な権利の行使である故にもはや違法の争議はありえない、争議は凡ての場合においていかなる責任をも負うことなく行うことができると主張するのである。

しかし通説では、争議権の規定が憲法の本文ではなく前文におかれていること、「財産権が同じく荘重に宣言せられている」こと、争議権が「法律の規制する範囲内において」認められるものであること、法の一般原則から権利の行使は無制限ではなく、権利濫用の責を負うべき場合がありうること等を理由として、憲法上の規定は、正当な争議権の行使が、民事上刑事上の責任を負わないという原理を再確認したものにすぎないと説いている。(4)

解放後いくつかの大争議に直面した政府は争議権を規制する法律を制定せんとする意見を今日に至るまですでに十数回に亘って表明した。しかし僅かに、一九四七年一二月二七日法によって憲兵の争議権を、一九四八年九月二八日法によって警察官の争議権を禁止する法律が成立したにすぎない。一九五〇年二月一一日法によって新しい労働争議調整法が成立した際にも、争議権を制限する規定は挿入せられなかった。「争議権不可侵の感情が強制仲裁制度を思いとどまらせた」とさえいわれているほどである。(5)一方、憲法上の争議権の保障は裁判所の判決に大きな影響を与えている。例えば破毀院では、公務員のストライキ権を「公共サービスの維持継続を中断し、争議権が保護する法益と公益との均衡を失する」という理由から否定していた、かつてのウィンケル判決（Arrêt Winkell）を覆えして、公務員の争議行為を合法とし(Arrêt Dehaine)、或は、下級裁判所においても労働争議は労働契約を破棄しないという判決を下して一九五〇年法による解決への道を開いた。かくのごとく争議権の範囲は判例法上は拡大の傾向を示し、争議権の性格に大きな変化があったことを物語っている。スト規制法が容易に成立しない今日、政府はかつての古めかしいレキヂション法（一九三八年七月一一日、戦時人員徴用法）を持ち出して、ストライキの弾圧にのり出している。徴用令によって事実上ストライキを禁止せんとしているのである。例えば一九五二年三月の電気・ガス・鉄道のストの際には四万通が発せられ、五二年八月のゼネストの際にも大量に発布されている、しかし、鉄道労働者はその令状を集めてたき火をし、暖をとりながら大いに気勢を上げ、八月のゼネストの際にも労働者達は令状を市役所や役場に返還したといわれている。[6] 複雑なフランスの労働情勢と相俟って、争議権の規制をめぐる今後の動きには興味深いものがある。

（1） Barret, op. cit. p. 124.
（2） Lefranc, op. cit. p. 246.
（3） Boitel, La grève et contrat de travail, Droit ouvrier, 1949, p. 54, cité par Rouast et Durand, op. cit. p. 281.
（4） 例えば Rouast et Durand., op. cit. p. 291; Amiand, Cours de droit du travail, 1951, p. 847; Savatier, Dans l'esprit de la Constitution, Tr. resp. civ. 2e ed., 1951, p. 88; Hulster, Le droit de grève et sa rêglementation, p. 61.
（5） Rouast et Durand, op. cit. p. 291.
（6） 服部親行氏「フランスのゼネストを解剖する」（「世界の労働」一九五三年九号）。

五　争議行為の諸形態と法律上の問題点

「一九四六年の憲法以後は、罷業はもはや単なる一つの社会事実ではなく、一つの権利となった」。[1] 労働者が労働争議を行うことは「法が与えたひとつの特権を行使することにほかならない」[2] のである。従って労働争議は「正当な権利の行使」であり、かかる権利の行使は「契約当事者の労働の拋棄から違法性を阻却する」といわれている。

しかし、前述せるように、争議権は何物によっても侵されない無制限の権利ではなく、ひとしく憲法によって保障されている他の諸権利の行使と同じように、権利濫用の場合の制約をうける。

それでは、どのような争議行為が権利の濫用と考えられているのであろうか。抽象的には「自己ならびに団体の固有にして正当な利益に導かれないで行動したり、または混乱を生ずることをさけるために必要な、もしくは当然はらうべき注意要心をはらわずに行動したり、あるいは直接もしくは間接に法令の規定に違反したり、あるいは脱法行為をなして一般のもしくは特定の損害を生ぜしめたりした場合には権利の濫用があるといわねばならない」といわれている。(3) 以下、具体的に二、三の争議行為乃至は労働争議法上の問題点を掲げ、フランス法では争議行為の正当性の限界がどのように考えられているかを簡単に紹介することにしよう。

1　目的による限界

職業上の利益擁護以外の目的を有するストライキは権利濫用とされる。従って、怨恨 (animosité)、悪意 (malveillance)、害意 (intention de nuire) のみを目的とするストライキは不法行為上の責任を負う。(4) これに関連して問題となったのは非組合員である特定の労働者の解雇を要求するストライキ、政治スト、同情スト等である。

(イ)　非組合員の解雇を求めるスト

一八九二年の破毀院の判決は、一八八四年法が組合加入の自由を認めていること、労働権の剥奪はできないことを理由に、かかるストライキは権利濫用であると認めた。(5) しかし、労働協約にクローズド・ショップ条項がある場合は、団体法が優位を占め正当な争議行為と認められる。(6)

(ロ)　同情スト (grève de solidarité)

一般的には労働者の連帯性は尊重さるべきであるが、当該労使関係に無関係の他の労働者の要求を支援するために行われるストライキは正当な争議行為とはされていない。[7] 然し、具体的に判断すべきであって、労働者の利益は時には密接な牽連性を有するが故に、同情ストが凡て職業上の利益擁護の範囲から逸脱するとはされていない（一九五一年六月二二日セーヌ民事裁判所）。

(ハ)　政治スト（grève politique）

一九三八年のゼネスト以来、フランスにおいても政治ストは益々増加の傾向を示し、多くの論争をまき起している。例えば最近では新しい首相の指名に反対するため、インドシナ戦争、大西洋条約、再軍備政策（la politique de réarmement）等々に反対するためのストライキが行われてきた。労働者側は政治ストは刑法上禁止されていないから、自由に行うことができると主張する。しかし判例学説の大部分はこれに反対している。先づ判例についていえば、戦前には一九三八年一一月のゼネストに対する高等仲裁裁判所の判決があるが、政治的目的を達成するためのストライキは「使用者がその従業員と締結した労働契約にもとづく使用者の権利を侵害する」[8] ものであるが故にスト参加者の復職を拒否することは正当であるという判決が存在する。

この立場は新憲法以後も引つがれ、破毀院、参事院、高等仲裁裁判所の如何を問わず一致して、政治ストは権利濫用であると認定している。[9]

学説も大体において、政治ストは、政府の政策乃至法律の変更を非憲法的な方法によって強圧するものであるが故に違法性を有すると説く。[10]

しかし、職業上の目的が政治問題と不可分乃至密接な関係にあり、職業上の目的が主たる原因であると認定される場合には当然のことながら判例においても合法と認められる。[11]

2　労働争議の際の重大なる過失

個人法的色彩の濃厚なフランス法においては、労働争議を行うこと即ち労務の提供を拒否することは、労働者よりする労働契約の解除であると見做され、争議の開始には民法上の解約告知期間に相当する予告期間が必要であるとされていた。しかも争議の終了に際して労働者の再雇用が行われるという純粋に市民法的な理論構成がとられていたのである。この問題は、一九五〇年二月一一日法第四条によって「労働争議は労働契約を破棄しない」という原則が立法的に確認されるまでの約一世紀間に亘って判例並びに学説上争われてきた。労働争議と労働契約との関係は、一九五〇年法によって一挙に解決したわけでなく、同法は既に学説、判例によって確立された原則を確認したにすぎないのである。争議権理論を形成してきたこれらの実り豊かな論争には多くの見るべきものがあり、フランスの争議権理論は労働争議と労働契約との関係をめぐって発展し、築かれてきたといっても過言ではない。そこには、個人法秩序をこえた団体法秩序の確立過程が見事に画き出されている。[12]他方、労働争議が労働契約を破棄するという法原理は労働運動にも影響を与え、争議妥結の条件に争議の犠牲者を出さないことという一項を附加したり、或は労働争議が労働契約の解除となるものではないという確認規定を労働協約に挿入することが一般的となっていた。(特に一九三六年以後の協約に多い)。

さて一九五〇年二月一一日法によって労働争議と労働契約との関係は一応立法的に解決せられたのであるが、同法第四条が「但し労働者の責に帰すべき重大なる過失がある場合にはこの限りではない」と規定しているところから、労働争議に際しての重大な過失の認定をめぐり争議権の限界の問題は依然として残されることになった。

参事院は「重大な過失」についての労働大臣の質問に対して「争議の場合に解雇の正当な事由となるべき重大な過失の定義は与えられない。かような定義を与えることは、結局、争議権の行使されうる範囲を定めることになり、これは立法者の権限に属する事項だからである」。しかし「原則としては、他人を害する意志のあらわれている過失で、諸事情を斟酌しても許容することのできない特定の危険をいい、個々の場合について認定されなければならない[13]」という意見を表明している。

この規定が憲法上保障された争議権を規制するものであると考えてはならないことはいうまでもないが[14]、「争議の過程においておかされた過失は、そのことだけで労働契約を当然に断絶するものではなく、単に契約解除の事由を構成するにすぎない[15]」のである。従って当該労働者の解雇については一九四五年五月二四日法（労働者の採用・解雇について工業、商業、工芸等においては労働監督官の事前の許可を、その他の職業にあっては事後の届出を必要とすることを定めた法）により労働監督官の許可が必要であるし、当該労働者が従業員代表又は経営協議会の委員である場合には、一九四五年二月二二日法および一九四六年四月一六日法の手続に従って、労働監督官の許可をえなければならない。労働者の重大な過失についての挙証責任は使用者が負うことになっている[16]。

次に労働争議における権利濫用と重大な過失との関係について附言しておかねばならない。争議権の濫用によって不法行為が成立しうることはいうまでもないが、これは前述せる争議目的の濫用の外に手段の濫用によっても惹起される。しかし労働契約上の責を負って即時解雇の事由となりうるためには、法的には重大な過失であることが必要なのである。従って争議権の濫用が単なる過失にすぎず、重大な過失に該当しない場合には、損害賠償を請求することができても、即時解雇をもって対抗することはできないわけである。例えば、政治スト、同情スト等は多くの場合、争議権濫用理論によって不法行為法上の責任を負うとされているが、通常、労働契約を断絶させるほどの重大な過失であるとはされていない。（勿論、反対説もある。）

また、一九五〇年法上の過失とは、個別的な性格を有するものでなければならない。このことは、「労働者の責に帰すべき重大な過失」云々と規定した一九五〇年法が、労働者を au salarié と単数にして aux salariés と複数にしなかったことからも明かである。従って労働争議の性格それ自体、乃至は、その際の集団の行為が違法であるか合法であるかを認定する必要は全くなく、これと無関係に個々の労働者の行動が重大な過失に該当するか否かを認定すれば足りるのである。しかし集団的な違法行為への参加が個別的な違法行為を構成する場合もありうるとされていることを注意しなければならない。

以上のことを前提に、判例上重大な過失と認定されたいくつかのケースを整理し、契約責任の面での争議権の限定を推察することにしよう。(17)

(イ) 刑法上犯罪と見做さるべき監禁、有刑の拷問、肉体的強制が行われた場合（刑法三四一条乃至三四四条）

(ロ) 暴力、暴行、脅迫、詐術により労働の自由を侵害した場合（刑法四一四条、四一五条）例えば、殴打等の暴力、脅迫等によってスト非参加をストライキへ勧誘すること。但し、労働の自由とは、労働者の自由を保護することにあり、労働そのもの、乃至は労働の用具の保護を規定したものではない。従って、電流を止めたり、列車の運行を不可能又は遅延せしめる行為には適用されない。ピケットや、強制にならない説得的行動は重大な過失にはならない。

(ハ) 協約の定める保安業務乃至は商品の損壊を防ぐ業務を拒否した場合。

3　工場占拠

フランスにおいては争議手段として工場占拠がかなり多く用いられているので若干ふれておきたい。先づ労働者側では、工場占拠合法論の根拠として、次の二点をあげている。(18)（イ）労働者は企業に対して共同所有権（droit de copropriété）を有する。（ロ）仮にしからずとも商事賃借人が賃借場所についての財産権を認められているのと同様に、労働者はその労働の場所について何らかの権利が認められていると解さねばならない。従って、使用者の所有権は右の権利によって制限をうけており、工場占拠を以て所有権侵害乃至は労働の自由侵害とすることはできないというのである。

之に対して、使用者側では、工場占拠は刑事法上は労働の自由の侵害、住居侵入罪になり、民事法上は、所有権の侵害に該当すると主張する。通説は、先づ刑法四八四条の住居侵入罪について同条が構成要件として暴行脅迫を必要としているし、また企業は住居とは認められないことを理由に使用者側の説を斥けている。刑法四一四条の労働の自由の侵害についても同じように構成要件として暴行、暴力、脅迫、詐術等があげられているから、平穏無事の工場占拠には、同条は適用されないわけである。然し労働者側の主張する共同所有権乃至占有権理論はフランス民法の建て前からかなりの無理があり認められてはいない。結局、使用者は工場占拠に対しては、所有権に基いて妨害排除の申請をし、退去命令を裁判所からもらうか、乃至は損害を立証して損害賠償の請求を行うかの何れか若くは双方を利用することができることになる。退去命令申請の裁判は通常極めて短時間に行われている。(19)

4　労働争議と第三者

以下争議中の使用者と顧客および争議を行わない従業員との関係の二点について要点を指摘する。結局は、当該労働争議が契約責任を免除する不可抗力であるか否かの問題となるわけである。

(イ)　使用者と顧客

労働争議によって債務不履行乃至は履行遅滞が生じても、次の如き場合には不可抗力とみなされている。

(a)　政治スト、ゼネスト、同情スト等のごとく発生原因が使用者の外部にあり、使用者がそれを終結せしめる手段を有しないとき

(b)　工場占拠、ピケ等により企業の運営が事実上不可能に陥り裁判所の退去命令の執行を警察当局が行わなかった場合

従って、スト参加者の代りに技能的に充分な能力を有する新しい労働者を採用しうる状況下にあり、かつ、労働の自由が尊重されている事情が存在する場合には争議は、不可抗力とならない。[20]

(ロ)　使用者とスト非参加従業員

フランスでは職種別に組合が組織されている結果同一企業に数個の組合が存在する場合が多い。かかる場合に或る組合がストライキを行った結果、他の組合に所属する従業員が、工場占拠、ピケットに阻まれて就業できず、或は流れ作業等のために操業ができない場合が生じてくる。

スト非参加者が就業できた場合には使用者はスト中であっても賃金支払の義務があることは勿論であるが、事実上就業できなかった場合、不可抗力を理由に賃金支払義務を免れるかどうかの認定をめぐって争いが生じている。裁判所は右の場合の不可抗力をかなり厳格に解し、憲法上の労働権を理由にスト非参加者の賃金支払を大幅に認めている。例えば、部分ストの場合でも、流れ作業の如く絶対的に作業が不可能である場合を除き不可抗力とはみなされていないし、また、不可抗力であるためには使用者はピケット或は工場占拠により就業が阻止されたと主張するだけでは不充分で、労働の自由を獲得するため即ちスト非参加者を就業させるために最善の努力をつくしたことを立証しなければならない。右の立証ができない場合にはスト非参加者の当然受けとるべき賃金額に相当する補償を支払わなければならないのである。[21]

また、使用者が職場から罷業者を閉め出すために、工場の門を閉鎖した場合には、自らスト非参加者に対して労働契約停止のイニシャティブをとったのであるから契約上の責任を負いスト期間中の賃金を補償しなければならないといわれている[(22)]。

(1) Les effets de la grève sur le contrat de travail, conclusion de M. Dupin, Droit Social, 1949, No. 8, p.309.
(2) Les effets de la grève sur le contrat de travail, Note de M.P. Durand, Droit Social, No. 7, 1948, p. 1257.
(3) 一九四七年三月二六日セーヌ労働審判所判決、石崎教授「同盟罷業と労働契約」比較法雑誌一巻四号一二七頁より引用。
(4) Conseil des Prud'hommes de Seine du 26 mars 1947, Quest. Prat., 1947, 18, 22.
(5) 紛争の原因となった労働者の名前をとって通常ジョス判決と呼ばれている（Cour de cassation, arrêt du 22 juin 1892, Sirey, 1893, 1.41)。
(6) Cour de Cassation, arrêt de 1916, Sirey, 1920, 1.16.
(7) Amiand, op. cit. p,856, Cour de Cassation, arrêt du 20 déc. 1952.
(8) CSA, 15 fév. 1939, No. 7, p. 102.
(9) それぞれの判決については P. Durand, Le régime juridique de la grève politique. Droit Social, jan. 1953, pp. 25-27 参照。
(10) 例えば、R, Savatier, Dans l'esprit de la Constitution, tr. resp. civ. 2e ed., 1951, p.88, cité par Droit Soial, jan. 1953, p. 25; Amiand, op.cit. p. 856.
(11) Cour de Cassation, arrêt du 28 juin. 1951.
(12) 石崎教授の前掲論文はこの意味での争議権の形成過程を綿密にかつ余すところなく論じておられる。
(13) Avis du Conseil d'État no. 250-757; Malézieux, Les Conventions collectives de Travail, 1951, p. 20.
(14) Rivero, La réglementation de la grève, Droit Social, 1948, p. 58.

(15) Arrêt du 28 juin 1951 de la Cour de cassation, Droit Social, 1951, No. 8, p. 534.
(16) Jugement du Tribunal civil de Versailles du 25 nov. 1950, Droit Social, 1951, No. 1, p. 33.
(17) G.R. Lecourt, The right to strike in France, some recent decisions of the courts, International Labour Review, mar. 1954 に簡明な紹介がある。
(18) Amiand, op. cit. p. 865.
(19) Hulster, op, cit. p. 89.
(20) Cour d'appel de Paris, 13 nov. 1903, D. 1904, 11. 73.
(21) Tribunal civil d'Albi (23 nov.1949, D.H. 1950, p. 51).
(22) Tribunal civil de Montlucon (21 fév. 1951, G.P. 2-3-4 mai 1951).

二　フランスにおける団結と団結権

大革命を闘い、パリ・コンミューンを樹立し、ナチスに対する凄い抵抗を組織した輝ける歴史をもつフランス労働者階級の団結力は、いまや憲法の前文に「団結権の保障」を鮮かに刻みこんでいるのである。遡れば絶対王制の時代より、厳重な団結禁止法、たとえば一七二〇年の勅令、一七四四年の勅令、或いは一七七七年の勅令に抗して、時には仕事を探し合う一時的な集団として、或いは相互扶助組合として、そして特に職人組合(Compagnonnage)として団結はその存在のための闘争をつづけねばならなかったのであるが、ここでは大革命以後の団結権獲得のための激しい闘争史を概観しよう。そして革命政党たる共産党の領導するCGTを主力とした現在の団結をブルジョア法はいかに把えいかに規制しようとしているか、即ち団結権の法的構造を明らかにすることにしよう。ことに公務員組合の発展している同国については公務員の団結権に可成りのスペースをさきたいと思う。

一　団結権獲得の闘い

(イ)　「最も古典的なブルジョア革命」であったフランス大革命は、生れながらにして自由平等な個人の社会を打ちひらいた。大革命当時の国民議会は一七九一年三月二—一七日命令を公布して同職組合制度を根柢から破砕し、すべての個人は自由に商工業を営み、労使は完全に独立平等の立場において雇用契約を締結しうるという原則を確立した。だが、個人的自由の上に成り立つ自然的予定調和の理念は、団結によってそれが人為的に歪められることを拒んだ。一七九一年六月一四日のル・シャプリエ法は自由と人権の名において職業団体の結成や職業的利益を論議するための集会を禁止したのである。更に一八〇三年法、一八一〇年刑法典は団結の抑圧に拍車をかけた。これら一連の団結禁止立法はすべての者に対し団結を禁止するものではあったが、労使双方の団結に対して差別的な取扱いを規定していた。すなわち刑法四一四条乃至四一六条によれば、労働者の団結乃至罷業はその目的の如何に拘わらず一カ月以上三カ月以内の体刑に処せられ、その主謀者は五年以下の禁錮に処せられるのに反し、使用者の団結は、不当かつ濫りに賃金の引下げを目的とする場合に限って罰金または六日以上一月以内の体刑が科せられるにすぎなかったのである。ところが実は、物価の上昇による実質賃金低下の傾向を示していた当時にあっては、使用者が賃金の切下げを目的として団結する必要は殆どなく、従って使用者に対する団結禁止は実質的には無意味な規定にすぎない。しかもなお罰則について不平等な取扱いを規定している点に、ブルジョア法としての性格が露骨に滲み出ていたのである。

ともあれ若々しい資本主義の発展とそれに伴う悲惨な労働者階級の状態、これがフランスの一九世紀初頭における社会的背景をなす。労働者階級の苦悩はル・シャプリエ法並びに刑法による団結の禁止にも拘わらず、ストライキを各所に頻発せしめた。例えば一八三一年のリヨン絹織物工の暴動のごとく、時には流血の惨事をも惹起したのである。

このような労働者側のいわば本能的な反発に対し、政府は一八三三年一〇月に団結禁止を強化する法案と新聞統制に関する法案を作成し、翌三四年四月一〇日には刑法典二九一条を修正して罰則を加重し、徹底的な団結取締の体制をととのえて行った。しかしながらこのような厳しい禁止にも拘わらず、一八三〇年代末から一八四〇年代にかけて労働争議は増加した。しかもブランキ、バルベース等を初めとする共和派の政治活動や社会主義思想は、ますます深く労働者をとらえつつあった。

一八四八年の革命は、束の間の出来事であったとはいえ、「民主的・社会的共和国」の建設を主張する労働者階級の激しい盛り上りに呼応して、「人民によってなされた革命は人民のために作られねばならないこと、労働者たちの長い不公平な苦しみにピリオッドを打つべき時」(臨時政府の宣言)がきたことを明らかにしつつ、従来の弾圧政策を放棄せしめるにいたった。すなわち臨時政府は労働者の組合組織を承認するとともに、国立作業場の開設、無料職業紹介所の創設を初めとするいくつかの労働権の具体化を図ったのである。

しかしこの自由も永続することなく、二月革命の崩壊とともに再び以前の禁圧制度に復帰した。すなわち一八四九年一一月二七日法は、一切の団結を禁止し、違反者を六日以上三カ月以内の懲役乃至は一六フラン以上一千フラン以下の罰金に処し、主謀者を二年から五年までの禁錮に処した。さらに一八五二年三月二五日命令および同年五月二九日の通達によって、すべての職業団体を新に禁止し、労働者の共済組合が基金を設けることすら「それ自身の中にあらゆるストライキの萌芽と、あらゆる団結の希望を含むものである」として禁圧の態度を明らかにしたのである。もっとも、同じく団結禁止法であるとはいえ、一八四九年法は刑法四一四条乃至四一六条の罰則を軽減し、使用者の団結と労働者の団結との間に存在していた差別を撤廃している。その限りでは、二月革命にまで盛り上って行った団結権獲得闘争は足跡をのこしたといえよう。

(ロ) 第二帝政時代は、フランス産業革命の完成期でもあった。フランス資本主義は著しい躍進を示した。このような社会的経済的条件の変動は労使両階級の組織をも一変してしまった。繊維産業、金属産業を母体に進出してきた近代的な大工業は夥しい賃金労働者群を生み出し、新たな労働問題発生の基盤を提供した。長時間労働と物価の騰貴に苦しむ労働者は法の禁止を潜って再び相互扶助組合、「抵抗団体《レヂスタンス》」の組織を発展させつつあった（一八五四年にはパリだけで一〇〇以上の組合が存在したといわれる）。

やがてナポレオン三世の専制政治も複雑な国内情勢におされて、一八六〇年代には政府は従来の態度を放擲し、労働者大衆と協調を保つ態勢を示し始めた。すなわち政府は同盟罷業乃至団結に基く訴追を休止し、団結の罪により有罪の宣告をうけた労働者に対しても広く特赦権を行使した。かくて一八六〇年代には労働組合は殆んど黙認の形で結成せられ、さらにその連合体も生れて団結権獲得の日の近きを思わせたのである。

このような事実上の団結および同盟罷業の自由を法的な形式で表現したのが、一八六四年五月二五日法である。一八六四年法は、団結および同盟罷業の罪を規定した刑法四一四条および四一五条を廃止した。従って暴行、脅迫等の違法な手段によらない限り、労働争議は民事上、刑事上の責任を免れることになった。一八六四年法の制定をみたのは、かつての団結禁止法が却って労働者の反抗を誘致し、或は社会主義運動と結びついた秘密結社による活動に労働者を追いやるのみならず、労働者階級の成長の前には事実上無力なものにすぎないことを支配階級が認めざるをえなかったからである。

一八六四年法は、団結の自由を禁止されざるものは容認される、という一般的な自由として認めた。だが一八六四年法にいう団結《コアリション》の自由とは永続的な労働組合結成の自由を意味するのではなく、要求を追求するためになす一時的な結合、すなわち労働争議をなす自由を意味するにすぎなかったのである。従って一八六四年法は一人によってなされる時に無罪な行為は、個人の集積である多数によっても適法に行いうることを明らかにしただけにすぎない。団体として個人をこえた独自の性格を有する労働組合の組合結成権が認められるまでには、その後なお二〇年間を必要とした。

かくて一八六四年法以後、労働争議は暴行、脅迫、詐欺等の行為により労働の自由を侵害しない限り、違法として扱われなくなったが、依然として法の次元においては労働組合が否認せられていたため、長期の運動方針の上に立った責任ある労働組合の指導がえられず、労働争議は往々にして暴力的な性格を帯びがちであったといわれる。(1)しかし次第に階級意識に目覚めた労働者階級はかつての孤立分散的な争議から職種をこえ、地域をこえた広範囲な争議を行うようになり、第一インターナショナルの影響をうけて国際的連帯の意識もますます強くなっていった。争議権を獲得した労働者階級は、さらに争議の圧力の下に団体交渉権を使用者に対して要求し、これを協約上の権利として闘いとり、団結権を実質上補完して行った。

(1)　Rouast et Durand, Précis de législation industrielle, 4e éd., p. 288.

(ハ)　以上のごとき労働者階級の成長は、普仏戦争の敗北によるナポレオン三世政権の瓦解期に、世界最初の民衆的革命政権たるパリ・コンミューンを成立せしめた。しかしコンミューンは、人口の多数を占める農民を革命の側に立たせることができなかったために、革命勢力としてはなお弱く、間もなくパリに孤立したまま悲劇的な最後を遂げたが、コンミューンの戦士たちの勇気は、フランス労働者階級のなかに不滅の思い出を残したばかりでなく、そのちの世界の革命的民衆運動に大きな影響を与え、さらに直接的には第三共和政を確立せしめるという結果を齎したのである。

パリ・コンミューンに敗れた結果、労働組合運動は一時中絶をきたした。コンミューンの暴動を恐れた国民議会は、直ちに一八七二年三月一四日法を可決して労働組合の弾圧を企てた。

しかし一八七九年に共和党が政権を掌握するとともに事態は一変し、組合運動は行政上好意的な取扱をうけて、再び活況を呈し始めた(一八八〇年には五百の労働組合が存在し、六万の組合員を算えた。なお同年における使用者組合の数は一八五、組合員数は二万五千といわれている。Amiand, Cours de droit du travail, 1951, p. 310)。

労働組合の勢力と相呼応して各所に設立された使用者団体も等しくその法的確認を要求し、ド・マン、ド・ラ・トゥール・ドュ・パンらの率いるカトリック団体も労使協調の立場から組合法の制定を要求した。このような各方面の要望におされて第三共和政下のワルデック・ルソー内閣は一八八四年三月二一日に組合結成の自由を認める職業組合法を制定し、ここに約一世紀に亘って団結を禁止したル・シャプリエ法は漸くにしてその生涯を閉じたのである。法形式的には一八八四年法は、二〇名以上の無許可の集会結社を禁止する刑法二九一条の職業組合への適用を排除した。従って労働組合は同法によって組織されたものである限り、刑法の適用を免れ合法的団体として取扱われることになったのである。その限りで使用者または労働者の団結は、一般的な結社の禁止に対する一つの例外乃至は特典をなすものと解された。しかしその後一九〇一年七月一日法により結社の自由が法認せられた結果、一八八四年の団結権が普通法上の原則として確立されたのである。一八八四年法の要旨はつぎのようなものであった。

㈠　同法は同一職業に従事する者に対し、使用者たると労働者たると、また両者の混合たるとを問わず、等しく職業組合《サンジカ》を結成しうることを認めた。組合の結成には届出を要すること。

㈡　届出によって組合は当然に法人格を取得しうること。

㈢　組合は任意的な団体であり、何人も加入を強制せられることなく、また組合員は常に脱退の自由を有すること。

ここにみるように一八八四年法は労働組合の結成権を認めたとはいえ、個人法をこえた団体法の優越性を法認したものではなく、あくまでも個人の自由の保護に力点を置いていた。そのために直接的にも間接的にも組合に対して強制的な性格を与えることを好まず、団結強制は勿論、組合に公的な職能を認め、或は職業の代表機関とみなすことを排斥したのである。

㈡　しかしながらともかくも組合結成権法認の結果、フランスの労働運動は急速度の進展を遂げることになった。堅実な発展を始めた各地の労働組合は、職種別のギルド的組合から次第に脱皮し、産業別の地方組合、さらには全国的な連合体の結成に向い、一八九五年には職種をこえた地域的な労働者の結合体である労働取引所《ブールス》（Bourse du Travail）をも含めてフランス労働総同盟（CGT）が結成された。

一九世紀末葉、独占段階に入った資本家陣営は、団結の自由獲得後の右のごとき労働運動の伸張に対して、一方では着々とこれに対抗する組織を整備するとともに、他方ではブラック・リスト、黄犬契約、組合加入者の差別待遇、御用組合の育成等々のあらゆる方法を用いて積極的な資本攻勢を開始した。従って争議権、団体交渉権、組合結成権を獲得したフランスの労働者階級は、その後団結の自由を実体的な権利へと高めるための闘争を開始しなければならなかった。勿論フランスの労働運動の前途にもいくつかの難点が横たわっていないわけではなかった。フランス資本主義の発展の特異性から、元来小農経済のこの国は、大規模な資本主義的大企業と並んで多くの零細な中小企業を残存せしめ、中間的な小ブルジョアジーを温存せしめた。その結果、プチブル意識が組合運動の展開を妨げた。一九一一年においてすら組織労働者数は一〇〇万人すなわち労働者総数の約一〇％にすぎなかった[1]。だから、組織化のためには「すべての者の利益のために敢て冒険するニュー・ファンドランドの犬」（Collinet）のような戦闘的な分子による殉教者的な闘いが必要であったのである。

（1）　Collinet, Esprit du Syndicalisme, 1953, p. 51.

しかもフランスの労働組合は複雑な政治情勢を背景に当初からイデオロギーの対立による分裂と抗争に悩まねばならなかった。CGTは全国の労働組合を統合する組織として生れてきたが、初めから革命的な組合運動と改良主義的な組合運動との二つの渦を内包していたのである。すなわちフランスの労働組合運動の思潮には、現在の社会において反抗の団体である労働組合をして将来の社会における生産と分配の団体たらしめるために、サボタージュ、ボイコット、ゼネスト等の直接行動を唱道するアナルコ・サンジカリズムと労働条件の改善と搾取なき社会の実現には労働者による政権の掌握以外には方法がないとするジュール・ゲード派のマルキシズムの立場と、国家権力と妥協を示しつつ、例えば独占企業の国有化等の手段によって、換言すれば国家に真向から対立することなく、その内部機構を合法的に改良することによって、労働者の状態を改善しうるとなす改良主義とが併存していた。この外社会連帯主義の立場から労使の協調を主張するキリスト教社会主義や、職能的な利益の擁護を目的とする技能者乃至は上級被用者の組合等が入りまじってかなり複雑な労働情勢を作り上げていた。

しかし労働運動はこのような組織上の難点やイデオロギーの対立を克服しつつ団結権の拡充へと向って行った。一九世紀末のドレフュース事件に示された労働者階級の劇的なストライキ、第一次大戦前夜の英雄的な戦争反対のストライキ、人民戦線の口火をきった一九三六年春のストライキ等は、いずれも労働者階級が今や一国の政治的社会的情勢を動かしうるほどの大きな社会的勢力に成長したことを示すものに外ならない。労働者階級の社会的成長は直ちに労働立法の制定に大きな影響を与えている。一九一〇年から一九二四年にかけて世界最初の統一的な労働法典の編纂が行われた。また集団的な労働関係の場においても、争議と労働協約を通じて団結権を具体化し、前進せしめるいくつかの労働慣行がつみ重ねられ、契約或は慣習法として法の次元にくみ入れられ、判例法として確立されるにいたったのである。例えば労働者の組合加入を理由とする解雇が、解雇権の濫用と判断され、或はクローズド・ショップの合法性が認められ、或いは「団体の利益」を侵害したという理由のみによって組合に独自の訴権が認められる等、個人主義、自由主義的な一八八四年法の建前を破る多くの法原理が労働者の闘いの中に形成されてきた。

これらの成果に基づいて一八八四年法は、一九二〇年三月一二日法により組合の訴訟当事者能力が認められたこと、組合の連合体にも法人格を与えられたことを初めとし、いくつかの点において労働者に有利に修正せられつつ、労働法典第三巻に編入せられた。他方一九三六年の労働協約法により一般的拘束力宣言の制度が採用せられた結果、労働組合は名実ともに職業の代表機関としての存在を獲得するようになり、或は国家自体が国家の機関や制度に代表者派遣を要請する等、半ば公的な機関としての性格を有するようになったのである。

その後第二次世界大戦中のフランスの敗北、ヴィシー政権の樹立とともにCGTを初めとする労働組合は解散を命ぜられ、自由な組合に代って、一九四一年一〇月四日の労働憲章の下における統一的な組合が全体主義的な構想の下に設置せられた。団結権が否認せられたコロラリーとして争議権が一切剝奪されたことはいうまでもない。しかし占領下のきびしい監視下にも拘わらず、地下に潜ったCGTの闘士たちは国外輸送反対、労働憲章反対の闘争を組織し、ストライキ、サボタージュを随時行ってドイツの戦争能力を著しく麻痺せしめたのである。

㈭　解放後一九四四年七月二七日命令により団結権は復活し、CGT、CFTC等の労働者団体は即時再建せられた。また一九四六年一〇月二七日の第四共和国憲法は、その前文において団結権の保障を荘重に宣言し、一九五〇年二月一一日法は労働協約の必要的記載事項に「団結権の自由な行使と労働者の言論の自由」に関する条項の挿入を規定している。

かくてフランスにおいてはル・シャプリエ法から今日にいたるまでの約一五〇年間に、絶対的な団結の禁止から、事実上の容認へ、団結自由の法認へ、そして最後には憲法上の基本権の一つとして確認され、組合の権限の拡張を図るという方向へ進んできたことが窺われる。それらがいずれも、労働者階級の熾烈な闘いによっておし進められてきたことは、これまでの素描によっても明らかなところであろう。

二　団結権の法的構成

1　フランス法における団結権の特色

既述のごとく、フランスにおいて初めて組合結成権が認められたのは一八八四年職業組合法によってである。同法はその後、一九二〇年三月一二日法によって若干の修正をうけ、労働法典第三巻第一篇に編入せられ今日にいたっているが、一八八四年法が職業組合の結成並びに運営を組合の自由（la liberté syndicale）として把えた精神は、法原理そのものとしては今日にいたるまで貫かれている。すなわち法律の条文においても労働法典第三巻第二条に「……の者は自由に職業組合を組織することができる」と規定されている外、労働争議の調停仲裁に関する一九三六年一二月三一日法には仲裁裁定の基準となすべき規範に組合の自由が掲げられていたし、一九四六年一二月二三日法は労働協約の必要的記載事項に組合の自由を規定し、一九四六年一〇月二七日第四共和国憲法もその前文において組合自由の原理を規定している。

職業組合は公権力と結びつかない自由にして純粋に私的な団体であり、組合の設立、加入、脱退はこれまた各人の自由に任せられているというのが、組合自由の原理の骨子であるが、団結権をこのようにフランス法を特色づける自由の理念によって表示した点にフランスにおける団結権の特色が存するのである。すなわち、フランスにおいては職業組合という名が示すごとく、団結権の保障は労働組合のみならず、使用者団体をも含めて広く職業上の利益擁護を目的とする団体に適用せられる。しかし、団結権は長い獲得のための闘争の歴史が示すように、元来個人主義的な市民的自由に対抗し、これを克服し修正するものとして生れ、本質的には個人法に対する団体法の優位、すなわち市民的自由に対する強制の契機を含んでいる筈である。それ故にフランスの団結権は自由の理念によって構成されているとはいえ、自由の理念相互間にはなお階層が存し、団体の権威（autorité des groupements）が優越性を占めているということができる。とくに労働者の団結に関しては、労働協約法を初めとする特別法や判例法によって団結を保障する実体法上の権利の体系が、組合自由の理念の上に構成されていることに注目すべきであろう。

以下、問題を労働者の団結権のみに限定し、フランス法にいわゆる「組合の自由」の法律構造を概観することにする。

2　組合結合の自由

（a）　組合は許可を要せず、自由に結成することができる。組合規約と役員の氏名を組合が設立された地の市町村役場に届出ることを形式上の要件としている外は、何等の条件も付されていない。

職業組合及びその連合会は設立の届出によって当然に法人格を取得する。その結果組合は権利義務の主体となり、財産取得能力、契約能力、訴訟法上の当事者能力を享有するのである。自由設立主義の結果、第一に同一職業部門において平等の権利をもった多数の組合が併存しうることになる。この際労働者の組合選択の自由は法的にも完全に保障せられる。フランス人の個性にしみついた自由主義と個人主義から、組合の組織は地方分権化の傾向をもち、通常は地域単位の組合が活動の中心をなしているが、さらにイデオロギー等の敵対的な関係によって地域別の組合がいくつかに分裂している場合が多い。闘争力を強化するための組織の統一はフランス労働運動の多年の課題であり、多くの場合、多数の組合の統一行動や統一的な委員会の設置による共同闘争が行われているが、法的にはあくまでも組合複数主義（pluralisme syndical）の立場がとられ、権限の平等が建前となっている。

第二は組合連合結成の自由である。労働法典第三巻第二四条は連合体結成の自由を認めている。しかし連合会の結成は正規に設立された職業組合に限られ、職業組合が法定要件を満さない場合には、それが加盟する連合会そのものも違法とみなされている。連合会を結成しうるのは組合であり、個人加入は認められない。連合会は加盟組合名簿と所在地を届出ることによって、法人格を取得し職業組合と全く同一の権利を取得する。

（b）　組合を結成し、若くはこれに加入しうるための資格要件としては、当事者が(1)何らかの職業に従事していること、(2)すべての組合員たるものが同一または類似若しくは関連せる職業に従事していることが必要とされている。

第一に組合加入者は、自己の労働によって報酬をうける一定の職業に従事していることを要する。職業に従事するとは報酬をうける労働（un travail rémunéré）に従事することと解されているが、職業組合法が第一条に「職業組合は主として経済的・工業的・商業的・農業的利益の擁護」を目的とすると規定しているだけに、一八八四年法制定当初とくに自由業および官公吏の組合結成権が争われた。しかし一九二〇年三月一二日法によって自由業の、一九四六年一〇月一九日法によって官公吏の組合結成権が法文上明確に確認され、これらの問題に終止符をうった。

つぎに職業に従事することは、その者が現に職業を行使していることを意味する。従って現に職業に従事していないが、かつて従事していた退職者は一八八四年法の旧法文によれば組合員となることができなかった。しかし組合の実態に反するこのような解釈は、直ちに世論の反撃をうけ、一九二〇年法により「一ケ年以上その職業に従事していた場合には引続き組合に止まることができる」と修正せられた。しかし同法は、従来組合員であった者の退職後の権利を保障するにとどまり、退職時に組合に加入していなかった労働者および異った職業の組合に所属していた労働者にとっては、退職後の団結権は依然として保障されていないことになる。(1)

(1) ただし組合は事務局員を退職者や当該職業以外のものから自由に採用することができるが、これらのものは組合員となることができない。

次に組合を結成しうるためには、組合員が同一または少くとも類似若くは関連せる職業に従事していることを必要とする。このような同一または類似若くは関連職業間には共同的な利害関係が存し、これを擁護するためにのみ組合結成権が認められるというのが、フランスにおける組合結成権法認の趣旨であった。従って種類の異る職業に従事する者の間には職業組合を構成することは認められない。これらの者の間には職業上の共通の利益が存在しないということと、異種の職業に従事するものの間に組合結成を認めるならば、職業上の利益の擁護以外の他の目的を組合の名に匿れて追求する恐れがあるとみなされたからである。異種の職業の者の団結を否定した裏には、フランスでは労働者の地域的な連帯性が極めて強く、例えば労働取引所のごとく各種の職業組合を統合する組織が旧くから発達し、現実にはこれがストライキのための資金カンパを行ったり、争議を指導したり、対公衆の宣伝に乗り出したりしていた事情が存することにも留意すべきであろう。勿論、一九〇一年法によって結社の自由が認められた結果、異種の職業に従事する者によって結成された組合も違法ではなく、社団として存在しうることになる。

（c）　公務員の団結権

公務員の団体は古くから友愛会、共済会として存在していたが、それが職業組合の形をとって活動を開始したのは、一八八四年法以後のことである。

一八八四年法の立法者は、政府の使用人のことは念頭においていなかったのであるが、団結権獲得後の民間産業の組合運動に呼応して、一八八四年以後には、公務員の組合が相次いで結成された。まず煙草、マッチ、火薬等の政府直営企業の従業員が、一八八七年より数年間に亘って地域別の組合およびその全国連合を結成したのを初めとして、逓信事業労務者、国鉄従業員、初・中等学校教員の職業組合が各地に形成された。

だがやがて、一八八四年法の解釈として、鉄道従業員や国営工場の従業員等商工業的労務に従事するものにも同法の適用をみることになり、職業組合の結成権が認められることが明らかにせられ、判例もこの立場をとるにいたって、公務員の団結権は爾後、国営の商工業的企業に従事するものと、国家の統治行政に関連する公務にたずさわる者との二者に区別されて論議されることになった。

しかし公務員の組合運動は、一八九八年―九年のドレフュース事件を一転機としてますます活発化し、労働条件の改善と並んで、組合運動により官界の情実専擅と共和制の危機を克服せんとする動きが示されたのである。このような公務員の組合運動に対して政府も次第に寛容に傾き、とくに結社の自由を認める一九〇一年法制定以後は、政府は職業組合を結成しえざる公務員は同法による社団を結成しうることをしばしば明らかにし、同法に従って設立された公務員の団体が殆んどすべての官庁に出現した。(1)

(1) 同法施行以後一九〇七年までには、五一六の公務員の社団届出公告が官報に掲載された。

さらに公務員の団体は同種行政に関する団体の全国的連合を結成し、さらに、一九〇五年には官吏団体総連盟(Fédération générale des Associations professionnelles de Fonctionnaires)を結成するまでにいたっている。しかもその後は上長の好意と議会の支援、公衆の同情をえて労働条件の漸次的な改善を追求する社団《アソシアション》に代って、労働者階級と提携し、組合的な力によって職業利益の擁護に当ることを要求し始めた。まず逓信官吏の諸団体が或は分裂し、或は全体として組合主義的な精神を採用することを決議して職業組合を結成した。

その後公務員の団体の活動範囲を制限せんとする一九〇七年の公務員法草案反対闘争、職業組合、争議権、CGT加入の諸問題についての意見の不一致から、官吏団体総連盟は一九〇七年に分裂を来し、その機能を停止したが、一九一〇年後に再建され、二一団体一七万の組織に成長した。

第一次大戦後公務員の組合運動はさらに進展を遂げた。官吏の友愛会は政府の抗議にも拘わらず、続々と純然たる職業組合に再編成され、逓信連盟、税関吏連盟、地方公共団体官吏連盟等は相次いでCGTに加入した。しかし一九二〇年五月のCGTのゼネストの失敗以来、政治は弾圧に転じ、一九二〇年には官吏の身分を定める法案を提出し、政治的目的の結社でない限り職業的団体を結成することを認めるが、その団体が自己以外の団体に加入すること、および同盟罷業をなすことを禁止しようとした。これに対して公務員は一斉に立上り、「職業組合を破壊し去るに等しいかかる退歩逆行の措置」に反対し、労働協約締結権をも含む団結権を要求し、華々しい反対闘争を展開した。政府は組合運動の主謀者を刑法所定の官吏の団結行動に関する規律違反として取締り、官吏総連盟の解散命令を発したが、後者は服従を拒否し、政府の法案も流産に終った。

一九二四年のエリオ内閣成立とともに、事態は一変した。首相は就任に際して、行政改革は官吏の協力なくしては成就することができないことを明らかにし、「政府は公務員の職業的組織を禁止しない。政府は公務員に組合結成権を与える。しかし国民の利益に反する公務員の集団的行動の場合には、従前政府が行使し、法律または判例上有する政府の諸権利を抛棄するものではない」旨の声明を発し、争議権を除いて組合結成権を認めることを明らかにしたのである。従って公務員の団結権は、従来の黙認が行政当局による一般的な容認へと変り、若干の官庁では組合の書記に専従のための有給休暇を認めるほどの変貌を遂げた。

　このような行政当局による団結権の容認にも拘わらず、判例は依然としてフランスの現行法には公務員の団結権を法認する規定は存在しないとし、司法、行政両裁判所とも公務員の組合の違法性を固守した。

判例が公務員に団結権を否認する主たる理由は、公務員が公務の運営に参加し、一八八四年法による職業組合結成の要件たる職業を行使していないこと、公務員は刑法によって争議権が否定されていること等である。これに対し、組合は争議を行うことのみを目的として結成されるものではなく、組合結成権と争議権は一応区別して考えるべきであること、公務員と雖もその労働によって生計を営み、そのことだけで一八八四年法にいわゆる職業の行使とみなして差支えないこと等が反対の理由として挙げられ、判例は、学界においても批判の対象となった。

しかし裁判所は公務員の組合結成権を否認したとはいえ、一九〇一年法による結社としての存在を認め、しかも多くの判例は、単に福利厚生のみならず、広く職業的利益の擁護を目的とする公務員の団体も社団としては合法と判断するにいたった。従って結局は、社団に職業組合の有する機能を認めたことになり、団結権の容認へと一歩近づいて行ったのである。

その後一九三六年の人民戦線内閣のとき、レオン・ブルムは公務員に団結権を認める法案を提出したが成立せず、第二次大戦後、団結権を保障する第四共和国憲法成立とともに、一九四六年一〇月一九日には公務員法が制定され公務員の団結権は明確に確認された。同法第六条は「公務員は労働組合結成権（droit syndical）が認められる」と規定しているが、この規定によって従来判例によって否定せられていた職業組合の合法性が確立し、かつこれまで行政当局により事実上容認せられていた組合および組合活動が合法的に承認されるにいたったのである。公務員の組合も一般の職業組合を規律する労働法典第三巻職業組合法の適用をうけ、法人格、訴権、労働協約締結権等々について民間の職業組合と同一の権利を享有することになった。ただし職務の性格から司法官（magistrat）および軍隊には組合結成権が否認されている。(1)

（1）　四六年の公務員法は組合結成権を明確に認めているが、公務員の争議権については一言もふれていないために、公務員の争議権に関する論争はなお今日に持越されている。公務員の争議は従来、公務の継続は確保されねばならないという理由から判例では違法とみなされていたが、第四共和国憲法がその前文において「争議権はこれを規制する法律の範囲内において行使される」ことを保障して以来、裁判所もこれを合法と認めるにいたった。ただし警察官と憲兵はそれぞれ一九四七年一二月二七日法、一九四八年九月二八日法によって争議権が否認されている。その他に争議権を規制する特別法が存在しないところから、その他の公務員の争議権は黙示的に保障されているというのが通説である。この意味の判例としては C.E. 7 juillet 1950, S. 50. 3. 109, D. 50. 538. を指摘することができる。

3　組合の目的

職業組合はつぎに、工業、商業、農業の経済的利益の研究および擁護を目的とするものでなければならない。それ故に組合活動の範囲も専ら職業的利益の擁護に限定される。組合は政治活動を目的とすることが許されないが、このことは、組合は労働者の政治的信条と無関係の組織であり、政治的信条を理由として加入を拒否し、或はこれを除名してはならないこと、労働組合の形式で政党を結成してはならないことを意味する。従って組合が一切政治から無関係でなければならないということを意味するものではないのである。フランスの組合運動の伝統は政治に対する痛烈な批判がその行動の基調をなしている点に存するのである。

4　組合加入の自由

すべての個人はその国籍、種族、性別を問わず自由に組合に加入しうるというのが組合自由の原理の第二の要素である。しかし組合加入の自由の原理が最も意味を有するのは、いわゆる不当労働行為が、フランス法においては組合加入の自由に対する侵害として判例法上確立されている点である。組合加入を妨害する行為は、個人の自由に対する侵害であるのみならず、団結権の侵害を構成し、一九三六年六月二四日法により「組合の自由」を保障する条項が労働協約の必要的記載事項となった後は、大部分の場合、同時に協約違反ともなるのである。従って使用者は、労働者が組合を結成し、若しくは組合に加入したこと乃至は組合員であることを理由にこれを解雇した場合には、協約違反となる場合は別としても、一般的に解雇権の濫用として損害賠償の責に任じなければならない。この際不当に解雇された労働者が訴権を有するのは当然であるが、関係組合も同じく団体的利益の侵害に対して損害賠償請求権を有する（Cass. 20 mars 1929, S. 1929. 1. 351）。また解雇に関連する当該紛争が集団的な紛争である場合には、事件は民事裁判所ではなく高等仲裁裁判所の管轄となり、不当解雇に対しては復職を命ぜられる可能性も生じてくるわけである。

さらにフランス法では、組合員であることを理由とする採用の拒否にも使用者の過失の成立が認められている。勿論、使用者は契約しない権利を常に有するが、特定労働者と労働契約を締結しないことが、専ら組合に対する敵意に由来する場合には契約しない権利の濫用（un abus du droit de ne pas contracter）とみなされるのである。従ってこの使用者は、他に重大な理由の存しない限り、組合に加入している労働者を採用する義務を有する。確かにこのような不当な解雇乃至は不当な採用の拒否の立証は困難を極めるが、当該事件が集団的な紛争に関連している場合には高等仲裁裁判所に付託せられ、そこでは立証責任は使用者に課せられている。要するに労働者はいかなる場合でも組合活動（activité syndicale）を理由に損害を蒙ることはないというのが、組合の自由の主要な要素なのである。

労働者はまた、組合に加入する自由を有するとともに組合に加入しない自由をも享有する。これが組合加入の自由の原理の他の側面である。しかしもとより組織強制は組合として行わざるを得ないものである。例えば非組合員たる労働者に対し絶交（mise à l'index）を宣言し、非組合員の解雇を迫ってストライキを行い、或はクローズド・ショップ約款を協約中に挿入する等の種々の手段を用いる。組合が任意的な団体である限り、組合に加入しない自由は尊重されねばならず、他方、組合が職業的利益の擁護を目的とする限り、未組織労働者の存在を克服しようとして種々の手段を構じることは、組合活動の自由として許容されねばならない。この二つの対立する自由を前にして判例は若干の困惑を示しつつも次第に団体法の優位を認める傾向に向っている。すなわち組合に加入しない自由が認められるとはいえ、労働者は予め労働契約においてその旨を約すること（黄犬契約の締結）は許されないし、使用者に組合員のみの採用を義務づけるクローズド・ショップ約款の合法性も早くから確立され（Civ. 21 oct. 1916, S. 1920. 1. 17）、さらには組合員の採用を迫って特定の工場をブラックリストに載せ、当該工場に労働者が雇入れられるのを妨げるいわゆる使用者に対する絶交も、絶交行為が使用者に対する敵意に基づかず、専ら職業上の利益を擁護するためにのみなされた場合には合法的なものとせられるにいたった（Cass. 25 janv. 1905, D. 1905. 1.

153)。その限りで個人の組合に加入しない自由は、間接的に制約せられるわけである。

さらに組合の自由は、組合員が組合を脱退する自由としての側面を有する。労働法典第三巻第八条は「職業組合の組合員は、規約に反対の規定が存する場合であっても、何時でも組合を脱退することができる」と規定し、脱退の自由を保障している。しかも同二三条は、組合の設けた福利厚生施設の利用権の喪失が、脱退に対する間接的乃至は心理的な威圧にならないように配慮している。一八八四年法の立法者によれば、組合はあくまで私的な任意的な機関であり、かつ個人の享有するフランス法にいわゆる労働の自由（liberté du travail）と完全に調和しなければならないと考えられたからに外ならない。ただし脱退後六ケ月間は、組合は組合費を徴集する権利を有する(同第八条）ことが認められているのは、注目に値しよう。

5　使用者に対する自由

組合は使用者に対する自由を有する。使用者に対する組合の自由とは、労働の場所において自由に組合活動を行いうることを意味するが、具体的には、組合に加入すること、組合の情報を掲示すること、組合役員をして組合員に談話を発表せしめること等の労働者の行為が懲戒権（pouvoir disciplinaire）の対象とならないことを意味する。組合員たることを理由とする採用の拒否や解雇、差別待遇（discrimination）が、それぞれ組合加入の自由の侵害と競合して使用者に対する組合の自由の侵害となることは更めて述べるまでもないであろう。

6　労働組合と職場労働者団の団結

フランスの労働組合の組織は前述せるごとく、産業別の連合会が主体となり、主として県単位の組合支部が活動の中心をなしている。従って組合は地域単位乃至は、一産業単位の広汎な拡がりを有し、団体交渉および協約も一企業或は一工場の枠を超えた広い領域にまたがっている。労働者の要求は組合を通した団体交渉によって獲得されているが、一方において企業乃至は職場の実情に即応した労働条件の維持改善の必要性が生じてくることも否定できない。この要求を満たすものとしてフランスにおいては旧くから経営協議会(1)（comité d'entreprise）および従業員代表(2)（délégué du personnel）の制度が発達している。

（1）経営協議会は一九世紀末にカトリック社会主義思想に導かれて誕生して以来、次第に普及し、労働協約によって企業単位に設置されていたが、第二次大戦後一九四六年五月一六日法によって法制化され、常時五〇人以上の労働者を雇用する使用者は、必ず経営協議会を設けなければならなくなった。経営協議会は企業の民主化と労使の協力とを目的とし企業の経営に関しては使用者の諮問機関として、福利厚生施設に関しては、管理、監督機関として活動する。経営協議会は労使の代表委員により構成される。

（2）従業員代表はマチニヨン協定以来労働協約によって設けられていた制度を、第二次大戦後法制化したものである。一〇人以上の従業員を雇用する企業は必ず従業員代表を設けなければならない。従業員代表の任務は賃金・職階制・労働保護法の適用に関する労働者の苦情を使用者に提出し、併せて労働監督官に対し労働保護法の適用に関する労働者の苦情や情報を通告することを任務とする。使用者は毎月一回以上従業員代表と集団的に会見しなければならない。五〇人以下の従業員を雇用する企業にあっては従業員代表は経営協議会の任務も併せて行うように定められている。

団結権の効果が職場の末端にまで滲透し、かつ個々の労働者の要求が職場の中から盛り上ってくるためには、職場労働者団の団結と、企業を超えて地域的な拡がりをもつ労働組合による団結とが異質的なものでなく、同質的なものとして有機的に統一されなければならない。そのために労働組合は、積極的に経営協議会委員および従業員代表に対する連繋を緊密ならしめようと努めている。今日では従業員代表は多くの場合従業員中の組合の戦闘的な分子が当り、企業内での組合活動が円滑に行われるように事実上の配慮が払われているが、従業員代表、経営協議会の外にさらに協約によって職場委員（délégués syndicaux）の制度を設け、従業員の中から選任した委員を各企業の職場毎に配置し、職場の要求や苦情を責任者に対して提示し、解決せしめることによって組合活動を末端にまで滲透せしめることが一般化している。職場委員は通常一月に二〇時間の専従のための時間を、賃金を失うことなくうけることができる。

7　最も代表的な組合

すでに述べたように一八八四年法では、すべての組合が完全に平等の基盤に立ち、同一の権利を有するものとして考察されていたが、組合の組織化と統一が進むにつれて職業を代表する組合には法的にも、より大きな特権が与えられるようになり、団結権の法律構造にも深い修正が加えられるようになった。すなわち現在では完全な権限をもつ唯一の「最も代表的な組合」と、同じく団結権の保障の下にあるとはいえ、前者と異り特権を認められていない通常の組合との二つのグループが並存することになったのである。

フランスでは組合は相互に自由で平等の権利を有するという法のたてまえと、団結権強化のための職業組織化の要請を、「最も代表的な組合」という観念を採用し、これに特権を与えることによって解決しようとしているわけである。すなわち、最も代表的な組合の締結した労働協約を拡張して全職業に適用せしめ、最も代表的な組合に労働審判所委員、経営協議会委員、従業員代表選出の母体となる候補者名簿の作成権を与え、県労働委員会、全国労働会議、経済会議等の委員の選出に参画し、その他国有化銀行の管理委員会、高等社会保障審議会、家族手当審議会、産業安全委員会等々の多くの公的な機関に関与する権限を与えている。

このように重要な権限が今日では最も代表的な組合に対して付与せられるために、「最も代表的」という観念が団結権に関連して争われ、実際上も最も代表的な組合の決定に関する争いが数多く惹起されている。一九五〇年法は労働協約に関し、最も代表的な資格を決定する基準として組合員数、自主性の程度、組合費、組合の経歴、占領中の愛国的態度等を掲げているが、これらは一応の解釈の基準にすぎない。最も代表的な組合は各場合に従って法の定める行政官庁により指定されることになっているが、一般的には労働大臣がこれに当る場合が多い。しかし行政権の恣意的な裁量を防止するために、右の決定に対しては、権限踰越を理由に行政裁判所たる参事院に訴を提起することができるように定められている。

第二章　フランスの労働組合

一　労働組合

一　労働組合の歴史

1　労働運動のあけぼの

長い「暗黒の中世」は、一五世紀頃から始まる技術の進歩と新しい型の生産とによって、次第に衣がえを始めた。従来の親方と職人の狭い仕事場は、漸次、機械による生産と大規模な取引にとって代わられ、ときには何百人という多数の人々が一カ所に集まって働くようになった。このような生産組織の変化は、必然的に、生産に従事する人々を、対立的な利害をもった二つの社会的なグループへと分化せしめていく。

同じ職場で肩を並べて仕事をし、食事も楽しみも共にしていた親方と職人との人間関係に、経済法則にしばられた冷いみぞが生じてくる。親方たちは、職人が新しく親方になることによって生れる生産上の競争をおそれ、職人が昇進する道を閉ざし始めた。すなわち職人に対しては、親方になるために非常にむずかしい試験を課したり、高額な権利金の支払いを命じた反面、自分の子供に対しては特例を認め、親方の職をしだいに世襲化するようになった。またそれでなくとも、生産技術の進歩にともない、職人が新たに独立しようとするときには機械の購入に多額の資金を要するようになり、事実上親方となる道は険しくなってきた。職人たちは、親方となるまでの一つの段階にすぎなかった自分たちの地位が、しだいに固定化されてくることに気がつき始めるのである。

職人たちの組合　やがて職人たちは、自然に自分たちの利益を擁護するための団体を結成する。この種の団体には、いろいろな形態があり、その役割も等しくはないが、大きく分けるとつぎの三つになる。

第一は、職人たちが都市の一定の場所に、定められた日に会合し、互いに情報を交換して仕事を探し合う一時的な集団である。この集会が、後には、あらかじめ一定の賃率を定め、これ以下では働かないという申し合わせを行うようになる（労働協約の起源）。

第二は、主として相互扶助を行うための相互扶助組合、ないしは労働者コンフレリー（座・仲間）である。一七世紀のリヨンの印刷工のように、争議にさいして相互扶助組合が団体行動の中核をなした例もある。当時は、団結が禁止されていたため、秘密結社的な性格をもつものが多かった。例えば一八世紀には、川の流れにそって製紙労働者の秘密団体が結成されていたという。

最後に最も重要なのは、職人組合(Compagnonnage)である。職人組合は、一六世紀以後、職人の生活条件が悪化して、その利益が親方の利益と相対立するようになったときに生れてきた。職人組合の主要な役割は、労働力供給の独占を行って雇用条件の集団的な規制を行い、よりよい労働条件を使用者に強制することにあった。すなわち相互の競争による賃金の低下を防止し、よりよい条件で組合員に仕事を斡旋することに努めた。組合員は、順番に仕事を引き受け、仕事をうるまでの生活費は、組合が保障した。組合費によって病気や事故のさいの相互扶助が行われたことはいうまでもない。しかし職人組合はかなり神秘的な性格をもち、入会には秘密のものものしい儀式が行われ、組合内の組織は階層をもち、その統制はきわめて厳格なものであったといわれている。

このような職人たちの団体に対しては、もちろん当時の支配階級から強力な反対が唱えられた。親方たちは、同職組合の特権を擁護するために、警察当局は、集団の暴力を警戒して、また教会は、職人組合の秘密の儀式から職人層にプロテスタンティズムの進展をおそれて絶えず弾圧をくり返した。しかし単なる一時的な現象としてではなく、社会の経済組織の発展にともなって必然的に生れてきたこれらの団体に対しては、公権力による禁止命令もしばしば空文と化さなければならなかった。

しかしながらわれわれは、同時につぎのことにも留意しなければならない。すなわち、当時の親方と職人層との分離は、まだ決定的なものではなく、職人にとって、親方となる道は、事実上閉ざされてしまっていたとはいえ、なおいくばくかの可能性は残されていたのである。したがって職人組合の親方たちに対する闘いも、純粋にその組合員の利益を擁護することに限られており、階級対立の意識はきわめて稀薄であって、職人組合相互間ですら、ナワばり争い的な対立が存在した。総じて資本制的大経営はなお未成熟の状態にあり、したがって近代的な労働者階級の生育と本格的な労働運動の出現には、将来をまたねばならなかった。ここでは、ただ、これらの動きを労働組合運動の萌芽として指摘しておきたい。

ル・シャプリエ法　一七八九年には、封建的な経済体制を打破し、新しい資本主義社会建設の端緒を切り開いていった点で、「最も古典的なブルジョワ革命」といわれるフランス革命が始まる。新たに政権を掌握したブルジョワジーは、資本主義の発展にとって桎梏以外のなにものでもなかった同職組合制度を第一に破砕し、すべての個人は自由に商工業を営み、使用者と労働者は、完全に独立・平等の立場において雇用契約を締結しうるという原則を確立した。このような形で資本主義発達の諸条件をつくり出したブルジョワジーは、同時に、近代的な労働者階級発展の条件をもつくり出したわけである。そこで大革命の事業として、古い封建的勢力の一掃をねらったブルジョワジーは、同時に新たに勃興してくる労働者階級にも対処しなければならなかった。だからこそ、革命直後の一七九一年にはル・シャプリエ法を制定し、自由の名の下にかえって団結の自由を抑圧しようとしたのである。同法は、職業団体の結成を「自由と人権宣言とに対する襲撃」だとして厳重な制限の下に禁止するとともに、職業上の利害を論議する目的をもって集会することを禁止した。さらに一八〇三年法および一八一〇年の刑法典は、団結の抑圧に一そうの拍車をかけたのである。

悲惨な労働者の状態　ともあれ、若々しい資本主義の発展は、一方において悲惨な労働者の状態をつくり出していく。労働者は、設備の悪い、採光も通風も不十分な工場で、ほこりにまみれながら通常一六時間以上も働かねばならなかった。しかも受け取る賃金はパンとジャガイモだけの最低生活を維持するのにもことかき、不足分を補うために妻や子供までがぞくぞくと工場へかり出されていった。不潔で悪臭にみちた労働者街が、労働力の再生産を行うための憩いの場所としていかに不向きであるかは、改めて述べるまでもないであろう。実際「労働者にとって生きるということは、ただ死なないということ」にすぎなかったのである。

互助組合と抵抗団体　労働者の苦悩は、当然、押さえつけられたゴムマリのように反発する。労働者たちの集団的核心は、秘密裡に、ないしは暗黙のうちに生きのこった職人組合の組織であった。しかし職人組合は、本来、手工業の狭い分野における熟練工の組織にほかならない。したがって当然、職人組合は新たに起こってきた大規模産業に敵意を示し、そこの労働者を組織に吸収しようとはしなかったし、職人組合相互の間ですらナワばり争いから暴力ざたにまで発展することがあった。

そこで改めて「互助組合」という別な組織が発達した。互助組合は、その名が示すように、疾病、失業、労働災害、あるいは雇主から課せられた罰金を連帯的に救済することを目的とした。当時の労働者たちは、これを救済することが労働者の共通の利益であると考えたからである。しかしやがてこの組織も、過酷な労働条件に対する反抗の闘争をくりひろげるようになり、加入者から徴収する会費は、しだいにストライキ基金としての性格をもつようになってくる。そしてこれらの団体は、賃上げと労働時間の短縮を要求し、労働者階級の防衛を目的とする抵抗団体(société de résistance)へと変わっていったのである。しかしこれらの組織も、全体としては、労働者階級のきわめてわずかな部分にしか影響をおよぼしていない。当時各所に頻発した機械打ち壊しや騒擾は、貧困に対する労働者たちの不満の一揆的な爆発にほかならなかったのである。この中でも最も有名なのが一八三一年のリヨン絹織物工の暴動である。

このような労働者たちの本能的な反抗に対し、政府はますます取り締まりの手を強めていった。一八二五年から一八四〇年までの一五年間に、一、二五一件が団結または同盟罷業の罪によって処罰せられ、一八四〇年には、一年間だけで一四〇件が罰則の適用をうけている。

一八四八年の革命　厳しい取り締まりにもかかわらず、一八三〇年から四〇年代にかけて、労働争議はますます増加し、労働者の団体はしだいに仲間をふやしていった。たとえば、かって、組合員の数をみずから一五〇人に限り、高額な組合費(月一フラン)を徴収していたパリの印刷工の団体は、一八四三年に秘密結社の衣をぬぎ捨てると同時に、加入の制限を撤廃し、一八四五年には一、二〇〇人、一八四八年には一、五〇〇人と組合員を増加せしめていった。しかもブランキ、バルベースを初めとする共和派の政治活動や社会主義思想は、ますます深く労働者の間にしみとおっていったのである。そしてこれらの労働者のエネルギーは一八四八年の革命に結集されていった。

一八四八年の革命で決定的な役割を果した労働者階級は、当然に従来の弾圧政策を放棄せしめた。臨時政府は、労働者の団結を承認するとともに、国立作業場や、無料職業紹介所の創設を初めとするいくつかの労働権の具体化を図ったのである。しかしこの自由もつかの間のできごとにすぎなかった。革命の崩壊とともに、ふたたび以前にもました禁圧の体制がとられるようになった。これまで比較的おおめにみられていた互助組合ですら、「それ自身の中にあらゆるストライキの萌芽と、あらゆる団結の希望を含むものである」として厳しい取締りをうけたのである。

2　労働組合の生成

第二帝政時代は、フランスにおける産業革命の完成期であった。大工場や鉄道の建設があいつぎ、工場労働者数は、一八五一年の一三〇〇万から一八七〇年には五〇〇〇万に増大した。しかし産業の集中は、なかば自動的にプロレタリアートの組織化をも進める。工業生産の飛躍のかげで長時間労働と物価の騰貴に苦しめられた労働者たちは、法の目をくぐって互助組合あるいは抵抗団体の組織を再建し、発展せしめた。一八五四年には、パリだけでも一〇〇〇以上の労働者団体が存在したといわれている。次第に増大してくる労働者階級の力を前にして、政府は、従来の弾圧政策を修正せざるをえなくなってきた。労働運動の指導者たちが共和党と手を結ぶことを防ぐという政治的な考慮も手伝い、ナポレオン三世は、一八五九年以後、労働者大衆と協調を保つ態度を示し始めた。そのために同盟罷業ないし団結にもとづく訴追を休止し、あるいは有罪の宣告をうけた労働者に対しても、広く特赦権を行使した。そしてときの警視総監をして「団結を禁止する法律を廃止してくれた方がよい！」(1)と叫ばしめたのである。

(1)　P. Louis, Histoire du mouvement syndical en France, t. I, p. 99.

一八六四年法　またナポレオン三世の懐柔策の一つとして一八六二年には、当時ロンドンで開かれた万国博覧会へ労働運動の指導者層が派遣されている。博覧会に出席した代表たちは、イギリスの組合の指導者層と懇談し、かつ組合の組織、争議権、相互扶助組織等について深い示唆をうけた。彼らは、帰国後、商工大臣宛に報告書を提出しているが、皮肉にも、これがそのままその後の労働運動の要求としてとり上げられたのである。このような事実を前にして、一八六四年法が制定された。しかし同法は、労働組合の結成を認めたものではなく、ただ単に要求を貫徹するために一時的に団結すること、すなわち労働争議の自由を容認しただけにすぎない。組合結成権が認められるまでには、その後なお二〇年間を必要とした。

ともあれ同法の制定により、労働争議は、暴行、脅迫、詐欺等の行為により労働の自由を侵害しないかぎり違法の評価をうけなくなった。そして同じ一八六四年に、イギリスの労働組合の呼びかけによって設けられたブルジョワジーに対する国際的な共同闘争の常設機関、すなわち第一インターナショナルの影響もあって、この時期をさかいに組合運動は活況を呈し始めるのである。かつての互助組合ないし抵抗団体は、組織を再編成してその名を労働組合会議（chambre syndicale）[1]と改め、手工業部門の熟練工が中心となっていたクラフト・ユニオンと並んで、従来、未組織のままに放置されていた近代的な工場にも金属労働組合を初め、ぞくぞくと新しい組織が生れ始めた。

（1）　これは使用者団体である商工会議所の名称をかりたものであるといわれているが、のちになってただ単にサンジカ（syndicat）という名に変えている。

パリ・コンミューン　このような労働者階級の成長は、普仏戦争の敗北によるナポレオン三世政権の瓦解期に、世界最初の民衆的革命政権であるパリ・コンミューンを成立せしめた。しかしコンミューンは、人口の多数を占める農民を革命の側に立たせることができなかったために、間もなくパリに孤立したまま悲劇的な最後を遂げたが、コンミューンの戦士たちの勇気は、フランスの労働者階級の中に不滅の思い出を残したばかりでなく、その後の世界の革命的民衆運動にも大きな影響を与え、さらに直接的には、第三共和政を確立せしめるという結果をもたらしたのである。

パリ・コンミューンに敗れた結果、労働組合運動は一時中絶をきたした。コンミューンの暴動をおそれた国民議会は、ただちに一八七二年三月一四日法を可決して、労働組合の弾圧をくわだてた。同法は、フランスの労働運動が革命的傾向をもつのは、それが第一インターナショナルの影響をうけていることに由来するとし、公衆の安寧を害する第一インターに関係する者に厳罰を課する旨を定めている。

一八八四年法　しかし一八七九年に共和党が政権を掌握するとともに事態は一変し、組合運動は、行政上好意的な取り扱いをうけ、ふたたび日のあたる活動を開始する。第三共和国における資本主義の集中化に並行して、労働運動も大きなひろがりをみせるようになる。

組合数は一八七五年の一三五から一八八〇年には五〇〇に増大したばかりではなく、パリ・コンミューンによって中断されていた組合の統合があいつぎ、パリには五つの組合連合が組織され、一八七九年には、フランスで最初の製帽工の全国連合（Société générale）が成立している。

このように法的には「非合法であるが黙認された組合」の結成を前にして、ワルデック・ルソー内閣は、一八八四年に組合結成の自由を認める職業組合法を制定し、約一世紀にわたって団結を禁止したル・シャプリエ法は、ようやくにしてその長い生涯を閉じたのである。このとき以後、フランスでは名実ともに本格的な労働運動が展開される。

（1）　たとえばパリの労働者数は、一八六〇年から一八八一年にかけて二倍に増加しているが、企業の数は逆に減少している。

3　労働運動の展開

団結権法認の結果、組合は次の表のような割合で着々と伸びていく。これと同時に、地域的に孤立分散している組合の力を統一していこうとする組合集中化の傾向も強まった。

全国組合連合の形成　その動きの一つは、組合を職業別ないし産業別のタテの線で全国的に組織する全国組合連合の結成である。一八八四年法制定以前に、すでに全国組織が形成されていた製帽工（一八七九年）や印刷工（一八八一年）、鉱山労働者（一八八三年）の全国組合を初め、一八八四年には料理人、石版印刷工、一八九〇年には鉄道労働者、一八九一年にはタバコ、車輌労働者、といったぐあいに、一九世紀末から二〇世紀初頭にかけてぞくぞくと全国的な連合会が形成され、郵政職員、国鉄職員、初・中等学校教員など公務員の職業別全国単一組合もつぎつぎと結成せられていった。

年度	組合数	組合員数
1889	821	—
1893	1,926	402,125
1899	2,685	492,647
1903	3,934	643,757
1904	4,227	751,876
1905	4,685	781,344

Bulletin de l'Office du Travail, Annuaire des Syndicat, cité par P. Louis, op. cit. p. 149.

このような気運に呼応し、全国的な規模をもつ労働組合の連合組織をつくろうとする呼びかけが、マルクス主義的社会主義者であったジュール・ゲード派の人々によってなされ、一八八六年には、フランスで最初の全国的中央組織である「フランス労働組合ならびに協同団体全国連合会」(Fédération Nationale des Syndicats et Groupes Corporatifs de France) が設立された。

労働紹介所連合　一方、組合集中化の傾向は、職業別連合会の形成と並行して、労働紹介所(Bourse du Travail 以下、ブールスと呼ぶことにする)の連合体を発生せしめた。ブールスというのは、一定の地域内にある各種の労働組合が集まってつくった団体であって、職業紹介や移動労働者に対する援助等を行うことを目的とする。このような構想は、フランスではかなり古くから提唱されているのであるが、実際に実現したのは、一八八四年法により、組合が合法的な存在となってからのことである。最初にブールスが創設されたのは、パリ（一八八七年）であるが、その後数年間に、マルセイユ、ツーロン、リヨン、ボルドオを初め主要都市にぞくぞくと設けられた。初期のブールスは、いずれも市当局の助成金と援助によって設立され、本部も大てい市庁舎内に設けられていた。

資本の集中が進んだとはいえ、一方においてぼう大な中小企業を分散せしめていた当時のフランスにおいては、労働組合もまた大部分は、小規模なものであり、中央集権的な統制に反対して自治と分権を求めていた。したがって職業別または産業別組合の連合よりは、一定地域における各種組合の連合、すなわちブールスの方が、一そう労働者階級を団結させる上に魅力があった。また実際問題としても、賃金が低く、したがって組合財政もとぼしかった当時の組合が、ストライキをかけて要求を貫徹しようとするときには、最も効果的な時期を選ばねばならなかった。そこでストライキは、例えば、たまたま当該企業が大量の注文をかかえ、今、労働を停止してもらっては大損害をこうむるというようなときをねらって、突如として敢行された。組合は、使用者に対してストの予告をしなかったばかりでなく、自己の上部団体（職業別ないし産業別連合会）に対してすら、一言の相談もしないのが常であった。しかし組合は、その地域の労働者団体に支援を求めた。その中心に立ったのがブールスである。ブールスは、財政的な援助を行ったばかりでなく、世論を喚起し、各工場の資金カンパに回り、必要がある場合には、同情ストの決議を行った。(1)

このような事情から、ブールスは急速に発達し、(2)当初は、市当局の監督のもとに職業紹介のみに専念していたが、しだいにその地域の労働組合の中核となり、組合を糾合する機関となった。ブールスはやがて市当局の干渉を拒否し、事実上、地域的な労働組合の評議会としての性格を帯びるようになる。ブールスが単なる職業紹介所の域から脱して、地域的な組合の情報センターないしは組合活動の中心となるにつれて、ブールス相互間のヨコの連携がはかられるようになるのは自然の勢いである。この組織化を積極的に進めたのは、フランスでも第一級のオルガナイザーとして知られるフェルナン・ペルチィエであった。彼の努力により、一八九二年には、第一回のブールスの大会が開かれ、「労働紹介所全国連合」(Fédération Nationale des Bourses du Travail) が成立した。

ブールス連合は、その目的として、(イ)労働組合の要求を結集し、貫徹せしめること、(ロ)工業および農業の中心地におけるブールス活動の拡大ならびに宣伝、(ハ)統計資料の蒐集および加盟ブールスへの情報の提供、無料職業紹介の普及等をかかげ、大会は、同時に加盟ブールスの自治の確認、市当局および政府の干渉の絶対的拒否を決議した。

（1）なお、短期間のストで解決のみとおしがつかない場合には、組合は、治安判事や、社会的な有力者（県知事・市町村長等）に調停や仲裁を依頼し、あるいはいさぎよくストをやめて労働を再開した。そしてすぐ、つぎのストライキの時期をねらったのである。

（2）一八九二年には、一四にすぎなかったブールスは、一八九八年には七四、一九〇八年には一五七に達する。

ＣＧＴの結成　さきに述べた「フランス労働組合ならびに協同団体全国連合会」は、その設立の呼びかけが、労働党のゲード派の人々からなされたことからも推測されるように、事実上労働党の支配下におかれ、中央集権的な性格をもっていた。しかし連合会の内部に、マルクス主義的政治運動に不満を抱き、政党から独立して組合自身の手によって労働者の解放を実現していこうと主張する分子（後にサンジカリストへと発展した）が台頭し、両者は、政権の掌握を第一の目的とするか、労働組合の直接行動、とりわけゼネストによって社会革命を達成していくかという点で大いに論争を闘わすようになった。

両者の対立が決定的になったのは、一八九四年のナント大会においてである。このときゼネストの原則の採否をめぐって激しい論争が行われ、採決の結果、政治的社会主義者のゲード派は完全な敗北を喫した。そこでゲード派は大会を脱退して別の行動をとることにしたが、このとき以後、労働組合における勢力は著しく減退し、翌一八九五年の第七回大会を最後に、「フランス労働組合ならびに協同団体全国連合会」は有名無実の存在となり、わずか九年にして短い生涯を終った。

一方、多数派のサンジカリストたちは、一八九五年にリモージュで大会を開き、政治運動をはなれた新しい組合運動の全国組織を設けた。これが今日まで引き続いているフランス最大の全国中央組織、CGT（Confédération Générale de Travail フランス労働総同盟）である。CGTの結成に参加したのは、二八の組合連合と、一八のブールスおよび一二六の連合体に加入していないサンジカであった。しかしCGTが、ブールス連合との完全な結合を実現し、本格的な運動を開始したのは、「二度目の結成大会」といわれている一九〇二年のモンペリエ大会以後のことである。同大会においてCGTは、組合の地域的連合および職業的連合の二つの上に位すべきものとされ、今日のごとき形態をととのえるにいたった。すなわち各労働組合は、必ずブールスおよび各種労働組合の地域的連合(地方・県あるいは地区連合) よりなるブールス連合と、同一産業または職業の労働組合の全国ないし地方連合を通じてCGTに加盟しなければならなかった。地域的な連合というのは、実質的にはブールスと同じものであるが、多くは市当局の干渉を排除するため、あるいはブールスが政府当局によって閉鎖された場合に、組合自身が独自の立場から組織したものである。

労働運動の問題点　もとよりこの時期の労働組合運動も、すべてが順風満帆で進んだわけではない。末端においては、労働組合の結成も、成功よりは失敗の苦痛を味わうことの方が多かった。活発な指導者たちは、いずれもブラックリストに記載され、他の地域にいくか、あるいは職業をかえなければならないこともしばしば起った。事業主は有給で警官を雇い、密告を奨励した。使用者は法律よりも強力であったのだ。幾代にもわたる貧困と忍苦の生活によって、労働者は権利を主張することをおそれ、失業の恐怖は、労働者の闘志を麻痺させた。組合の指導者たちは、ほかならぬ労働者たちの猜疑や無関心にまず立ち向かわなければならなかった。

また、元来、小農経済のこの国は、大規模な資本主義的企業とならんで多くの零細・中小企業を残存せしめ、中間的な小ブルジョワジー《プチ》を温存せしめた。その結果、なにがしかの貯蓄をすることによって、個人あるいは共同生産者として経済的に独立しうるチャンスが、二〇世紀初頭にいたるまでなお広く残されており、プロレタリヤという社会階層から上昇して独立の生産者に転化することが労働者の唯一の夢となっていた。したがって貧困と低い生活水準にあえいでいたにもかかわらず、労働者大衆の間には容易に階級意識が芽ばえず、個人主義とプチブル的な考え方が組織的な労働運動の展開を妨げていた。二〇世紀初頭においてすら、組織労働者数は一〇〇万人、すなわち労働者総数の約一〇%にすぎなかった。したがって、組織化のためには、「すべての者の利益のためにあえて冒険するニューファンドランドの犬」のような戦闘的分子による殉教者的な闘いが必要であったのである(1)。

それゆえ、当時のフランスの労働組合は、きわめて意識の高い、大胆で勇敢なエリートの集団であった。これらの少数の労働組合員は、確かにフランス労働組合運動の全勢力を代表するものではない。しかし、その中では最も重要で、最も積極的な分子ばかりであった。逆説的にいえば、それだからこそ、高度の闘いを、そして、ある意味では性急な階級闘争を展開したのである。

（1）　なお、一九〇五年当時の産業別の組織率はつぎの表のとおりである。

結成当時のCGTの機構

産　業	組合員数	組織率
		%
農　業	45,000	1.3
鉱　業	79,000	51
石　坑（石工）	8,000	14
食　品	41,000	6.7
化　学	28,000	25.5
紙・印刷	21,000	19.7
皮革製造	27,000	16
繊　維	79,000	12.5
織　物	21,500	5
木　材	24,000	11
金　属	90,000	15.5
建　築	52,500	10
運輸および商業	212,000	14
サービス業	11,000	1.3
自由業	13,500	8

Bulletin de l'office du travail, cité par P. Louis, op. cit. p. 149.

サンジカリズム　フランスの労働組合を語るには、フランスの労働運動に風土的にしみこんでいるサンジカリズムについても一言しておかなければならないであろう。さきにわれわれは、CGTの成立をめぐり、ゲード派のマルキシズムが、ペルチィエらのサンジカリストによって追われたことをみてきた。その後のCGTを支配したのが、サンジカリズムである。サンジカリズムは、フランスの政治経済ないし社会的諸条件のもとに自然に発生した社会改革運動であり、特定の思想家によって案出された理論の実践ではなかった。当時の労働運動の指導者層の間には、マルキストやアナーキスト、さらにはプルードンの流れをくむ者などが入りまじっており、これらの思潮が、当時のフランスの風土の中で溶けこんで独特の思潮を形成したのである。

まずサンジカリズムは、現在の資本主義社会を否定し、賃金制度の存在しない新しい社会を出現せしめようという革命的な理想を有している点で、資本主義制度を一応是認し、そのワクの中で労働条件の維持改善をはかっていこうとするトレード・ユニオニズムとは思想的な根底を異にする。フランス資本主義の特異性(1)は、イギリスのように順調な資本主義の発展に対応するトレード・ユニオニズムを生育せしめず、したがって、いわば団体交渉により超過利潤の分配を争うというよりは、当初から資本主義社会の矛盾を一挙に解決しようとする階級闘争の立場をとらしめたのである。

つぎにサンジカリズムは、階級闘争を力説し、みずからの手で搾取なき社会を実現していこうとする点でマルキシズムと共通のものをもっている。しかし資本主義社会否定のための手段として、マルキシズムがプロレタリヤの政治活動による政治権力の掌握を唱えたのに対し、サンジカリズムは、いっさいの政治活動を認めず、労働者の団体、すなわち労働組合自身の手により直接的に解放を実現しようとした。このような考えは、一つには政党に対する不信感から生れている。すなわち当時の社会主義者の陣営は、ひどく分裂しており、一八九九年には五つを下らない別々の社会党があった。これらの政党は、相互の紛争を労働運動の中にもちこみ、しかも労働組合を自己の選挙の母体として利用することしか念頭におかなかった。そのために労働者は、いっさいの政治家に不信を抱くようになっていたのである。CGTが一九〇六年のアミアン大会において採択した決議（アミアン憲章と呼ばれている）が、大会は「各組合員が、組合の外部においてそれぞれ自己の政治上、哲学上の見解に相応ずる闘争に参加することの絶対的な自由を確認する。しかし、反対に、外部において有する見解を組合内に導入しないことを要求する」と述べているのは、労働組合が、どの政党とも連携することを拒むという動きを確認したものにほかならない。

また、国民の過半数が農業に従事し、商工業も中小企業に類するものが多く、したがって巨大な近代的大工業の威力を目のあたりにみる機会の少なかったフランスの労働者階級にとっては、労働組合の行動により一挙に資本主義制度を破壊することができるという幻想が、「生産要具を生産者の手へ」という甘美なスローガンとともに親しみやすい考えとしてしみわたっていた。資本主義の打倒は、労働組合の直接行動によって遂行されるというサンジカリズムは、このような経済的条件から醸成された。サンジカリズムが、政権の掌握を拒否したのは、徹底的な国家権力や政治制度に対する不信にもとづく。今日においてさえ、フランス人の心情には、ともすれば個人の自由をおかしがちな国家を敵視し、国家権力をできるかぎり小さなものに押さえておこうとする警戒心がしみついている。長い間、警察や軍隊による弾圧によって脅やかされ続けた労働者たちが、ふつうのフランス人以上に国家に対する敵意を燃やしたのは当然であろう。サンジカリストたちは、国家という政治制度そのものをきらったのである。彼等は、政党に対する不信と相まって、議会政治を嫌悪した。そして「立法にいたるまでのカタツムリのごとき歩み」が、彼等を怒らせ、いらだたせたのである。彼等は、国家の内からの改革ではなく、国家の外側においての改革を主張した。

国家や政党から離れて行動しようとするところから、直接行動とゼネストの考え方が生れてくる。これらは、いずれも労働者階級の独立への希望の表現にほかならなかった。サンジカリストの主張する直接行動とは、国家に対する圧力ではなく、労働者の解放に向かって世論を喚起するための行為であり、その方法としては、ストライキ、サボタージュ、ボイコットなどがあげられた。なかでもストライキは、最も有効な手段として重視されたが、元来、サンジカリズムの立場にあっては、労働組合は、戦闘団体であると同時に、革命的精神を養う教育機関であるとされていたため、かりにストライキが失敗して、目前の要求を貫徹することができなくても、階級意識を昂揚させる点で十分目的を達したことになると考えられ、ストライキは頻発せられた。組合の財政がとぼしかったのは、労働者の賃金そのものが低かったことにもよるが、一つには、サンジカリストたちが、豊富な資金の所有は、革命的精神を鈍化させるとして、これを排撃したからにほかならない。

さらにサンジカリズムは、革命の実行方法としてゼネストを称揚した。すなわち、議会で多数をとることによって政権を奪取するのではなく、生産の総ストップによる政治制度の壊滅をねらった。そして「今日反抗の団体である労働組合が、将来、生産と分配の団体となり、社会変革の基礎となるべき」ことを期したのである。(2)

さて、CGTの活動は、一九〇九年から一九一〇年にかけて最も活発化し、第一次欧州大戦前夜の不安な政治情勢の中にあって、反祖国主義、反戦主義の立場から戦争反対の闘争を展開したが、(3)大戦のぼっ発とともに、労働者に国家なしと叫ぶ彼等の努力は水泡に帰し、ドイツに対する国民的な反感から、サンジカリストの大半は、戦争協力へと急変してしまった。

(1)　一九世紀後半から二〇世紀初頭にかけてのフランス経済の発展のテンポは、目立ってゆるやかになり、いくつかの重工業部門においては、ドイツやアメリカに追いぬかれてしまった。すなわち早くも帝国主義の段階に入ったフランス資本主義は、レーニンが高利貸帝国主義という言葉で表現しているように、資本を工業や農業に投じようとせず、主に借款の形で後進国に輸出し、そのために経済の発展は著しく停滞した。またフランスは、元来、小農経済の国であり、大資本家＝地主は、一般に大規模な農業を経営しようとせず、土地をもたない農民に貸しつけ、零細な小農経営が行われていた。このことは、工業製品の農業への進出を妨げ、国内市場を一層狭くする要因として働いたのである。

一口にいえば社会全体は、安定のために進歩を犠牲にしていた。このような社会的経済的状態が、労働者をして生活水準の改善に悲観的な態度をとらしめ、革命的な方法をとらせたのである。

(2)　このような革命主義的な立場に立つサンジカリズムは、通常アナルコ・サンジカリズムと呼ばれている。しかしサンジカリズムは、広汎な労働組合による大衆行動に立脚するものであったから、当時のアナーキスト(無政府主義者)のテロリズム(たとえば爆弾投げ)とは、なんらの関係もない。またCGTのすべてが、思想的に一致していたわけではなく、その中にはなお政治的運動を認めていこうとするマルキシズムの一派や、改良主義者が存在している。

（3）各所に戦争反対のためのデモやストライキが繰り返されたが、なかでも一九一二年一二月一六日の戦争反対示威の二四時間ゼネストは、参加団体一、四五〇、参加人員四五万人を算した。またその翌年にも、パリ製鉄工およびパ―・ド・カレー炭坑夫のストをはじめとする多くの戦争反対のストライキが行われているが、その中心をなしたのは、いずれも反祖国主義の戦士であるサンジカリストであった。

CGTの分裂　第一次大戦後のフランスの労働運動は、かなり複雑な様相を呈した。ともかくも戦争協力にふみ切ったサンジカリストの役割は、政府や使用者も高く評価せざるをえなかったし、戦時中に果した役割を通じて、労働者階級はその社会的な地位を高めていった。労働者たちは、もはや戦前のように組合加入について使用者の顔色をうかがわなくなった。戦時生産の必要性から大量に生れてきた若い労働者や女子労働者は、なんのためらいもなく組合に加入した。一九一四年には六〇万にすぎなかった組織労働者数は、一九二〇年には一やく二〇〇万人に増加し、CGTだけでも一八〇万人を算したのである。

しかし、戦時経済から平和経済への移行は波乱なしにすませることはできない。戦争には勝ったが、フランスは、戦争によってひどい破壊をうけた。復員兵の帰還とともに失業は拡大し、女子労働者は大量に職場を追われた。戦時中からひきつづく物価の騰貴は、ますます労働者の生活を苦しめた。戦後の労働運動は、まずこれらの新しい経済条件によって生み出された問題に取り組まねばならなかった。賃上げと八時間労働の実施が闘争のスローガンとして掲げられた。ストライキは、各所に頻発した。一九二〇年の鉄道労働者のストに際しては、CGTはゼネストの指令を発した。しかし政府や資本家陣営の強固な反撃によって、ストはみるべき成果をあげることができず、労働者大衆はぞくぞくと組合を去り、CGTの組合員はふたたび六〇万人の線まで後退してしまった。

一方、反戦主義を放棄したばかりでなく、政府と神聖同盟を結び、積極的に政府の政策を支持したCGTの多数派は、一九一八年以降、ますます改良主義へと走っていった。彼等は同年の総同盟委員会において「最低綱領」を採択し、アミアン憲章の諸原則を放棄した。すなわち「革命を行うということは、広大な建設事業に着手することである」とし、産業の国有化や経済評議会の方法を通じ、国家の内部機構を改革することによって労働者の状態を改善していくことを、明らかにしたのである。元来、改良主義的な立場に対し批判的であったCGTの少数派は、CGT幹部のこのような傾向を前にして、しだいに活発な反対運動を組織するようになり、各所に革命的サンジカリスト委員会を結成した。これらの少数派は、ロシヤ革命の影響をうけてしだいに勢力を増大してきた共産主義と結びつき、多数派は事実上社会党と結びついていた。

この両者は、一九二〇年の社会党の分裂に相呼応するかのごとく、翌二一年には二つに分かれ、少数派は新たにCGTU（Confédération Générale du Travail Unitaire 統一労働総同盟）を結成した。CGTUには、共産主義者、革命的サンジカリスト、アナーキストらが、CGTには、主として職員クラスの中間層の労働者や公務員、教員組合などが参集した。このとき以後フランスの労働運動は、一九一九年に成立したCFTC(1)(Confédération Française des Travailleurs Chrétiens フランスキリスト教労働者同盟）とともに、三つの中心をもちながら進むことになったのである。

このような形で共産分子を除名したCGTは、ジュオー、デュムーランらの指導の下にますます改良主義化の道をたどり、それだけにまた実質的な効果をもあげて、一般労働大衆の間に根強い支持を獲得していった。分裂によって一挙に三〇万人に減少した組合員は、その後のCGTの組織化の運動により、二五年には五〇万、(2)二七年には八八万四千、一九三三年(3)には九〇万人へと増加していった。

一方、分裂当時五〇万人を算したCGTUは、職業別組織の産業別組織への編成がえ、外国人労働者の組織化、植民地労働者の組織化をはじめ、いくつかのみるべき成果をあげたのであるが、当時の不利な経済的社会的条件にもかかわらず、CGTのワクにはまった経済闘争を冷笑して、高度の政治闘争を組織し、CGTが団交と妥協によって実をとったのに対し、あくまでも名をつらぬこうとして、ときには暴力行為さえともなうストライキを頻発せしめた。このような闘争方針や共産党との結びつきにあきたらないサンジカリストたちは、やがてCGTUを去り、一九三二年には二五万人に半減してしまった。

（1）　CFTCは、一八九一年ローマ法皇の回勅「社会の新制度について」（rerum novarum）に述べられた社会教義を実現しようとする努力から生れている。全国組織ができたのは一九一九年であるが、最初のキリスト教労働組合は、一八九二年に設立されている。キリスト教労働組合は、カトリック社会主義の原則を基本にして成立している団体であるが、カトリックの信徒だけで固めているわけではなく、プロテスタントでも無宗教の者でもこの運動方針に賛成する労働者は誰でも加入できるようになっている。

（2）　一九二五年には、一、七二八のサンジカ、三六の産業別全国連合、八五の県連合が加盟している。

（3）　当時のCGTの主要組合はつぎのとおりである。

鉄道労働組合（八万九千人）	炭鉱労働組合連合（八万二千人）
金属労働組合連合（四万二千人）	運輸労働組合（三万三千人）
繊維労働組合（三万九千人）	電気産業労働組合（三万人）
印刷労働組合（一万八千人）	建築労働組合（二万一千人）
教員組合（九万一千人）	郵政職員組合（五万八千人）
公務員組合連合（一〇万六千人）	

Marquand, Organized labour in Four continents, 1939, p. 24.

人民戦線　このように一九二〇年から三〇年のはじめまでは、政治運動においては社会党と共産党、労働運動においてはCGTとCGTUとの対立抗争の時代であった。

しかしアメリカのウオール街に端を発する世界的な恐慌は、やがてフランスをもまきこみ、労働者、農民、中小商工業者など全人口の大半のものを破局的な生活難につきおとした。しかも経済的危機の深まりの中でしだいに高まるファシズムの波は、かかる混乱に一層の拍車をかけたのである。

ファシズムと破局的恐慌の両面攻撃をうけた左翼陣営は、長い間の対立をすてて、歩みよりをみせ、戦線の統一をもってこれに闘う体制を示し始めた。一九三五年には共産党から社会急進党左派までを含む反ファシズムの人民戦線 (Front populaire) が結成され、これに呼応して労働陣営においてもCGTの合同が行われた。物情騒然たる中に一九三六年五月、総選挙が行われ、人民戦線諸派は空前の勝利をおさめて世界最初の人民戦線内閣が誕生した。

総選挙において人民戦線派の勝利が確実となるや、狂喜した労働者たちは、待望久しい人民戦線綱領の即時実施を要求して、一大ストライキを敢行した。ストは火のようにひろがり、賃上げ、有給休暇、労働協約、週四〇時間制、職場代表委員の設置等々を要求する労働者の叫びは街にあふれた。スト参加人員は全国で一八〇万、全労働者数の約四分の一におよんだ。このような人民戦線綱領の即時実施を追る心理的ストライキを前にして、人民戦線内閣の首班レオン・ブルムは、組閣後、ただちに公約した労働立法の急速な実現に努力する旨を約するとともに、産業平和の回復なしにはなにごともありえない旨を強調、ストライキの収拾にのり出した。

ブルムは同年六月七日、使用者代表とCGT代表とをマチニヨン・ホテルに会合せしめ、翌八日、賃金の七―一五%の増加、週四〇時間制の実施、労働協約の締結、職場代表委員の設置、ストライキの犠牲者を出さないことなどの条項を含むいわゆるマチニヨン協定を締結せしめた。この勝利は、労働組合加入のラッシュをもたらした。わずか一年の間にCGTの組合員数は、一〇二万四千人から四倍の四七三万八千人に増加した。(1)

しかし賃上げは、労働者階級にとって、いくばくの効果ももたらさなかった。なぜならば、物価の統制が行われていなかったからである。デフレ政策を放棄し、国民の購買力を増加させることによって経済の復興をはかり、財政的均衡を実現させようとした政府の経済政策は、物価の騰貴に拍車をかける結果となり、マチニヨン協定の戦果は、数カ月後に早くも水泡に帰してしまった。秋の訪れとともに労使関係は再び緊迫化し、ストライキの第二波、第三波が各所にまき起こった。使用者側は、マチニヨン協定の敗北を一挙にとりもどすべく、フランス使用者連盟（CGFP）を新たに改組し、資本家陣営の強化工作にのり出し、一歩もひかない体制を示した。

しかし、増大する国際政治情勢の不安とライン河をこえて迫ってくるナチス・ドイツの脅威は、フランス人の愛国的感情を刺激し、労働者階級に好意的であった世論も、このころを境に急速に衰えていく。そして国防費か社会政策費かの二者択一をめぐって、いくつかの政変をくり返しながら人民戦線はしだいに右傾化し、三八年のダラヂイエ内閣にいたっては、政治経済情勢の悪化を理由に人民戦線綱領の実質的な撤回を意味するいくつかの命令を公布する。たとえば一九三八年一一月一二日命令は、従来の週五日労働制を六日制にすること、週四〇時間制を拘束ではなく実働四〇時間とすること、国防のために、使用者は、一定時間まで残業を命じうること、軍需工場のストライキに対処するため、政府は工場を接収しうる権限をもつこと等を内容とするものであった。

このような政府の態度に直面して、今まで冷い反目を示してきたCGTは、過去の不満を一挙に爆発させ、反動立法と政府の外交政策に反対するため、同年一一月のチェンバレンの来訪を期し、全国的なゼネストを行なうことを決定した。労働者大衆はゼネストの予定日をまちきれず、各所でストライキを敢行した。激昂したダラヂイエは、政治ストを理由に県知事あてにスト弾圧の指令を出し、ストの発生した工場には黒山のような警官隊が殺到し、催涙ガスが投げられた。さらに政府は、鉄道、鉱山を含むすべての公共企業を接収し、これらの事業の従業員および公務員が、ストライキに参加した場合には厳罰に処すむねの警告を発した。ゼネストは予定どおりに行なわれたが、公共企業が政府の接収によってストの戦列から離れていたために威力を欠き、みじめな失敗に終った。これに力をえた政府や使用者は、それぞれ公務員や従業員に対し懲戒解雇の追い打ちをかけたのである。これによりＣＧＴの組合員は三七年の最盛時五三〇万人から、再び二〇〇万人台へと半減してしまった。

（1）一九三六年五月から一九三七年五月までの一年間に、ＣＧＴ加盟の各産業別全国連合の組合員数はつぎのように変化している。

産業別全国連合	1936	1937
農業	8,000	180,000
食品	20,000	250,000
建築	40,000	510,000
木材	6,000	80,000
鉄道	160,000	320,000
化学	5,000	171,000
理髪業	3,000	25,000
皮革	12,000	85,000
電気	30,000	80,000
職員	15,000	285,000
官庁労務者	28,000	70,000
公務員	235,000	280,000
衣服	25,000	90,000
印刷	26,900	54,000
海員	—	70,000
製紙	1,500	72,500
港湾	55,000	95,000
郵便電信	74,000	110,000
金属	100,000	800,000
公共企業	85,000	200,000
炭鉱	80,000	275,000
演劇	8,000	18,000
繊維	42,000	350,000
運輸	45,000	150,000
ガラス	8,500	30,000
セールスマン	2,000	10,000

ブリュア・ピオロ「フランス労働運動史」小出訳 p. 156

レジスタンス　翌三九年、フランスはイギリスについでドイツに宣戦を布告した。ダラディエ政府の共産党非合法化に呼応して、CGTの多数派は共産党員を除名し、CGTは第二次の分裂にさらされた。

しかし翌年のフランスの敗北､ヴィシー政権の樹立とともに､CGTはCFTCと並んで解散せしめられてしまった。占領下の労働関係は、四一年に制定された全体主義的な労働憲章によって規制せられ、すべての紛争は、強制的に調停および仲裁に付せられることになっていた。しかし占領下のきびしい禁止にもかかわらず、ストライキやサボタージュは各所にわき起こった。それは経済的な要求を貫徹するためというよりは、むしろレジスタンスとしての愛国的な行動であったといわれている。地下にもぐったCGTの闘士たちは、国外輸送反対、労働憲章反対の闘争を組織し、ストライキ、サボタージュを随時行って、ドイツの戦争能力を著しくマヒさせたのである。

第二次大戦後の労働運動　フランスの解放とともに、共産党員がかって「奴隷憲章」と名づけた労働憲章は廃止され、かつ、当然の措置として、一九四一年の組合解散に関する法律は無効とせられた。しかも一九四六年の第四共和国憲法は、その前文において組合結成権・争議権・経営参加権を規定し、団結権の保障を一層強化したのである。フランスはふたたび組合運動の開花期をむかえる。

戦後、いち早く再建されたCGTには、かって例をみないほどの労働者大衆が参集した。一九四六年の第二六回大会では、加盟組合員数は五五〇万と記録され、四七年には六〇〇万をこえた。CGTは一〇三の県連合と、三九の産業別全国連合および一万六千以上の組合をその傘下におさめたのである(1)。

解放後、労働者階級は、労働者代表を議員ないし閣僚として送りこむことによって政治的な発言力をさらに強化した。CGTは戦争で荒廃した生産の復興と、それによる労働者の生活水準の回復に力をそそいだ。すなわち、物価騰貴に対する闘争や、いわゆる生産闘争を行った。生産の拡充に並行してCGTは、炭坑、軍事産業、ガス、電気、大銀行などの重要産業の国有化に圧力を加え、同時に社会保障の拡大をかちとった。全国経済会議が創設され、ジュオーが委員長になった。一九四四年の九月から、一九四七年の五月までは、ＣＧＴはむしろストライキを制御する役割すら営んできたのである。

しかしその後の資本家陣営の立ち直り、国際政治における冷い戦争のフランス政界への反映、議会からの共産党のしめ出しによって、労働情勢はふたたび一変する。一九四七年のマーシャル・プラン（アメリカの経済援助）反対の政治ストを契機に、社会党系の反共派は、ＣＧＴを脱退してＣＧＴ・ＦＯ（Confédération Générale du Travail, Force-Ouvrière「労働者の力」）を結成し、ＣＧＴは三度目の分裂を余儀なくされた。

フランスの労働運動は、ふたたびＣＧＴ、ＦＯ、ＣＦＴＣの三つの中心をもちながら進むことになったのである。

（1）　一方ＣＦＴＣも著しく組合員数を増加せしめ、一九四六年には、加盟組合員数は九〇万をかぞえ、三、一八〇〇の組合、四〇の産業別全国連合、一〇〇の県連合をかかえていた（Marrabuto, Les partis politiques et les mouvements sociaux, 1948, p. 304 et p. 324.）。

二　労働組合の組織

ＣＧＴやＣＦＴＣを初めとする労働組合の全国組織は、いずれも、労働者に対して自派への加入を積極的に呼びかけている。それぞれの機関紙は、おりにふれて、かなりの努力を組合加入の呼びかけにさいている。例えばＣＦＴＣの機関紙サンジカリズムの七二五号（五九年五月）には、別とじのパンフレットが入っており、その表紙には、小さなかこみ記事で「この小さな新聞を組合員が読むことを禁ずるつもりはありません。しかしすぐにこの特別号を組合に入っていない友人にお渡しすることをお願いします。ありがとう」と書かれている。そしていかにもフランス人らしい機知に富んだ文章で、人間が社会において孤立しているさいにうける精神的、物質的な損失から組合加入の必要性を説きおこし、ＣＦＴＣの業績、重要性を示し、ついで私はなぜ組合に入ったかという数人の体験談をかかげ、最後に「論理的であれ、われわれとともに努力せよ、ＣＦＴＣに加入せよ！」と結んでいる。さらにそこには、つぎのような加入申込書が添付され、ＣＦＴＣに返送せよと書かれているのである。

この種のパンフレットを読んで、かりに機械工のデュポン氏が、ＣＦＴＣに加入することを決意したとしよう。申込用紙に記載されているとおり、デュポン氏が、直接、加入申込書をＣＦＴＣに送ったとしても、ＣＦＴＣは、個人加入を認めるわけではなく、彼はＣＦＴＣに加盟している金属労働組合に加入することになるわけである。

加入申込書
氏　名
生年月日
住　所
職　業
事業場
所属すべきCFTC組合
署　名

1　サンジカ

フランスの基本的な組合は、サンジカ（syndicat）である。サンジカとは、経済的な利益を擁護するための団体を一般的にさすから、使用者の団体も、あるいは労働者と使用者とのいわゆる混合組合(1)(syndicat mixte)も同じようにサンジカと呼ばれるが、ここでは労働者の団体だけを考えることにし、いい訳語がみつからないので、ここではそのままサンジカという用語を用いることにする。

（1）　一九世紀末に、カトリック社会主義の立場から、企業単位に結成せられた事例があるが、例外といっていいほどその数は少ない。

職種別組合と産業別組合　サンジカには職種別組合と産業別組合の二種類がある。フランスの組合も、イギリスやアメリカと同じように、もともとは職種別組合、つまり熟練工中心のクラフト・ユニオンとして発生してきたものである。しかし狭く限られた地域の熟練工の組織では、労働者の利益を擁護するという点で、産業や交通の発達や全業の集中によってもたらされた産業構造の変化に対応できなくなり、自然と全産業的規模での労働者の組織が形成されていったのである。とくに一九〇六年のアミアン大会のさいに、CGTが、組織の方針を産業別組合にすることとし、新しい組織としては産業別組合のみの加入を認め、職業別組織の解体を促進する旨を決議(1)して以来、この傾向は一層強まり、今日では産業別組合が原則的な形態となっている。しかし連合体は産別であっても、それを構成するサンジカは職業別であるという事例もかなりみうけられる。

(1)　産業別の方が使用者団体の組織とよりよく対決ができるということと、ギルド的なエゴイズムを克服し、労働者の要求を高度化しうるというのが主たる理由であった。

企業別組合か横断組合か　サンジカは元来、企業の外に横断的につくられ、今日でもこの原則は守られている。しかし組織を強化するには、職場ないし企業に基盤をもたねばならぬことが重視され、たとえばCGTは、大きな企業ないし工場では、それ自体が一つの単位となってサンジカを結成することを奨励している。

しかし企業単位に組合がつくられるといっても、わが国のように従業員全員が加入する工職混合の形態はとられず、職員層は大てい別個の組合をつくり、CGCといった全国組織に加入しているし、一つの企業ないし工場には、CGT系のサンジカやFOあるいはCFTC系のサンジカが、いくつも併存している場合が多いのである。

サンジカの規模　サンジカにも、全国的な単一組合が存在しないわけではないが、サンジカは原則として地区ないし地方的な組織であって、工場単位に結成せられたり、一都市、あるいは一地方にわたる場合がほとんどである。サンジカの範囲が一工場以上におよぶときは、通常、工場別ないし企業別に、あるいは個々の職業ないし産業の部門別に支部または分会を設けている。したがって組合員数も、小は十人前後のものから、数千人、数万人におよぶものが存在するわけである。さらに、サンジカは、いくつか集まって地域的な職業別ないし産業別の評議会を結成している場合が多い。それは通常、使用者団体の組織範囲と対応するようにでき上っており、ここが中心となって地域的な規模における統一交渉、統一行動が行われている。

組合結成と要件　職業組合法の規定によれば、同一または類似もしくは関連せる職業に従事している者のみが、サンジカを結成し、またはこれに加入しうるようになっている。したがって、

(イ)　組合を結成し、またこれに加入しようとする者は、自己の労働によって報酬をうける一定の職業に従事していなければならない。それゆえ、利子や年金によって生活している者は、職業を有しているとはみなされず、ここから除外されるわけである。

(ロ)　つぎに、職業に従事するとは、その者が現に職業を行使していることを意味すると解されている。しかし「一年以上その職業に従事していた場合には、引き続き、組合にとどまることができる」というただし書きが設けられていて、退職後の権利保障の道を開いている。

(ハ)　さらにフランスでは、同一または類似ないし関連する職業に従事する者だけが共通の利益を擁護するためにサンジカを結成しうるとされており、異種の職業に従事する者の間には、組合の結成は認められていない。これは、異種の職業に従事する者の間には、共通の利益が存在しないとされたことと、異種の職業に従事する者の間に組合の結成を認めれば、職業上の利益擁護以外の目的を組合の名にかくれて追求するおそれがあるとみなされたからで

あるといわれている。しかし、異種の職業間の組合(いわゆる一般組合、フランスでいえば後に述べる地域組合の大部分)も社団としては有効に存続しうるわけである。

つぎに、組合法は、「職業組合は、もっぱら経済的、工業的、商業的、農業的利益の擁護」を目的とすると規定し、目的の面から、サンジカの要件を定めている。それゆえに、職業上の利益という点で純粋の政治団体や宗教団体は労働組合として扱われないし、また擁護すべき利益という点で例えばスポーツ団体や文化団体は除外される。しかし組合が、いっさいこれらのことと無関係でなければならないということを意味するものでないことは、わが国の場合と同様である。

さらに、組合規約と役員の氏名を、組合が設立された地の市町村役場に届出ることが形式上の要件とされている。規約は、組合が自主的に自由に作成しうるが、規約および役員の氏名は、変更の都度届出ることを要する。(1) 組合の目的その他の法律の定める禁止事項に違反しているときは、裁判手続を経た後に解散を命ぜられることがある。

(1)　ただし支部・分会については届出は必要でない。

組合の目的と事業　さて、このようなサンジカの中から、フランスでも有力な組合として知られるCGT系のパリ地方金属労働組合、パリ地方建築労働組合、およびパリ地方運輸労働組合などをひな型としてとりあげながら、フランスの単位組合の機構を具体的にみていくことにしよう。

まずこれらの組合の規約を手にして、日本の労働組合の場合と少しようすが違うと思われる点は、組合規約の前文その他で、実にはっきりと労働組合の使命をつぎのようにうたっていることである。すなわちパリ地方建築労働組合の規約は、「労働者の解放は、労働者自身の仕事である。……」という文句で始まるし、金属労働組合は、「組合は……プロレタリヤの行動により、労働者をして、そのすべての解放、すなわち賃金労働者および資本家の絶滅へと向かわせることを目的とする」（第四条）と規定している。長い間のサンジカリズムの伝統が、このような形で残っているのをわれわれはみるのである。ついで組合内民主主義の確保と組合員の言論の自由の保障が、同じく規約の前文に掲げられているが、組合内民主主義をゆがめるものとして、組合内にフラクションとして行動する組織を設けることを禁止している。

組合は、さらにその目的として、組合員の物質的、精神的利益の擁護をあげ、具体的に、その事業として賃金の改善、労働時間の削減、失業の防止、組合の自由の擁護と平和の維持のための一般的活動への参加、組合の連帯性の強化、機関紙の定期的刊行、法律扶助の業務、図書室・職業教育の開設等を規定している。この線にそって幅のひろい活動がくりひろげられるわけである。その中で、わが国の場合とくらべて特徴的だと思われる点の第一は、スト中の組合員に対する経済的援助を組合が行うことである。すなわちスト中の組合員は、あらかじめ積み立てられているストライキ基金から、一率に一定額の生活費をうけるのであるが、たとえばパリ地方運輸労働組合の場合には、スト開始後九日目から支払いが開始され、パリ地方金属労働組合の場合には、一〇日以後六カ月までの間しか支払われないことになっている。

特徴的だと思われる点の第二は、失業中の組合員や兵役中の者が、所定の手当をうけることである。組合費が安いことで有名なフランスの組合が、このような諸手当の支給を行っているのは、やはり古い時期の相互扶助組合の伝統に由来するものであろう。ただし一年以上組合員であった者だけがこの種の手当をうける権利を有し、三カ月以上組合費を滞納した者や脱退したとみなされる者は、すべての権利を失う。

全国中央組織とのつながり　さきにもふれておいたように、サンジカは、タテの関係として職業別ないし産業別の全国組織（連合体）に加盟し、ヨコの関係として、地域別（多くの場合各県別）の組織（評議会）に加入し、これらを通じてCGTとかCFTCとかの全国中央組織に加入している。具体的にいえば、パリ地方建築労働組合は、全国建築労働組合連合（Fédération nationale du Bâtiment）およびパリ地方労働組合評議会（Union des syndicats de la région parisienne）、セーヌ・エ・マルヌ県労働組合評議会（Union départementale de Seine-et-Marne）を通じてCGTに加入し、パリ地方金属労働組合は、金属労働組合連合（Fédération des ouvriers sur métaux）およびパリ地方労働組合評議会に加盟し、これを通じて同じくCGTに加盟している。

支部・分会　大きなサンジカは、大てい支部・分会を有している。例えばパリ地方金属労働組合は、地区別の支部（sections locales）と工場別の分会（sections d'usines）をもち、建築労働組合は、地区別の支部とその下部にある企業別の分会を有している。支部には、若干名（金属では九名ないし三五名）の委員で構成される執行委員会と、同じく若干名（金属では三名ないし九名）の会計監査委員会が設けられているが、支部大会で独自の意思決定を行って、独自の組合活動を行うことは認められていない。組合活動の単位は、あくまでもサンジカにおかれているのである。

すなわち、例えばある会社でなんらかの紛争がもち上ったとしよう。しかしながらそこの会社に組織されているサンジカの支部は、独自の立場でストライキをうつことは許されない。必ずサンジカに紛争の原因その他の情報を通告し、本部の執行部と意見が一致した上でなければストライキを開始することができない。この義務に違反すれば、一切の援助を断たれるわけである。財政的な面からいっても、支部ないし分会はきわめてわずかな運営費しか与えられていないから、事実上サンジカの援助なしのストライキは行えないようなしくみになっている。本部の執行部との戦術会議でストライキを行うことが決定した場合には、その会社の支部には、ただちにストライキ委員会（comité de grève）が設けられ、たえず本部と連絡をとりつつ、ストライキがうたれるわけである。

以上のような支部・分会のほかに、たとえば金属労働組合のように基礎的な鉄鋼から造船、自動車という製品にいたるまでの各種の部門の労働者を包含している大組合にあっては、その職業ないし産業に特殊的な利益を擁護するために、産業部会（branches industrielles）と技術分会（sections techniques）が設けられている。しかしこれらの部会の役割は、要求案の研究および経済問題の調査研究に限定せられている。

組合大会　サンジカの最高の機関は、組合大会である。通常、組合大会は一年に一回開催せられ、運動方針の決定や規約の改正その他の組合内の重要問題についての意思決定を行う。大会は、大きなサンジカの場合には、大てい支部ないし分会ごとに選出された代議員によって構成されるが、代議員数は、支部ないし分会の組合員数に比例して定められている。例えば金属労働組合の場合には各工場ごとに、組合員数五〇人以上三〇〇人まで一名、三〇一人以上一、〇〇〇人まで二名、一、〇〇一人以上二、〇〇〇人まで三名、以上二、〇〇〇人を増すごとに一名増加というようになっており、建築労働組合の場合には、各支部ごとに、組合員数五〇人以上二〇〇人まで一名、二〇一人以上四〇〇人まで二名、以上四〇〇人を増すごとに一名増加という割合になっている。

大会の議事は、代議員の過半数の決議によって行われているが、規約改正の場合には、とくに、三分の二の多数決によらなければならない。

中央委員会　大会に準ずる意思決定機関として、大ていのサンジカは中央委員会（conseil central）を設けている。中央委員会は、大会から次期大会までの間、すべての組合の活動に関する問題について、執行委員会に対し、助言を与え、援助を行い、あるいはこれを指導していく任務をもっている。中央委員会の委員は、大会の代議員選出と同じ母体で、同じく組合員数に比例して選出されている。例えば金属労働組合では、各工場単位の分会ごとに、つぎの比率で選ばれている。組合員数一〇人以上一〇〇人まで一名、一〇一人以上五〇〇人まで二名、五〇一人以上一、〇〇〇人まで三名、一、〇〇一人以上三、〇〇〇人まで四名、以上三、〇〇〇人を増すごとに一名増加。

そして金属の組合でおもしろいのは、組合員数の計算について、一年間に八カ月分の組合費を納めたものを基準としていることである。フランス最強の組合ですら、三分の一の組合費の滞納をみこして組合規約を定めているわけである。代議員や中央委員選出の投票権は、三カ月以上組合費を納入した者にだけ与えられる。

執行委員会　執行委員会（commission exécutive）は、組合大会で選出された委員により構成される。その人数は、サンジカの規模により、まちまちであるが、例えば金属労働組合の場合は、正委員四一名、副委員七名となっており、建築労働組合の場合には、正委員のみ四五名となっている。死亡、脱退、解職などの理由によって委員に欠員が生じたときは、中央委員会がこれを選出する。

執行委員の被選挙資格には、大ていの組合が一定の制約を設けており、例えば金属労働組合では一年以上組合員であった者、建築労働組合では三年以上組合員であった者というようになっている。執行委員は、毎年大会ごとに改選されるが再選を妨げない。

執行委員会は、大会ないし中央委員会の決定を日常的に執行することを任務とする。それは、わが国の組合の場合と同じようにきわめて広範囲にわたるが、そのほか、上部団体の代議員の選出、大会の準備、支部・分会の設置、書記の報酬の決定などを行う。

書　記　局　執行委員会がその任務を行うための手足となる機構として、多くのサンジカは書記局（bureau du syndicat）を設けている。そして実際問題としては、この書記局のメンバーが、組合役員として、組合活動の中心的な役割を果すのである。

書記局は委員長（président）、書記長（secrétaire général）、会計担当書記（secrétaire administratif-trésorier）およ

びその他の書記若干名で構成され、執行委員会がそれぞれを選出する。これらの書記は三年以上組合員であった者の中から選ばねばならない。書記長ないし書記が専従であるか、あるいは依然として職場で労働に従事するかは、その組合の規模と財政によるが、大きな組合や国営企業の組合では、大てい専従となっている。専従でない場合でも、協約によってこれらの役員に一定時間、組合の業務に従事することを認めているいわゆる時間専従である場合が多い。執行委員会が、これらの役員を選出したときは、必ず次期の大会で承認をえなければならない。役員の任期は通常一年である。伝統的にサンジカは、委員長（président）という言葉を用いず、したがってそのポストがなく、書記長が組合役員ないしは組合を代表していたし、現在でも多くの組合はそうである。したがってこの場合は、書記長が、組合の委員長でもあり、事務局長でもあるということになる。しかし最近では、自分のところから、上部団体の役員に送りこんでいた者が、功なり名をとげて帰ってきた場合に、それを受け入れるためのポストとしてこれを利用しようとする組合がでてきた。委員長というポストを設けている組合は、大ていこういう歴史的な沿革にもとづいているといってもよいようである。

財政監査委員会　組合財政の監査を行い、大会に報告する任務をもった独立の機関として財政監査委員会(commission de contrôle)が設けられている。財政監査委員は、執行部とは別個に組合大会で選出されるが、組合によっては、再選について一定の制約を設けている。例えば金属労働組合では、財政監査委員は九名であるが、前委員の三分の一は再選してはならない旨の規定がある。会計監査をより一層厳重にしようという趣旨から設けられたものであろう。

査問委員会　以上のほか、独立の機関として査問委員会（commission des conflits）が設けられている。査問委員会は、大会において選出された少数の委員（たとえばパリ地方運輸労働組合では三名）で構成せられ、組合規約に違反したり、組合の統制を乱した者に対する審査を行い、必要ある場合には、最高、除名にいたるまでの制裁を提案する。処分の決定は、通常、執行委員会において行われている。

組合費　フランスの労働組合の組合費が安いことは、サンジカであると連合体であるとを問わず、組合幹部のいずれもが異口同音になげいているところである。

「フランスの労働者は、金銭を出すよりもむしろ大義のために血を流す方を選ぶ、と酷いことがいわれているが、これが事実、余り誇張でない程、経済家で、倹約家でまたいささか金銭に気を使いすぎる。フランスの労働者は、税金の支払いを嫌うのと同じように、組合費を定期的に支払うことを嫌っている。彼等は、農民のもっているあの因襲的な吝嗇さと不信感をいまなお背負わされているのである。すなわち彼等は、ある書記が自分たちの金を浪費したり、あるいはある会計係が金を持ち逃げしたりすることを恐れ、ギリギリ最少限以上、これらの人々にもたせるのを好まない」(ジョルジュ・ヴィダラン『フランス労働運動史』阪本訳、一六二頁)、とさえいわれ、組合教育の重点は、つねにこの点に向けられている。つまり、組合活動を行い、スト中の労働者を支援し、他の団体との連帯性を強固ならしめるためには、組合費を十分なものにしなければならないということが、再三再四、組合大会のおりに、あるいは機関紙の紙上において主張されている。そして戦後、組合費をもっと高くするための目標額が、一般に一カ月につき、一時間当りの賃金とされている。英米独をはじめスイス、ベルギー等の労働者の組合費が、大体、全収入の一%ないし二%であり、月当り、二ないし四時間分の賃金に相当する額であることを思えば、この目標額ですら、きわめてささやかなものであることを知るのである。フランスの労働者は、さらに、組合費値上げの目標額である一時間当りの賃金を家族手当その他を除いた基準内賃金の意味に理解しているから、諸外国の組合費との格差はますますひどいものとなる。しかも、この目標は、組合幹部の努力にもかかわらず、容易に実現されそうにない。

強固な団結を誇っているパリ地方金属労働組合でさえ、代議員や中央委員の選挙にさいして、計算の基礎となる組合員数を、八カ月分以上組合費を納入したものとしている。つまり組合に対する登録者と組合費納入者は常に一致せず、一年のうち三分の二の組合費を納めれば立派なものとしてフランスでは通用するのである（戦前は一〇カ月分納めれば良い組合員とされた）。

CGT書記のラカモンがル・プープル紙上において、「年のはじめに人々は年一枚の組合費納入証の購入および一月分の組合費の支払いにいい気持になっている。その後、一一月ごろには、多数の組合員は、過去六カ月間組合費を払わなかったことに気づく」と述べているように、組合費の滞納はかなり一般化しているようである。(1)

それはともかく、ここでは、組合費がどういう形で納められ、組織の上下の関係の中でどのように配分されているかを述べることにする。

まず労働者は、組合加入と同時に加入金を支払い、さらに組合費納入証を購入する。組合によっては、加入金の中に組合費納入証の代金が含まれている場合がある。このようなときは、もちろん加入金だけでよいわけである。加入金は一カ月か二カ月分の組合費に相当する額が相場であり、組合費納入証は、通常、一カ月分の組合費よりかなり安くなっている。この組合費納入証は、毎年一月に買いかえなければならない。組合費の納入は、スタンプ・システムになっており、組合員は、毎月、定められた額の印紙を購入して、組合費納入証にのりではりつけるわけである。組合費は、たとえばパリ地方運輸労組のように一率にきめられている場合もあるが、多くの場合、賃金に比例して段階ごとに定められており、さらに養成工や、疾病中の組合員は、一般より安くきめられている。また兵役中の組合員や、疾病中あるいは失業中の者、組合活動のために服役中の者、長年（たとえば二五年以上）組合員であった者に対しては、組合費を免除する旨の規定を設けているところもある。

具体的な額については、第二次大戦後の一九四五年、四六年頃の資料しか手もとにないので、大変恐縮であるが、これを参考までに記すと、運輸労働組合では、加入金が、組合費納入証を含めて二〇フラン、組合費は月三〇フランとなっており、建築労働組合では、加入金が五〇フラン（再加入の場合は一五フラン）、組合費は、月四、〇〇〇フラン以下の賃金をもらっている養成工の場合が一五フラン、五、〇〇〇フラン以下の賃金の成年労働者は二五フラン、それ以上は八〇フランまで数段階に分かれている。また金属労働組合では、組合費納入証が五フラン、組合費は、賃金が月三、四五〇フラン以下の労働者の場合一〇フラン、三、四五〇フランから四、三〇〇フランまでの者は、二五フラン、それ以上の者が三〇フランと定められており、そのうち二フランを組合の支部に、〇・七五フランを分会に割り戻すようになっている。

上部団体に対する上納金は、上部団体の規約によって定められるが、一般に、組合費の約半額程度がこれにみこまれている。すなわち、サンジカが徴集した組合費の約四分の一が産業別の全国組織にいき、それとほぼ同額が県連合に支払われる。したがってサンジカには、組合費の約半分が留保されるわけである。たとえば、一九五〇年の前記金属労働組合の組合費は、約六〇フランになっているが、その中の一二フランが県連合に、一五フランが全国金属連合に、一・五フランがCGTに支払われている。なお六〇フランというのは、労働者の一時間分の賃金にみたない程度の額である。

組合費は、原則としてサンジカないしは支部・分会の徴集者に支払われる。組合費を給与から天引き（チェック・オフ）する制度は、実際問題として、同じ工場や会社内に組合が二つも三つもあるために行えないし、また伝統的に労使双方とも天引きを行なう考えをもっていない。協約中にチェック・オフを規定した事例は、過去にないわけではない（たとえば映像発声同時装置の技術者の協約）が、例外中の例外といってもよく、また今日では一九五六年四月二七日法によって、禁止せられている。

（1）　組合費を完納している例外的な組合は、公務員の組合と出版労働組合であるといわれる（Lefranc, Les expériences syndicales en France, 1950, p. 368.）。

2　全国組織

地域的な組織であるサンジカは、多くの場合、より高次の段階における同一産業の労働者の利益を擁護するために、タテの線で全国的な組織をつくっている。全国組織には、職業別ないし産業別の全国単一組合（syndicats nationaux）が存在しないわけではないが、単一組合の大部分は、公務員の組合であり、多くの全国組織は、サンジカを構成員とする連合体（fédération）の形式をとっている。つまり金属労働組合は、金属労働組合連合に、建築労働組合は、全国建築労働組合連合に加盟するわけである。この種の職業別ないし産業別全国組合は、CGT系では約四〇、FO系では三五存在している。ここでは、出版印刷労働組合連合をモデルとしてとり上げながら、全国組合の機構を眺めることにしよう。

目的および事業　全国組合の目的および事業は、サンジカの場合とほぼ同じである。たとえば、出版印刷労働組合連合の規約によれば、組合の目的として冒頭には、賃金労働者の絶滅と出版印刷労働者相互間の友愛の維持が掲げられている。つまり組合は、労働者の解放のために闘う組織であると同時に相互扶助組織としての二面性をもつことが明らかにされている。サンジカリズムの伝統は、ここでも根強く残っているのである。

このような目的を遂行するために、出版労連は、全国的最低基準としての賃金および労働条件の確立、技術教育の完成、安全衛生の擁護、公認されたストライキ、失業、疾病、廃疾、老衰、不当な理由による解雇等によって仕事を失った組合員に対する精神的、物質的援助を行い、あるいは他の団体との連絡提携をはかる。そして組合員に対する物質的援助として、具体的には、サンジカと同じように、ストライキ手当、失業手当、疾病手当、廃疾手当、弔慰金等が、それぞれの事故に応じて支払われる。したがって組合員は、サンジカと連合体の両者から、二重の給付をうけるわけである。参考までにあげておくと、一九四六年の規約によるストライキ手当は、日曜も含めて一日三〇フラン、失業手当および疾病手当が一日一〇フラン（手当の受領期間は、組合加入の年限によって異るが、例えば一年以上一〇年未満の組合員は四二日、二〇年以上の者は六三日）となっており、三〇年以上の組合員が廃疾者となった場合は、年一、八〇〇フランの廃疾手当をうけ、組合員が死亡した場合は、組合加入の年限に応じ、二五〇フランから一、〇〇〇フランまでの弔慰金が遺族に対して贈られる。

上下の組織　出版印刷労連の下部組織としては、支部および分会がある。分会は都市単位に設けられ、いくつかのサンジカが集って構成されるが、サンジカがその都市の同種産業の全労働者を組織している場合には、分会は設けられず、サンジカがそのまま支部へと直結する。すなわち、基本的には一都市一サンジカという建前がとられており、いくつかのサンジカが存在する場合には、都市単位に分会を組織し、この都市単位のサンジカないし分会が代議員選出の母体となるようなしくみになっている。サンジカないし分会は、上部団体の決定の範囲内で自由な活動を行うことができる。

都市単位のサンジカないし分会は、いくつか集まって一県ないし数県にわたる地方支部を構成する。規約によれば、出版印刷労連の場合には六支部が設けられることになっている。支部ごとに毎年一回、支部大会が開かれ、執行部の選出がなされる。

全国労連は、さらに上部の系列として、大ていCGT、FO、CFTCなどの全国中央組織につらなっている。またわが国の場合と同じように、組合によっては、産業別の国際組織にも加盟しているのである。

機　関　全国労連の最高機関は、年一回ないし隔年(出版印刷労連の場合は三年ごととなっているが、これは例外である)ごとに開かれる組合大会である。大会から大会までの間の中間的決議機関として、大ていの全国組合は中央委員会的なものをもっている。それぞれの決議機関は、各サンジカから選出された代議員によって構成される。

出版印刷労連では、大会の代議員は、サンジカないし分会から選出されるが、組合員数に応じ、一〇〇人以下の場合は一票、一〇一人以上二〇〇人まで二票、二〇一人以上五〇〇人まで三票、五〇一人以上一、〇〇〇人まで四票、……二、〇〇一人以上三、〇〇〇人まで一〇票、以上一、〇〇〇人を増すごとに三票という割合で投票権をもつ。一方、中間的議決機関としての全国委員会 (conseil national) は、毎年開かれ、地方支部の代議員によって構成されるようになっている。

執行機関は通常、組合大会ないし中央委員会で選出されるが、出版印刷労連を例にとると、執行委員会に該当する連合委員会 (comité fédéral) は、大会において選出される二五名の委員から構成され、委員の定数は、各職種別に、組合員数に応じて配分される。

執行委員会は、常設の書記局をもち、ここが中心となって組合の日常の業務が行われていることは、サンジカの場合と同様である。(1)

(1)　なお連合会は、加盟組合名簿と所在地を届出ることによって、法人格を取得し、サンジカと同一の権利が与えられる。しかし連合会の結成は正規に結成されたサンジカに限られ、サンジカが法定要件をみたさない場合は、連合会そのものも違法とされる。

3　地域組織

職業別都市評議会　サンジカは、通常、都市単位のいわゆる地区《ロカール》的な規模で、職業別ないし産業別の都市評議会を形成している。ほんらい、クラフト・ユニオンとして生れたサンジカは、このような形で産業的な規模へと組織を拡大していったのである。場合によっては、かかる都市評議会を基盤としてさらに大きな地方別の単位組合へと組織を再編成したものもある。例えば前記のパリ地方金属労働組合は、直訳すれば、「パリ地方金属および同種労働者のサンジカの連合」(Union syndicale des travailleurs métallurgistes et similaires de la région parisienne) という名称をもち、パリ地方運輸労働組合は、「パリ地方運輸総連合組合」(Syndicat confédéré des Transports de la région parisienne) という名称であるが、いずれも実質は、連合体ではなく、個人加入の単位組合である。

このような単位組合でない職業別ないし産業別の評議会は、あくまでも任意の団体であり、産業別全国連合とは上下のつながりがないのが普通である。

地区協議会　このように、いわば垂直的規模で発展した職業的性格の組織とならんで、水平的な規模で発展した一般組合的な性格をもつ地域的な組織がある。わが国でいえば地区労に相当するものであるが、フランスではユニオン・ロカール (Unions locales) と呼ばれている。ちなみに、ユニオンといえば、英米では組合を指すが、フランスでは水平的なヨコの関係での組合の結合体を指し、フェダレーション (fédération) は、これに対して垂直的なタテの関係での組合の結合体を指す。地区協議会《ユニオン・ロカール》は、したがって、一定の地区 (都市単位) のサンジカを、その職業分類のいかんを問わず結集したものである。しかし地区協議会への参加は、あくまでも任意的なものにすぎない。

県連合　県連合 (Union départementale) は、わが国の県労 (地評) に相当するものである。すなわち、同一県のサンジカの全体を結集する組織体であって、CGTやCFTCなどの全国中央組織の重要な運営単位となっている。CGTの規約によれば、原則として県ごとに県連合を設け、(1)その県内のすべてのCGT系のサンジカは、必ず県連合に加盟しなければならないようになっている。県連合と地区協議会との関係については、地区協議会は県連合の決定にもとづき、県連合の規約の範囲において創設しうるようになっており、組織の重点は、あくまでも県連合におかれている。

県連合も、産業別全国連合の場合と同じように、関係組合の全体によって運営され、決議機関としては大体隔年ごとの大会、毎年開かれる中央委員会をもち、執行機関としては執行委員会、書記局を有する。一九四六年現在でCGTに所属する県連合は、約九四である。(2)

(1)　パリを含み、セーヌ県とその隣りのセーヌ・エ・ウァーズ県を合わせて通常パリ地方と呼んでいるが、パリ地方では、県連合に相当するものとして、パリ地方労働組合連合が設けられており、パリの独立区と郊外の地方区のそれぞれに、地区協議会に対応する組合間協議会（comités inter-syndicaux）が設けられている。

(2)　県連合は、大体、さきにのべたブールス(労働紹介所)が発展してできたものである。したがって、むかしブールスが果していた役割(職業紹介、相互救済基金、労働者教育、図書館、病院施設等)は、県連合によってうけつがれている。通常これらのブールスの業務に対しては市から資金が出され、これを市の規則によって県連合が運営するという形態がとられている。また県連合の事務所も、ブールスの建物をそのまま利用しているものが多い。

4　全国中央組織

労働者の組織と行動の統一をはかることが労働運動を強化するための課題であるとすれば、狭い地域のクラフト・ユニオンから発生した労働組合が、ついには全国的な中央組織の結成へと向かっていくことは自然のなりゆきである。このような労働組合の中央組織は、労働組合の共通の利益をまもり、共通の政策を討議し、共通の目標を追求することを任務する。そして具体的には、その加盟組合のために全般的な全国的政策を推進し、全国的な使用者団体と賃金および経済問題について交渉し、あるいは各種の公的な諮問機関や調整機関に代表者を送り、ときには、政府に対して特定の問題につき交渉を行ったりする。また国際的な労働運動の連携や協力を行うことも中央組織の大きな仕事の一つである。

主要な中央組織　フランスの全国的中央組織としては、CGT、FO、CFTC、CGC、CNT等の名をあげることができる。それぞれについて一言ずつコメントをつけ加えておこう。

(1)　CGT（労働総同盟）　歴史が一番古いばかりではなく、組合員数および闘争力からいっても、CGTは、フランスで最大の組織である。主たる勢力分野は、金属、鉱業、建築、鉄道、繊維産業の労働者層であり、思想的にはマルキシズムの立場に立つ者ないし容共派を主流としている。CGTの幹部やCGT所属の地方組合の幹部には、第二次大戦のレジスタンス運動できたえ上げた共産党員が多く、その意味では共産党との結びつきが強い。労働者の経済的要求と政治要求とは密接不離の関係にあるとして、高度の政治活動を展開している。国際的には世界労連の有力な構成分子となっている。

(2)　CGT―FO（労働総同盟―「労働者の力」派）　レオン・ジュオーを領袖とするCGTの反共派は、CGTの機関紙ラ・ヴィー・ウヴリエール（La vie ouvrière）に対抗して、一九四五年いらい、フォルス・ウヴリエール（Force ouvrière）を発行していたが、一九四七年に独立して、FOを結成した。事務職員《ホワイト・カラー》や公務員、あるいは金属、鉄道労働者の中の熟練工が主要な構成分子となっている。改良主義の立場に立ち、議会政治の中で労働者の生活条件の向上をはかろうとする。政党からの独立を強く主張しているが、実質的には社会党に追随している。国際自由労連に加盟。

(3)　ＣＦＴＣ（フランスキリスト教労働組合総連合）　一九一九年成立。カトリック社会主義の立場に立ち、中道の組合運動を行う。女子労働者、商店員、銀行・保険業等の事務職員の間に支持者が多いが、もちろん繊維、鉄道、運輸、鉱業等の労働者をも組織している。国際的には、世界労連、国際自由労連のいずれにも加盟せず、国際キリスト教労働組合連合（ＣＩＳＣ）を結成している。政党との直接的なつながりはないが、組合員には人民共和派を支持する者が多いといわれている。

(4)　ＣＧＣ（監督職員総同盟 Confédértaion Générale des Cadres）　技術家や職長、上級職員等の団体であって、産業別連合の形式をとっている。ＣＧＴやＣＦＴＣに加盟していた上級職員層が第二次大戦後独立してつくったもの。組合員数は約一〇万。

(5)　ＣＮＴ（全国労働同盟 Confédération Nationale du Travail）　ＣＧＴブールスの流れをくむアナルコ・サンジカリストたちが、ＣＧＴは「政治団体の戦術的必要に従属している」として一九四六年に結成したもの。アミアン憲章に忠実な闘争方針を採用しているが、労働運動に対する影響力はほとんどない。

その他フランスには、一九四七年のＣＧＴの分裂以後、ＣＧＴ、ＦＯのいずれにも加盟しない独立の組合(その中でも最も大きいのは教員組合である）や、理髪師、カフェーやレストランの給仕、靴職人等の職人組合（Organisation Syndicale Artisanal）等がある。

組織率　つぎに、これらの全国組織の組織率ないしは勢力関係を概観しておこう。しかしフランスでは、正確な組合員数を示す資料がないことをあらかじめお断りしておかねばならない。幾種類かある「労働運動史」の記事が、組合員数に関しては、著者により異っていることにとまどうのはしばしばである。わが国のような労働組合の基本調査がなく、したがって、官庁統計がこの部分については欠けていることも原因の一つであろう。しかしまたそれは、組合側の発表する数字が、実際のものとあまりにもかけ離れていることにも由来する。それをどのように評価するかということは実にむずかしいのである。たとえば一九四九年の組合員数につき、自称と、他組合の評価との両者を掲げると左の図のようになる。自称と他称とでは、このように開きがあるが、同じ組織内ですら、上納金を少なく支払うために過少に組合員数を報告したり、あるいは勢力を誇示するために過大に報告したりすることがある。

　またさきにサンジカの組合費のところで述べたように、フランスでは一般に組合費の納入が悪い。組合費納入証《カルト》(組合員証)は毎年買うが、毎月の納入はさっぱりであるという連中が非常に多いのである。大体七、八カ月分納めるというのが今日のフランスの組合員の標準型となっている。組合費徴収者(支部ないし分会の組合幹部)も、一〇月ごろになれば、来年の納入証を買わせた方がよいというので、組合費の方はあまりやかましくいわなくなるということである。したがって組合費納入証の購入人員をもって組合員数とみるか、組合費完納者数をもって組合員数を計算するか、あるいは、CGTの金属労働組合がやっているように、八カ月分納めた者の人数をもって組合員数を

名称	自称	他組合の評価
CGT	四〇〇万から五〇〇万	二〇〇万（FOの評価）
FO	二〇〇万	三四万（CGTの評価）
CFTC	八〇万	四〇万（独立組合の評価）
CNT	二〇万	二万五千

(Lefranc, op. cit. p. 367)

評価するかによって著しく組合員数に差異がでてくるのである。組合費納入の右のような事情から、同一年度においてさえ、計算の基準日を一月とするか年末とするかによって組合員数は大きく増減する。

これらの事情を考慮に入れながら、他の資料（Monthly labor review, July, 1949, Industry and labor, May, 1949. 等）をも参照して、分裂直後の同じ一九四九年の組合員数を判断すると

CGT　　二五〇万～三〇〇万

FO　　一〇〇万～一五〇万

CFTC　八〇万

というところであるらしい。(1)

組合員数があまり正確につかめないことは右に述べたとおりであるが、フランスでは経営協議会や職場代表委員をはじめとする各種の職業的選挙が、CGTやFO、CFTC等代表的な組合の作成する侯補者名簿にもとづいて行われているので、ここからそれぞれの勢力関係や労働者に対する影響力の概況を判断することができる。つまり同情的組合員ないしは潜在的組合員の数をここからうかがうことができるのである。これらの選挙によれば、CGTは大体五〇％から七、八〇％をとり、CFTCが一〇～二五％、FOが一〇％前後をとっているようである。(2)

右から左に振り子のように激しくゆれるのが、フランス人の国民性であるといわれている。労働運動においてもそのとおりである。CGTを例にとっても、結成いらい、現在までに三度、組合員数は急激に増大しては、再び減少している。(3) つまり、ある条件が与えられればいつでも急激に組織運動を展開しうるエネルギーをフランスの労働者は秘めている。いわゆる未組織労働者をも含めて、職場の末端では統一交渉、統一行動がとられているのをみれば、現在の組織率の低さから(4)だけでフランスの労働運動を判断するのは危険であるような気がする。

（1）　その後、全般的に組合員数は減少し、一九五九年度のＣＧＴ第三二回大会の発表によれば、加盟組合数は六、三三五、組合員数は、一、五〇八、一一七人となっている。しかしこれでもＦＯとＣＦＴＣの両者を合わせたものの二倍はあるという（La Vie Ouvrière, No. 733, 24-6-59）。

（2）　例えば、フランスで最も大きな企業であるルノーのビランクール工場の一九五九年の職場代表委員の選挙では、つぎのような比率になっている。

	労働者選挙団	技術者・職員・職長選挙団
ＣＧＴ	七三％	三九％
ＣＦＴＣ	一一％	二二％
ＦＯ	三％	五％

(La Vie Ouvrière, No. 766, 6-5-59)

また、右と同じ職場代表委員の選挙結果を、ＣＦＴＣが主要化学工場について集計したものによるとつぎのようになっている。

ＣＧＴ	五三・五％
ＣＦＴＣ	二五・三％
ＦＯ	一〇・三％

(Magazine du travail, 18-6-1959)

（3）　ＣＧＴは、一九二〇年に六〇万から二〇〇万に達し、一九三六年には、七五万から五〇〇万に達し一九四六年には戦時中のゼロから六三〇万に達している。

（4）　一九四九年当時の労働者階級の組織率は五〇％と評価されているが、現在では組織労働者数は三〇〇万、約二五％の組織率である。

中央組織の構成員　さて、つぎに労働運動における組織力と影響力からみて、重要な比重を占めていると考えられるCGT、FO、CFTCの三大組織をとおして、全国中央組織（以下、総連合と呼ぶ）の機構を眺めることにしよう。

CGT、FO、CFTCは、規約上は、いずれもタテの系列の職業別ないし産業別の全国労連とヨコの系列の県連合、それに海外領土の労働組合連合により構成される。つまり個々のサンジカは、直接、総連合に加盟するわけではなく、必ず産業別全国労連か県労連のいずれかあるいは双方を通じて、これに加盟するようになっている。しかし総連合の大会は、サンジカの代議員によって構成されるから、実質的には、総連合は、サンジカと、全国労連および県連合の三者を構成員としているということができる。

総連合の大会　総連合の最高の機関は、いうまでもなく大会（congrès confédéral）である。大会はサンジカで選出せられた代議員により構成され、隔年ごとに（CFTCは一九四九年以降毎年一回）開催される。

代議員の選出については、CGTでは、従来、五千人につき一名の割合で代議員を選出するようになっていたが、一九四六年の大会で、これを一万人につき一名の割合に改め、かつ投票は一組織一票主義から一組合員一票へと改めた。したがって、金属や建築、繊維、石炭、化学等の大組合に有利なようにしてしまったが、FOやCFTCでは、小組合に有利なような選挙制度がとられている。

大会では、総連合の一般政策の決定が行われるが、実際にはどのような形で行われているかを、一九五九年度のCFTC第三〇回大会とCGT第三二回大会を例にとって簡単に紹介しよう。

フランスの大会シーズンは六月であるが、CFTCの大会は、六月一九、二〇、二一日の三日間、イッシイ・レ・ムリノオ（Issy-les-Moulineaux）の市議会の会場を借りて開かれ、一、二〇〇人の代議員が出席している。議事日程によれば、六月一九日午前九時から、資格審査、議長選出などが型通り進められ、委員長の開会の演説が行われたのち、書記長ジョルジュ・ルバール氏による経過報告、報告に対する討論でその日が終る。二〇日は冒頭、全国委員会の選挙が行われ、各分科会、前日の報告に対する質疑応答、報告書の採決、運動方針案の提出、全国委員会の投票結果の報告、全国委員会の開催の順序で議事が進められる。最終日の二一日は、運動方針案に対する討論と採決、各種動議の審査と採決、「決議」の討論と採決、閉会の辞となっている。

CGTの第三二回大会も、ほとんど時を同じくして、六月一四日から一九日にわたり、パリ近郊のイブリイ(Ivry)の体育館で開かれ、一、四三九名の代議員が出席している。これは六、三三五のサンジカと一、五〇八、一一七人の組合員を代表するものである。主要な議事としては、一四日から一六日までの三日間に、昨年度の一般経過報告と会計報告、全国委員会による書記局の選出、運動方針案の討議がなされ、一七日は、分科会(1)綱領―指導―統一、(2)社会保障と社会問題、(3)組織問題、(4)経営協議会と同種の機関、(5)婦人労働、(6)年少者および養成工、(7)雇用、(8)情報、宣伝、教育、(9)失業問題、(10)退職手当の一〇の委員会に分かれる)が、パリの各所に分散して開かれ、一八日、一九日にはさらにイブリイの体育館にもどって運動方針、綱領、決議の討論と採決が行われている。

採決は、多数決によるが、一般的にいってCGTは、絶対多数で拍手喝采裡に執行部の原案どおり可決しているしCFTCやFOではかなりの論議が闘わされ、可決はされていてもかなりの反対票が目立つのが常である。例えば、CFTCの第三〇回大会に上程された運動方針案についても投票総数一〇、四五三票中、賛成は七、九一三、反対は二、五二三であったし、アルジェリア問題に関する決議では投票総数一二、〇一五票中、賛成九、九一八票、反対二、一二九票であった。

なお、大会中ないしはこれに前後して全国労連主催のレセプションや、総連合主催のレセプションが設けられ、

CGTの五九年度の大会では、コメディ・フランセーズの見学まで日程にくみこまれている。

全国委員会　大会から大会までの間の中間的な決議機関として、全国委員会（comité confédéral national）が設けられている。全国委員会は、各職業別ないし産業別の全国労連から一名、地域組織たる各県連合から一名（パリ地方連合はセーヌ県とヴァーズ県の二つを含んでいるので二名）の割合で選出された代議員によって構成される。したがって県連合の方が全国組合よりも数が多いから、全国委員会の中では、地域組織の方が重要な地位を占めているということができる。ちなみに一九四六年当時のCGTでは全国組合が四〇、県連合が九八（うち植民地の連合が八）となっており、CFTCでは、全国組合が四〇、県連合が植民地をも合わせ一〇〇となっている。

全国委員会は年二回開かれ、主として大会で決定された政策を具体的に実施するための方策の決定を行うほか、執行部（書記局）を選出し、あるいはこれをリコールしうるようになっている。さらにCGTやFOでは、全国委員会だけが全産業にわたるゼネストの決定を行いうる（このさい、組合員数やその産業の重要性にもとづいてきめられる代表的な全国組合の三分の二の多数決による）。したがって全国委員会は、ある意味では大会よりも大きな権力をもっているということができる。

執行委員会　大会あるいは全国委員会の決定を日常的に具体化し、あるいは緊急事項を処理するための機関として設けられているのが執行委員会（comission administrative）である。執行委員会は、例えばCGTでは、全国委員会が選出する三五名の委員からなり、毎月一回会合を開いて、書記局の仕事の援助を行う。CGTでは、従来、常時集まれるという意味でパリ地方の戦闘的な組合員の中から執行委員を選んでいたが、一九四六年以降は、全国から選出するように改め、現在では、主要組合および地域組織の中から選んでいる。

書　記　局　書記局（bureau confédéral）は、執行委員会の決定事項を具体化し、実践するとともに組合の日常業務を処理することを任務とするが、組合の行動が成功するかどうかは、書記局の力強さ、独創性、戦術の巧みさにかかっている。つまり書記局は、一般的にも執行機関の中核として最も重要な地位を占めているが、とくにフランスでは、書記局が組合運動の中心となっており、通常、書記長が組合を代表する地位にある。

書記局は、一名の書記長と、ＣＧＴでは一二人、ＦＯ七人、ＣＦＴＣ一〇人の書記からなり、大会後に開かれる全国委員会でそれぞれ選出されることになっているが、大てい、大会の日程に合わせて全国委員会が開かれ、そこで選出されている。したがって書記の任期は、大会から大会までの二年間ということになるわけである。書記には、多年にわたって組合運動に献身してきた組合の指導者が選ばれ、ほとんどが毎回再選されて、交替はあまり激しくない。書記に選出された場合には、たとえ無報酬であっても、全国組合ないし県連合の役員を兼任することが許されず、また書記が、国会議員になったような場合には、書記の職を辞任しなければならない。

書記局には、情報部、教育部、法規対策部、国際部、出版部などをはじめとする各種の専門部がおかれ、それぞれ活発な活動を行っている。

三　労働組合の活動

1　企業内の組合活動

フランスの労働組合は、原則として企業の外に横断的に組織されている。したがって団体交渉も、横断的なひろがりをもって、すなわち地区的（通常、都市単位）あるいは地方的（一県ないし数県）ないしは全国的に結成せられたサンジカ、あるいはサンジカの連合体と使用者団体との間で行われている。しかしながら、労働組合の基本的な構成分子は、やはり職場の労働者である。これらの労働者たちが、職場においてどのような意識をもち、どのような行動をとるかによって、組合は強くもなり、また弱くもなる。そこで「労働組合の活動」は、まず企業内の組合活動がどのように行われているかを眺めることからはじめることにしよう。

組合活動の重点　CGTは、FOやCFTCにくらべて、下部組織が強いといわれている。しかし強いといわれているCGTですら、組織を強化するために、下部組織を強化する必要があるという方針を、再三打ち出している。例えば、一九五九年の第三二回大会で、書記のモオベー氏は、離合集散の激しかったこれまでのことをつぎのように反省する。[1]「われわれは、かげろうのようにしか存在せず、または弱い活動しか行えないサンジカ、あるいはサンジカの企業支部・分会をどれほどつくってきたことであろうか。孤立していたことから、これらの組合は、産業別全国連合や県連合の散発的な、しかも、しばしば手紙の上だけの援助しかうけることができなかったのだ」と。そこでCGTを強化し、CGTの基礎を発展させるためには、第一に、現在七〇〇を算する地区労働組合協議会(Unions locales)をさらに拡充し、ここを拠点として労働者および家族の連帯性を強め、闘争を組織しなければならないという。わが国のいわゆる街ぐるみ、家族ぐるみの闘争は、フランスでも組織活動の方針として打ち出されている。第二に、モオベー報告は、職場活動を重視する。組合員は、大会や組合の各会合を通じて相互の連携を強め、あるいは機関紙やビラを通じて、すべての労働者と接触をもつように努めなければならないが、このような大衆活動は、各工場、各事業場、各事務所という段階において行われるばかりでなく、とりわけ各班、各組、各交替番等の段階において行われねばならない。このことは、特定の企業においては、これまでも行われてきたが、これを全企業におよぼしていく必要がある。すなわち、企業全体の組合大会の開催が困難な場合でも、このような小さな職場単位の会合は、とりわけ、休憩時間や、始業時間前あるいは終業時間後にただちにもつことができるし、労働時間や就業方法の異なる労働者たちを容易に組織することができると説くのである。

（1）　Le rapport de Léon Mauvais sur les problèms d'organisation, Le peuple, No. 584, 18-6-59. この報告は、大会の決議として採択されている。

企業における労使の力関係　ＣＧＴの組織活動の方針が、右のような形で行われていることは、半面、企業における労働組合の力が、これまで必ずしも十分なものではなかったことを意味している。実際、一般的にいって、例えば職場代表委員の選挙が行われるようなときには、ＣＧＴ系の組合の出した候補者に、従業員の六〇％ないし七〇％の者が投票する。しかし実際のＣＧＴの組合員は、その企業では、せいぜい一〇％から二〇％にすぎないのである。

その原因は、一つは「フランス人が本質的に個人主義者で組織に加入することを好まないため」(1)であろう。しかしまた同時に、フランスでは、いまなお企業内における使用者の権力が強く、そのために組織率が伸び悩んでいることを見忘れてはならない。たしかに今日では、「私は家の主人公だから、労働組合員の指図をうけたくない」とか、「私は自分のところの労働者とものごとを話し合うのは意に介しないが、労働組合の干渉はうけたくない」(2)と公言する使用者はいなくなったようである。しかし、企業や職業によって差があり、必ずしも一般化はできないが、組合の各種の機関紙を通じて推測するところによれば、使用者の反組合的な行為は、かなりの範囲にわたってみうけられる。たとえば、前記ＣＧＴの大会報告は、使用者のかかる行為として、(1)ＣＧＴの目的や活動をおしまげるだけでなく、労使協調へと向かわせるプロパガンダが絶えず行われていること、(2)職制による監視の強化、とくに職長クラスを看守たらしめること、(3)例えばシムカ（SIMCA）のような企業で起ったように、反動的なファッシストの団体をして、ＣＧＴ系組合のパンフレットの配布を妨害すること、(4)ＣＧＴの組合員やアクチーブの配置転換、(5)事実上の圧力により、組合の会合のためには、小さなコーヒー室（salle de café）すらもてなくすること、(6)ＣＦＴＣやＦＯに比してＣＧＴ組合員を仕事および報酬の点で差別して取り扱うことなどをあげている。このような使用者の態度や、組合活動による賃金や労働時間の損失が、一般の労働者には心理的な圧力を加え、全員が盛り上るときにはついていくが、ふだんは組合に対して無関心をよそおうという平均的な労働者のタイプを生み出しているようである。

（1）ヴィダラン『フランス労働運動史』前掲書、一五九頁。
（2）同右一七〇頁。

不当労働行為　このような使用者の反組合的な言動をみていると、フランスでは不当労働行為はどうなっているのであろうかという疑問が生じてくる。わが国のような不当労働行為の救済を行う労働委員会制度が、存在しないという意味では、フランスには不当労働行為の制度は設けられていない。しかし法的には、組合は、その「集団的利益を直接または間接に侵害する行為」に対し、損害賠償請求訴訟を提起することが認められている（労働法典第三巻第一一条）し、さらに「すべての使用者は、とくに採用、監督、仕事の分配、職業教育、昇進、報酬、社会的利益の授与、懲戒および解雇の方法に関する決定を行うにあたり、労働者の組合加入または組合活動の行使を考慮してはならない」(1)（労働法典第三巻第一条ａ）という明文の規定により、組合活動を理由とする差別待遇が禁止されている。したがって、さきにみてきたような使用者の反組合的な行動は、団結権侵害として法的に問題にしようとすればできるわけである。しかしながら実際問題としては、例えば組合のビラを企業内で配布したことを理由とする懲戒解雇や、その他の組合活動を理由とする解雇(もちろん口実は他に求められている)などが、主として裁判問題になっており、その他の団結権侵害を理由とする訴訟はほとんど提起されていない。組合としても、組織の強化によってこれを克服していくことが本筋であることを、長い間の組合運動の経験に照らしてよく知っているからであろうか。

(1) しかしこれらの規定に違反する行為は、損害賠償の対象となりうるにすぎず、したがって、たとえば組合活動を理由とする解雇も無効(復職)となるわけではない。その意味ではわが国に比べて団結権の保障の度合いは薄いといいうる。

就業時間中の組合活動　組合が企業の外につくられ、しかも企業における使用者の力が、これまでにみたようにかなり強いとすれば、組合活動の重点が、まず、いかにして企業の中に入りこむかというところに向けられてくるのは当然な話である。

今でも、組合のオルグは、未組織の企業については、その工場や事業場の門の前に立って、出入する労働者に組合加入を呼びかけたり、あるいは賃上げの闘争を呼びかけるビラを配ったりしているが、企業内に組合が入りこんでいるところでは、もちろん企業（工場・事業場）ごとに設けられた組合の支部ないし分会が中心となって組合活動が行われる。企業内の組合活動と使用者の労務指揮権、あるいは施設管理権とをどのように調整するかは、通常、労働協約によってとりきめられているので、ここでは、いくつかの協約の規定から、組合活動が具体的にはどのように行われているかを推測してみることにしよう。

まず就業時間中の組合活動であるが、たとえば社会保障機関職員の協約のように、就業時間中、組合の代表者が組合の業務を遂行するためにあらゆる便宜を認める旨の規定を設けているところもあるが、これは例外であって、わが国の場合と同じように特定の組合の会合に限って欠勤を認めるというのが一般的なやり方となっている。すなわち労働者は、組合規約の定める正規の組合の会合（大会、中央委員会、執行委員会等）に出席するため、一週間前に文書によって通告することにより、欠勤が認められる。組合の会合に出席するための欠勤には給与は支払われない（ただし、アルサスの小売商の協約のようにその欠勤が二日をこえないときは、有給として扱われるものもある）が、有給休暇の算定にさいしては勤続月数として計算せられる。

しかし、協約によって定められた労使合同委員会に出席する場合には、ほとんどの場合、有給として取り扱われている。

専従者　フランスでは、専従者の取り扱いは、わが国のように休職という形をとらず、一旦退職するが、あらかじめ再雇用を使用者が約するという形式をとっている。これは、組合の財政的な基礎が弱いために、大組合か、公務員関係の組合以外には、あまり専従者がみられないということと、賃金体系における退職金や勤続給の比率がわが国の場合ほど大きくないということによるものであろう。たとえば、繊維産業の協約によれば、専従者の扱いはつぎのように定められている。

「その企業に一年以上勤続する被用者が、正規に委任された組合専従の業務を遂行するために離職する場合には、専従の業務が、六カ月以上三年までの期間にわたって行使されるという条件のもとに、当該被用者は、その役職またはそれに等しい役職における再雇用の優先権を有する。

右の優先権は、再雇用の要求が、遅くとも専従期間の満了する月までになされるという条件で、六カ月間行使することができる。同一企業への復職が不可能な場合は、関係使用者団体は、地域的な範囲内で問題を解決するよう努力するものとする。

元の事業場に再雇用されたときは、関係者は離職時に有していたすべての権利、とくに先任権に関連する権利を享有する。

例外的に、再雇用されなかった場合は、関係者は、職種に対応する賃金の二カ月分に等しい額の補償金をうけるものとする。」(第八条)

しかしながら、いわゆる時間専従はかなり広汎に行われており、たとえばバー・ラン地方の金属産業の協約のように、組合役員に、その組合業務を遂行するため月一五時間の有給の組合活動の時間を認めている(同協約九条)ところもあるが、一般には、法律上定められた経営協議会委員や職場代表委員の地位を利用して、合法的に有給の就業時間中の組合活動を行っているようである。[1]

(1)　これらの委員には、その職務を遂行するため、月一五時間の就業時間中の活動が認められている。

企業施設の利用　フランスでは、わが国のように組合が企業別に組織されていないから、使用者は、企業施設の利用について、あまり好意的ではない。

例えば製靴工の協約のように、「企業内の適当な場所において、その組合の会合を開く便益は、すべての組合員に与えられねばならない」と規定しているものや、パリの洗濯店員の協約のように、「企業内の組合員に対し、その選択する場所において、就業時間外に会合するためのあらゆる便益を認める」という規定を設けているものもあるが、一般的にはこの種のとりきめはなされていない。

これに反し、提示板の利用は、協約においても一般化している。これも沿革的には、職場代表委員に関する一九四六年法が、組合情報に供される場所の設置を規定してから、急速に増えたものであるが、協約では、その内容を、例えば「論争的性格を有してはならず、かつ純粋に職業的情報の任務を帯びるものに限定されねばならない」（繊維産業の協約）というように制限したり、企業の運営方針に関する情報については、秘密を守らねばならない旨を規定したり、掲示の手続（届出義務）を定めたりしている。

組合費の徴収と組合出版物の配布　企業（工場・事業場）ごとに設けられている組合の支部（分会）の役員は、いわゆる組合責任者（responsables syndicaux）と組合費徴収者（collecteurs）、出版物配布係（diffuseurs de la presse）とに分かれているが、このことからも明らかなように、組合費の徴収と、ビラ・機関紙の配布の仕事は、組合にとって大きな仕事となっている。

一般に使用者は、組合役員が企業内で組合費を徴収したり、ビラを配ったりすることを嫌悪し、団結権を具体化するという見地から組合がこれを主張するのに対し、生産を阻害し、労使間の紛争を惹起するという理由で、一貫して協約に規定することを拒んでいる。そこでビラ等も、工場の門の前で手渡されたりしているが、もちろん中には、「労働を妨げないという条件の下に事業場の内部において組合の出版物を配布し、組合費を徴収することができる」（パリ洗濯店員の協約第六条、同旨バー・ラン金属協約七条）というように包括的に承認したり、オー・ラン金属協約六条のように、特定の日時に限ってこれを認めるものもある。

共同闘争　労働力を独占するためのクローズド・ショップやユニオン・ショップが存在せず、あるいは排他的な交渉単位制がみられず、法的にも、また事実上も、組合複数主義の原則が固く守られているフランスにおいては、強固な組合運動を展開しようとすれば、どうしてもいくつかある組合の共同闘争ないしは統一行動が必要になってくる。

ＣＧＴは、ＦＯやＣＦＴＣ、ＣＧＣなどに絶えず統一行動の呼びかけを行い、とくにここ数年間は、労働戦線の統一に力をそそいでいる。その結果、県連合あるいは産業別全国労連の段階でかなりの統一協定[1](accord d'unité)が結ばれ、これにもとづいて共同闘争が行われている。

共同闘争は、このような協定にもとづく上部団体の指令によって行われることもあるが、企業別の問題(例えば解雇反対とか賃上げ)については、企業内の組合相互間の協定、文書、決議等によって行われている。問題によっては、それがさらに上部団体でとり上げられ、地方的あるいは全国的な規模での共闘が組まれるわけである。共同闘争は、具体的には、共同の要求の提出、共同の団交、署名運動やデモ、請願などを含む各種の共同の争議行為という形で現われるが、端的に一例を記そう。賃上げの要求を組織するための時限ストの実例である。

G.G.T　C.F.T.C　C.G.T／F.O
――M.A.Sの労働者諸君――
――：――：――

休暇〔バッカンス〕は終った、われわれの要求のために行動を再開しなければならない。物価の絶えざる上昇は………………を緊急たらしめている。………………………………
…………………………………………
…………………………………………

今晩17時〔正規の終業時間の１時間前〕にすべての仕事から離れることにより

諸君の組合のアッピールに答えよ、そして速やかに要求をみたそうとする諸君の意見を示せ。

G.G.Tのために　　C.F.T.Cのために
C.G.T／F.Oのために

(La Vie Ouvrirère, 9-9-59)

一九五九年の九月一日、サン・テチエンヌの国営軍需工場では、賃上げをめぐって一時間の時限ストが行われている。この工場には、CGT、CFTC、FO系の三つの組合が入りこんでいるが、それぞれの組合の幹部は、その日の朝、工場の門の前に立ち、従業員に、あらかじめ共同で作成した上掲のようなビラを配った。このビラにもとづいて職場ごとに討論が行われ、一七時には、ほとんどの者が仕事をやめて、工場の門を出ていき、工場の前で開かれた集会に参加している。その数は二千人、その中の九五％が従業員であったと報ぜられている。(2)

（1）一九五九年四月現在で、産業別全国労連の統一協定締結状況は、つぎのとおりである（La Vie Ouvrière, 29-4-59）。

CGT系とCFTC系……………………………一七
CGT系とCFTC系とFO系…………………一一
CGT系とCFTC系とCGC系………………五

また県連合の統一協定締結状況はつぎのとおりである。

CGTとCFTC……………………………………七四
CGTとCFTCとFO……………………………三二
CGTとCFTCとFOと中立（教員組合）………三六
その他………………………………………………八

（2）フランスでは、このように、非組合員もストライキの決定に参加するから、たとえばイギリスのように公認ストと非公認ストとを分けて考えない。

職場代表委員　企業内の組合活動について見忘れてはならないものに、職場代表委員（delégué du personnel）と経営協議会（comité d'entreprise）の制度がある。前者は、主として従業員の苦情処理を目的として設けられたものであり、後者は一種の経営参加の制度である。

まず職場代表委員であるが、これは、元来、労働組合が企業に入りこむのを嫌い、自己の従業員の直接の代表者とのみ交渉したがっていた使用者の心情を反映するものとして、組合とは無関係に生まれてきたのであるが、その後、労働組合の勢力が大きくなるにつれて組合の支配下におかれるようになり、今日では、企業内の組合活動の一つの拠点となっている。職場代表委員は、一九三八年に法制化せられ、戦時中一時中断されたが、戦後は一九四六年法によって復活している。職場代表委員は、一〇人以上の従業員を使用する事業場には必ず設けなければならないようになっており、委員の数は、事業場の規模により、左のように定められている。

従業員数	正委員	副委員
一一人—二五人	一	一
二六人—五〇人	二	二
五一人—一〇〇人	三	三
一〇一人—二五〇人	五	五
二五一人—五〇〇人	七	七
五〇一人—一、〇〇〇人	九	九

以下従業員五〇〇人を増すごとに正委員一名、副委員一名を増加する。

選挙は、その企業における最も代表的な労働組合(組合がない場合には、その地区の最も代表的な組合)の作成した候補者名簿にもとづき比例代表制によって行われる。立候補者を出しうる最も代表的な組合は、各企業ごとに使用者と関係労働組合との交渉によって決定されるが、その基準としては、組合の沿革、組合員数、組合の自主性、団結力、占領中のレジスタンスにおいて示された組合の態度等があげられている。実際にはCGT、CFTC、FO系の組合が、競合して名簿を提出し、組合役員が立候補者を兼ねている場合が多い。

委員の職務は、(1)賃金、労働者の保護、安全衛生に関する諸法令の適用について満足をえられなかったすべての個人的または集団的な苦情を使用者に提出すること、⑵労働監督官に対し、その所管内にある法令の適用に関する不平や意見を伝え、注意を喚起すること、監督官の臨検に同行すること、⑶経営協議会が設置されている場合には、協議会の権限内のすべての問題に関し、従業員の提案および意見を伝達すること、⑷経営協議会が存在しないときは、生産能率および企業の一般的運営の改善に関するすべての提案を使用者に対して伝達すること、使用者と協同して福利厚生施設の運営を行うこと、⑸一九四一年八月四日命令による安全委員会が設置されていない場合には、産業安全に関する法令の実施を確保し、災害または職業上の疾病について適切な措置を要求することである。

委員は、就業時間中、以上のような職務を遂行するために、職場を離れることが認められている。右の時間は法律では月一五時間と定められているが、協約によってそれを増加することはさしつかえない。委員の職務を遂行するのに費した時間は、正規の労働時間として取り扱われ、賃金が支払われる。また使用者は、月一回以上定期的に委員との集団的会見に応じなければならないようになっており委員は、必要に応じ企業外の組合の代表者の援助を求めうることが保障されている。

経営協議会　経営協議会は、第四共和国憲法前文の「すべての勤労者は、その代表者を通じて労働条件の団体的決定ならびに企業の管理に参与する」むねの規定の精神にしたがって設けられたものである（一九四五年法により創設され、その後数次の改正を経て今日にいたっている）。

経営協議会は、常時五〇人以上の者を雇用する企業に、強制的に設置されるようになっているが、その企業がいくつかの事業場を有する場合には、事業場協議会とそれを統轄する中央経営協議会が設けられる。

経営協議会は、企業主またはその代理人と従業員を代表する正副経営協議会委員とによって構成されるが、委員の数は、企業の従業員数に応じ、左のように定められている。

従業員数	正委員	副委員
五〇人	二	二
五一人―七五人	三	三
七六人―一〇〇人	四	四
一〇一人―五〇〇人	五	五
五〇一人―一、〇〇〇人	六	六
一、〇〇一人―二、〇〇〇人	七	七
二、〇〇一人以上	八	八

委員の選挙は、労働者および俸給被用者の選挙団と技師、職長、幹部職員等の選挙団とに分けてそれぞれ最も代表的な労働組合の作成する候補者名簿にもとづき比例代表制によって行われる。委員の定数の各選挙団への割り当ては、労働協約でとりきめられる。協議会は少なくとも月一回以上開催され、議長には、企業主が就任する。経営協議会の職務は、大きく分ければ、企業の運営に参加すること、使用者と共同して従業員の労働条件および生活条件に関する諸規則を改善すること、福利厚生施設の運営を監督し、またその運営に参与することである。

(1) まず経営参加についてであるが、協議会は決定権をもつものではないが、企業の組織、管理および一般的運営に関する問題については、使用者は必ず協議会に附託し、その協議を経なければならないようになっている。また協議会は、当該年度の営業成績、次年度の営業計画の報告をうけ、あるいは生産の増加、生産物の改善を目的とする提案を調査・研究し、必要な勧告を行う。さらに企業が株式会社である場合は、つぎのような権限が認められている。

(イ) 経営者は、株主総会に提出すべき損益勘定、貸借対照表、監査役の報告書等の文書を、株主総会開催前に経営協議会に提示しなければならない。

(ロ)　協議会は、監査役の出席を求め、説明を聴取し、所見を述べることができる。

(ハ)　協議会は会社の計算書類の検討にさいし、会社の費用で公認会計を委嘱することができる。

(ニ)　協議会は、二名の委員を代表として、諮問的資格で取締役会に出席させることができる。

(2)　第二は、労働条件の改善であるが、経営協議会の役割は、団体交渉を行うことではなく、企業全体の経済的見地から、法令または労働協約で定めた基準を検討し、当該企業の具体的な実情に即応させる方法を研究し、提案することである。就業規則の作成について諮問をうけることも重要な職務の一つである。

(3)　福利厚生施設については、さらに大幅な権限が認められている。それは、福利厚生施設の運営を使用者の恣意と恩情主義から切り離し、経営協議会を参加させることにより、福利施設のもつ社会的意義と機能を十分に発揮させようと図っているからである。協議会の取り扱うべき福利厚生施設とは、「従業員とその家族の利益のために企業内に設けられたもの」であり、社会保障法その他により法的に使用者の義務とされている諸制度は、これとは別個に、それぞれの法令の規定にしたがって運営される。福利施設には、具体的には、(イ)年金制度および相互扶助制度、(ロ)売店、消費者協同組合、住宅、貸付地、託児所、(ハ)休暇利用施設、スポーツ施設、(ニ)養成工および職業訓練のための施設、図書室その他教育的性格を有する施設、(ホ)医療設備その他の厚生事業等がある。

そして協議会が、その運営に参加する仕方には、直接管理と、使用者との共同管理、使用者の管理の監督の三つがあるが、その内容により、例えば(イ)売店、託児所、保養所等は直接管理を行い、(ロ)スポーツ施設、協同組合等は共同管理を、(ハ)社宅、養成工の学校等については管理の監督を行うのが普通である。

協議会の委員には、以上のごとき職務を遂行するために、一カ月二〇時間までの有給の自由時間が与えられている（ただしこの時間は協約により延長しうる）。

またその身分を保障するために、職場代表委員および経営協議会委員を解雇するときには、必ず経営協議会の同意をえなければならないようになっている。経営協議会の同意がえられないときは、問題は、管轄区の労働監督官の判断に委ねられ、解雇を認めるかどうかの決定がくだされるまでは、従業員としての地位を失わない。

経営協議会は、以上のように大きな権限を法律上認められているが、実際には必ずしも十分な機能を果しているとはいいがたい状態にあるようである。法律上設置を義務づけられている企業でも、使用者は、容易にこれを設置しようとしない（七五～八〇％の設置率といわれる）し、中小企業ほどその傾向は大きい。またその運営についても、一部の大企業を除き、一般に委員が経理知識にとぼしく、使用者もまた細目に立ち入ろうとしないため、十分に経営参加の実をあげるまではいたっていないようである。

2　団体交渉と労働協約

労働協約の種類　団体交渉がどのように行われているかを明らかにするためには、団交の成果としてでき上る労働協約がどのようになっているか、ということから説明していった方がよさそうである。

フランスの労働協約には、全国協約と地方または地区協約および事業場協定の四種類があり、事業場協定を除いて、それぞれは、効力拡張（一般的拘束力）の対象となりうる協約と、そうでない通常の協約とに分かれる。そしてそれらは、法のたてまえとしては、全国協約を主軸としつつ一定の統一が保たれるように工夫されている。

(1)　全国協約は、全国を単位とする当該職業部門の基本的な協約であるが、効力の拡張をうけようとするときは、当該職業部門で全国的に最も代表的な労使の団体が締結しなければならず、かつ所定の必要的記載事項をその内容としていなければならない。

全国協約に附属して、当該職業部門内の各職階（例えば労働者とか職員）を代表する全国組合は、固有の労働条件を定める附帯協約を締結することができる。

(2)　地方・地区協約は、地方単位または地区単位の協約であり、独自の立場で締結することができるが、全国協約がすでに存在する場合には、その規定に反してはならない（労働者に有利な規定は差支えない）。したがって地方・地区協約は、各地方または地区の特殊事情にもとづく特別の労働条件を定めることを主たる任務とし、全国協約を補足する意味をもっているわけである。効力拡張の対象となりうる協約を締結しようとするときは、その地方または地区における当該職業部門の最も代表的な労使の団体が、協約当事者とならなければならない。全国協約の場合と同じく、当該職業部門内の各職階を代表する組合は、固有の労働条件を定める追加協約を締結することができる。なお全国協約が締結されていない場合には、効力の拡張をうけようとする地方・地区協約は、全国協約について法律の規定する必要的記載事項をその内容に入れなければならない。

(3)　事業場協定は、使用者または使用者の団体と、その事業場における最も代表的な労働組合を当事者として締結される。事業場協定は、全国・地方・地区協約の諸規定を、企業の特殊事情に合わせることを目的としている。事業場協定は、上部協約の定める基準に反することはできないが、これよりも労働者に有利な規定を設けることはさしつかえない。しかし適用範囲の狭い事業場協定が、独自の形で氾濫すれば、当該職業部門の労働条件を不統一におとし入れる危険性があるので、事業場協定にかぎって協約の自由を制限し、もし全国・地方・地区協約が当該職業部門において存在しない場合には、事業場協定は、賃金またはこれに附随する手当以外の事項を定めることができないとされており、統一的な労働条件を定める全国・地方・地区協約の締結の促進が政策的に配慮されている。

協約の内容　わが国の場合と比較して、フランスの協約は、内容がぼう大であり、労働条件に関するものが大部分を占め、しかも規定の仕方がきわめて具体的である点が特長的である。紙数の関係上くわしく紹介することができないので、ここではただ、効力の拡張をうけうる協約に対して、一九五〇年法が挿入を命じている条項にはどのようなものがあるかを記述するにとどめる。必要的記載事項はつぎの三つに大別することができる。

第一は労働条件の基準に関する事項である。これには⑴賃金、⑵採用解雇の条件、⑶解雇予告期間、⑷有給休暇、⑸技能者養成制度、⑹婦人年少者の特殊的労働条件等があるが、とくに賃金に関しては、具体的に格付けなき労働者または職員の、職種別全国最低賃金と職種別職階制係数とを定めるよう要求されている。フランスでは最低賃金法が制定されているから、協約の定める最低賃金がこれを下回ってはならないことはいうまでもない。また賃金については、困難・危険・非衛生的な労働に従事する者に対する割増賃金、婦人および年少者に対し、同一労働同一賃金の原則を適用する方式等の規定が命ぜられている。

第二は、いわゆる集団的労働関係に関する事項であり、これには⑴団結権の自由な行使と労働者の言論の自由、⑵職場代表委員、経営協議会ならびに右により管理される福利厚生事業の経理等がある。

第三は、協約それ自体および協約当事者相互間の関係を規律する条項である。すなわち協約には、⑴協約の改正、解除の手続、⑵集団的労働紛争の調停手続を規定すべきことが強制されている(1)。

(1)　以上のほか、任意的記載事項として、つぎのごときものがあげられている。①超過勤務時間、交替作業、夜間労働、日曜労働、祭日労働等の特殊的労働条件、②作業能率による労働報酬の一般的条件、③勤続および精勤手当、④職業上の経費に対する補償、⑤転勤手当、⑥臨時工とその報酬の条件、⑦労働争議仲裁手続、⑧退職手当制度。

協約の拡張　わが国の労働組合法では、協約の拡張について、工場事業場単位の一般的拘束力（一七条）と地域的一般的拘束力（一八条）の二種類の規定があるが、フランスでも同じように二種類の制度がある。

まず前者についてであるが、フランスの場合はわが国よりもさらに広く、使用者が特定の労働組合と協約を締結した場合には、当該協約は自動的に全従業員に対して拡張適用せられ、協約に署名した組合の組合員であるか否かを問わず、すべての労働契約に対して強行的に適用される。

後者については、さきに述べたように、当該職業部門の最も代表的な組合が協約当事者となっていることと、所定の内容をそなえていることを条件として、当事者の申請により、労働協約高等委員会に諮問の上、労働大臣が拡張命令を発するようになっている。

団体交渉の機構　労働協約に全国・地方・地区協約と事業場協定の四種類があることからも明らかなように、団体交渉も地域的には、この四つの規模において行われる。すなわち全国交渉は、産業別全国労連と産業別全国使用者団体との間で、地方交渉は、産業別地方労働組合評議会と産業別地方使用者協会との間で、地区交渉は一または数個のサンジカと一人または数人の使用者との間で、事業場協定は、その企業内のサンジカと企業主との間で行われる。当事者は、どのような段階で団交を行うことも自由であるが、おおむねＦＯやＣＦＴＣは下部組織の弱さをカバーするために全国交渉を主張するのに対し、下部の強いＣＧＴでは地方ないし地区交渉を支持している。しかしＣＮＰＦ（使用者団体）[1]は、全国交渉がともすれば政治的な配慮に走りがちであることをおそれ、地方・地区交渉を主張し、これが大ていの産業の団体交渉の型となっている。つまり実際問題としては、地方・県・地区単位の第一次の使用者の組織が団体交渉の単位を決定しているといってさしつかえない。

また労働協約は、通常、一般協約で当該職業部門の全構成員（筋肉労働者、事務・技術職員、職長・主任級の幹部職員、上級職員）に等しく適用される共通の事項を定め、労働者の階層ごとの特殊な労働条件は、附属の附帯協約あるいは追加協約に委ねているから、これらの附属協約に関する部分については、団体交渉は、いわゆる工員（労働者）、職員、幹部職員といった階層別に行われる。

団体交渉は、原則として、労働協約によって設けられた労使合同委員会（commission mixte）を通じて行われる。もっともその前の段階として、企業内の問題（とくに賃金とか人員整理）を直接交渉によって処理しようとする場合もあるが、このときでも、直接交渉が不成功に終った場合は、合同委員会にかけられるのである。その他協約の締結・改訂は、すべて合同委員会において行われる。

合同委員会は、当事者の一方の申請により、団体交渉の地理的範囲（地区・地方・全国）にしたがって、それぞれ地区労働監督官、県労働局長、労働大臣が招集する。同委員会は、労・使・政府代表の三者構成であり、労働大臣（代理人）または労働監督官が議長となって運営されるが議長は労働問題の学識経験にもとづく助言以外の影響を当事者に与えることができない。労使双方の委員は、それぞれ補佐人または技術顧問を列席せしめることができる。使用者側はCNPF一本にまとまっているが、[2]労働者側にはCGT系やCFTC系、FO系などいくつも組合があるため、団体交渉には、これらの代表的な組合がみんな出てくるわけである。例えば、一九五五年の協約締結のために開かれたベルフォール＝モンベリアール地方金属産業の労使合同委員会では、使用者代表には、その地方の大企業の重役七、八名がなり、労働者代表は各組織ごとに、県連合または全国連合の書記および当該地方の大企業の従業員代表（組合役員か、職場代表委員、経営協議会委員である場合が多い）一名ないし二名ずつ、計一二名となっている。合同委員会は、ベルフォールの「人民の家」（Maison du Peuple）で開かれた。労使の委員は、各組織と連絡を保ちながら交渉を進め、労使の提案の交換、合意点に関する文書の作成、合意文書の交換という順序で進められている。

（1）　使用者団体の組織形態も、労働組合の場合とほぼ同じである。すなわち個々の使用者は、産業別の地方ないし地区使用者協会に加盟し、地方使用者協会が産業別全国連合を結成し、各産業別の全国連合がＣＮＰＦに結集している。
（2）　使用者団体は、経済的な制裁を裏付けとして結束を固めている上、豊富な資金に物をいわせて労働問題、社会保障関係のエキスパートをかかえており、各地の交渉にはすぐ専門家を派遣しうる体制にある。したがってとくに地方別の交渉の場合には労使の優劣が大きく現われるといわれている。

国有企業における団体交渉　公務員には、民間の労働者と同じように団結権・団交権・争議権が認められているが、国有企業の中で特別の法令によって労働条件がきめられている若干の企業（フランス銀行、フランス国有鉄道、フランス石炭公社、電力公社、ガス公社等約二〇ある）は、労働協約法の適用から除外されている。しかし、この場合でも、実際問題としては、組合と当該国有企業の専任幹部との間で団体交渉が行われ、そのとりきめが政府・消費者・組合代表からなる理事会を通過した上で、それぞれの所管大臣の命令という形で公布されている。また国有企業の賃金の決定は、所管大臣（例えば国鉄は運輸大臣、炭鉱は商工大臣）の許可をえなければならないようになっており、実際上、予算の面で大蔵大臣の監督下に運営されているから、大蔵大臣が事実上大きな発言権をもっている。したがって必然的に組合運動は、フランスでも、政治的圧力として展開されている。

3　労働争議

労働争議の意義　フランスの労働者の思考の中では、ストライキは、特別のシンボルとしての地位を占めている。かつてのゼネストの神話が威力を失ったとしても、いまなお労働運動がイギリス流のトレード・ユニオニズムによってではなく、サンジカリズム、つまり階級闘争主義によって貫かれているフランスにおいては、ストライキは階級意識と階級の行動の現われであり、「政党の武器は選挙であり、組合の武器はストライキである」という考えが根強く支配しているのである。

また「すべてのフランス人は法律家である」、と外国人が皮肉をいうように、権利義務観念が徹底し、ある意味では個人主義・利己主義のしみわたったフランスの生活では、ストライキという形での社会的なプロテストはいくらでもみうけることができる。例えば、納税組合は滞納ストをおこし、農民は農産物の価格が上がれば政府の統制に抗議し、下がれば政府の支持を求めてストライキをおこし、商店は物品税の問題に関して店を閉め、市長や市議会は地方の利益に反する国家の規制に反対して行政ストをおこし、大学教授は試験ストを行い、ついには警官のストや裁判官のストさえ行われた国柄である。つまりある意味では、ストライキは社会生活のすみずみまでゆきわたっている。したがって、労働者のストが行われても、すぐには「めいわく論」は飛び出さないのである。

さらにフランスの労働者は、ストライキは団体交渉が失敗した後に行うべきものであるとは心得ていない。むしろストライキは、団体交渉の一部として考えている。したがってストライキは、労働者の要求を組織するときにも、団体交渉を要求するときにも、あるいは団体交渉を有利に導くためにも、いつでも打たれる。一般にフランスの労働者は、争議の予告期間を設けるのを好まず、協約の締結にさいしてはこの点が論争のタネとなっている。もちろん一定の予告期間を定めた協約もあるが、組合側は争議権に対する重大な制約として問題視している。

争議の形態　かつてのサンジカリズム全盛時代には、サボタージュやゼネストが問題となり、人民戦線時代には座り込みストが数多く行われたが、今日では、きわめて短時間のストライキが頻発しているのが特長的である。すなわち、一時間から二時間ないし二四時間の時限ストが一般的な形態であり、(1) 中には三〇分、一〇分、五分といった短時間のストをくり返す波状ストの形態をとるものもある。このような短時間のストは、一方において、近年いちじるしく政治的な色彩をおびざるをえなくなった労働運動とマッチし、社会的には、政治的な抗議ストあるいはアジテーションとしての意味をももつようになっている。

フランスでは、憲兵と警察官以外は、公務員も、国有企業の従業員も争議権を奪われていないが、公務員の組合は、ストライキのほかに、争議行為として、法規を厳格に守る一種の遵法闘争やスローダウンを戦術として採用することがある。

（1）例えば、一九五六年の第一・四半期に解決された争議件数の中、八三％は一週間以内、五〇％は二四時間以内、一七％は一時間以内のものとなっており、平均は、二三・八時間となっている。ちなみに前年度一九五五年の同じ第一・四半期の争議の期間をみても平均は三四・三時間となっている（Revue Française du Travail, 1956, No. 3, p. 99)。

労働争議の調整　フランスでは強制調停、任意仲裁のたてまえがとられており、まず集団的紛争は、必ず協約で定める調停委員会か、協約のない場合には国の定める調停委員会に付託しなければならない。しかし協約上、争議行為にさき立って、紛争を調停委員会に付託すべき義務を定めている場合でなければ、調停に付さないで争議行為を行っても、法律上の違反にはならないし、調停の途中でストライキを行っても、格別の義務違反を構成しない。仲裁手続は、協約によって任意に設けるか、あるいは労使双方の合意がある場合にのみ開始される。仲裁は、労使双方の合意によって選ばれた仲裁人が仲裁裁定を下すというやり方によって行われるが、戦前の強制仲裁の経験から、仲裁手続は、ほとんど利用されていない。

このように、一九五〇年法によって設けられた労働争議の調停仲裁手続が効果のないところから、一九五五年には、一種の実情調査の制度が設けられている。すなわち調停が不成功に終ったとき、当事者の一方の要請により、学識経験者の中から任命される調査官が、関係企業の経営状態や労働者の状態を調査した上で、勧告を出し、それを当事者が呑まない場合には理由を付して労働大臣に報告する。労働大臣は、当事者双方が異議を述べないかぎり、報告書を公表するようになっている。世論の圧力によって紛争の解決を図ろうとしているわけである。

二　サンジカリズムの変遷

はしがき

労働者は、常に最も闘い易い形で団結する。したがって労働組合の組織形態や労働運動も、国により、ところによって違いがみられるし、その意味では、どこの国の労働運動もユニークなものである。フランスには、当然、フランスの風土に根ざした独自の組合運動が展開されている。本稿では、このようなフランスの労働組合ないし組合運動に流れるいくつかの思潮を概観してみることにする。

一　職業的利益の擁護

フランスの労働組合も、系譜的には封建社会の末期ないしは資本主義社会の初期につくられた熟練工中心の職人組合(compagnonnage)にまでさか上ることができる。職人組合の役割は、お互いの競争による賃金の低下を防止しよりよい条件で組合員に仕事の斡旋をすることにあった。

このような職人組合は、やがて工場制生産制度が確立し夥しい賃金労働者群が出現するにおよんで姿を潜め、本格的な労働組合へと脱皮する。しかし労働組合が、なによりも職業的利益の擁護にあるという考え方は、今日においてもいきいきと流れている。フランスでは労働組合は、職業組合（syndicat professionnel）と呼ばれ、職業組合法の規定によれば、同一または類似もしくは関連する職業に従事する者だけが共通の利益を擁護するために組合を結成しうるとされているのである。また、職業組合法は、「職業組合は、もっぱら経済的・工業的・商業的農業的利益の擁護」を目的とすると規定し、目的の面から組合の要件を定めている。それゆえ純枠の政治団体や宗教団体は職業組合としては扱われないし、擁護すべき職業的利益という点で、たとえばスポーツ団体や文化団体は除外される。もっとも組合が、いっさいこれらのことと無関係でなければならないということを意味するものではないことは、わが国の場合と同様である。

職業的利益擁護という場合、そこに狭い職種別のエゴイズムが入りこむことは否定できないが、フランスの組合の行動の出発点が常に経済問題にあることは、フランスの労働組合主義の大きな特色として指摘しておかねばならないであろう。

二　サンジカリズム

フランスの組合の行動の出発点が常に経済問題にあるといっても、その活動形態は、イギリスのトレード・ユニオニズムとは全く異っている。フランスの労働組合主義にはサンジカリズムないしはアナルコ・サンジカリズムのイデオロギーが強く脈うっているからである。

サンジカリズムとは、フランスの政治経済ないしは社会的諸条件のもとに自然に発生した社会変革運動であり、特定の思想家によってつくり出された理論の実践ではなかった。一九世紀末の労働運動の指導者層には、マルキストやアナーキスト、さらにはプルードンの流れをくむ者が入りまじっており、これらのイデオロギーが当時のフランスの風土の中で溶けこんで独特のサンジカリズムという思潮が形成されたのである。

まずサンジカリズムは、現在の資本主義社会を否定し、賃金制度の存在しない新しい社会を創出しようという革命的な理想を有している点で、資本主義体制を是認し、その枠の中で労働条件の維持改善をはかっていこうとするトレード・ユニオニズムとは思想的な根底を異にしている。一九世紀後半から二〇世紀初頭にかけてのフランス経済の発展のテンポは、目立ってゆるやかになり、いくつかの重工業部門においては、ドイツやアメリカに追いぬかれてしまった。すなわちフランスは、レーニンが高利貸帝国主義と名づけたように、資本を工業や農業に投下せず、主に借款の形で後進国に輸出し、そのために経済の発展が著しく停滞したのである。またフランスは、元来、小農経済の国であり、地主は、一般に大規模な農業を経営しようとせず、土地をもたない農民に貸しつけ、零細な小農経営が行われていた。このことは工業製品の農家への進出を妨げ国内市場を一層狭くする要因として働いたのである。このようなフランス資本主義の特異性が、イギリスのように順調な資本主義の発展に対応するトレード・ユニオニズムを生育せしめず、したがって、いわば団体交渉により超過利潤の分配を争うというよりは、当初から資本主義社会の矛盾を一挙に解決しようとする階級闘争の立場をとらせたのである。

このようにサンジカリズムは、階級闘争を力説し、みずからの手で搾取なき社会を実現していこうとする点でマルキシズムと共通のものをもっている。しかし資本主義社会否定のための手段として、マルキシズムがプロレタリヤの政治活動による政治権力の掌握を唱えたのに対し、サンジカリズムは一切の政治活動を認めず、労働組合自身の手により、直接、解放を実現しようとした。このような考えは、一つには政党に対する不信感から生まれている。すなわち当時の社会主義者の陣営は、ひどく分裂しており、一八九九年には五つを下らない別々の社会党があった。これらの政党は、相互の紛争を労働運動の中にもちこみ、しかも、労働組合を自己の選挙の母体として利用することしか念頭におかなかった。そのために労働者はいっさいの政治家に不信を抱くようになっていたのである。CGTが一九〇六年のアミアン大会において採択した決議(アミアン憲章と呼ばれている)が、大会は「各組合員が組合の外部においてそれぞれ自己の政治上、哲学上の見解に相応ずる闘争に参加する絶対的な自由を確認する。しかし、反対に、外部において有する見解を組合内に導入しないことを要求する」と述べているのは、労働組合があくまでも独立であり、どの政党とも連携することを拒むというサンジカリズムの考え方を、明確にしたものにほかならない。

また、さきにも述べたように、国民の過半数が農業に従事し、商工業も中小企業に類するものが多く、したがって巨大な近代的大工業の威力を目のあたりにみる機会の少なかったフランスの労働者階級にとっては、労働組合の行動により一挙に資本主義制度を破壊することができるという幻想が、「生産要具を生産する者の手へ」という甘美なスローガンとともに親しみ易い考えとしてしみわたっていたのである。資本主義の打倒は、労働組合の直接行動によって遂行されるというサンジカリズムは、このような経済的条件から醸成された。

さらにサンジカリズムが政権の掌握を拒否したのは、フランスの労働者の徹底的な国家権力や政治制度に対する不信感に基づく。今日でさえフランス人の心情には、ともすれば個人の自由をおかしがちな国家を敵視し、国家権力はできるかぎり小さなものに押えておこうとする警戒心がしみついているが、労働者は、長い間、警察や軍隊による弾圧によって脅かされ、また一八三〇年や一八四八年の革命においても勝利の結果生まれた政府が労働者の利益にはほとんど注意を払わなかった事実を肌に感じて知っていた。つまりフランスの労働者は、君主制も、帝国も、共和制も労働者階級の組織を鎮圧したことを体験していたのである。彼等は、国家という政治制度そのものを嫌い、議会政治を嫌悪した。そして彼等は、国家の内からの改革ではなく、国家の外側においての、変革を主張した。国家や政党から離れて行動しようとするところから、直接行動とゼネストが生まれてくる。これらは、いずれも労働者階級の独立への希望の表現にほかならなかった。サンジカリストの主張する直接行動とは、国家に対する圧力ではなく、労働者の解放に向って世論を喚起するための行為であり、その方法としては、ストライキ、サボタージュ、ボイコットなどがあげられた。なかでもストライキは、最も有効な手段として重視されたが、元来、サンジカリズムの立場にあっては労働組合は、戦闘団体であると同時に革命的精神を養う教育機関であるとされていたため、かりにストライキが失敗して目前要求を貫徹することができなくても、階級意識を昂揚させる点で、十分目的を達したことになると考えられストライキは頻発せられたのである。短時間のストの頻発は、今日でもフランスの組合のお家芸であるが、それは一方においては組合財政の貧困にも起因している。つまり長期のストを支えるスト資金がそもそも欠除しているからである。このように組合の財政が乏しかったのは、もちろん労働者の賃金そのものが低かったことにもよるが、他方においてはサンジカリスト達が、豊富な資金の所有は、革命的精神を鈍化させるとしてこれを排撃していたことも忘れてはならないであろう。

さらにサンジカリズムは革命の方法としてゼネストを称揚した。すなわち議会で多数をとることによって政権を奪取するのではなく、生産の総ストップによる政治制度の壊滅をねらった。そして「今日反抗の団体である労働組合が将来、生産と分配の団体となり、社会変革の基礎となるべき」ことを期したのである。

一九世紀の末から二〇世紀の初頭にかけて確立されたサンジカリズムは、今日においても、フランスの労働組合主義の中に根強く生き残っているといってよい。たとえばパリ地方建築労働組合の規約は、「労働者の解放は、労働者自身の仕事である」という前文で始まるし、同金属労働組合の規約も、「組合は……プロレタリヤの行動により、労働者をして、そのすべての解放、すなわち賃金労働者および資本家の絶滅へと向わせることを目的とする」（第四条）と規定しているし、一九六八年五月のゼネストは、サンジカリズムの伝統の強さを、われわれにまざまざと示してくれた。

三　組合の自由と複数主義

サンジカリズムの伝統が、フランスの労働組合主義の中に今なお根強く残存しているといっても、フランスの労働組合のすべてがサンジカリズムによって思想的に統一されているわけではない。労働組合主義のイデオロギーの中には、政権の奪取とそのための政治活動を重視するマルキシズムや、議会制民主主義を通じて労働者の経済的地位の向上をはかろうとする改良主義が、入りまじっている。そして、これらの組合の行動の原理となる主義、思想の対立をめぐって、フランスの労働組合は四分五裂の状況におかれているのである。

フランスの労働組合主義の特色の一つは、組合の自由（liberté syndicale）と組合複数主義（pluralisme）であるが法的にも組合加入の自由および組合脱退の自由が保障され、かつ「何人もその自由に選択する組合に加入することができる」とされているのである。徹底した個人主義がしみわたっているフランスにおいては、組合活動は個人の自由を犯さず、それと両立する範囲においてのみ認められているといってよい。一九五六年法によってユニオン・ショップが禁止されているのは、このような考え方の一つの現われとみてよいであろう。

しかし、組合の自由は、一方において労働者の組合に対する無関心に結びつく。元来、小農経済のこの国は、大企業と並んで多くの零細中小企業を残存せしめ、中間的な小ブルジョワジーを温存せしめた。その結果、なにがしかの貯蓄をすることによって、個人あるいは共同生産者として経済的に独立しうるチャンスが、二〇世紀初頭にいたるまで残されており、独立の生産者に転化することが、労働者の唯一の夢となっていた。このような個人主義とプチブル的考え方が組合運動の展開を妨げていたのである。このことは、ホワイト・カラーの増加、テレビ等によって代表される労働者の生活水準の向上のみられる今日においても同じようにいえることがらである。そのために組合の組織率は世界的にみても低い方であり、二〇世紀初頭では一〇％今日でもせいぜい二五％程度にすぎない。

したがって組合運動には、「すべての者の利益のためにあえて冒険するニューファンドランドの犬」のような戦闘的な分子による殉教者的な活動が必要であった。換言すればフランスの組合は、きわめて意識の高い、大胆で勇敢なエリートの集団である。これらの組合指導者は、忍耐強く大衆を組織化し、現実に即して組合運動を展開するというよりは、批判的精神を鼓吹しつつ大衆をまきこむという戦術をとっている。したがって組織率は極めて低いが、組合の呼びかけによって労働者大衆の日頃の不満が爆発するという形で、ほとんど全従業員の参加する突発的なストライキが頻発するのである。したがってイギリスでは問題となる非公認ストや山猫ストは、フランスでは問題となりえない。

組合が少数のエリートによって支えられているため、フランスの労働組合においては、えてしてイデオロギーによって一定の原理原則がたてられ、それに基づいて活動方針がきめられている。そのために同一の主義・思想をとらない者との間には激しい論戦が展開され、イデオロギーの対立をめぐって、絶えず分裂がくり返されているのである。第二次大戦後を例にとっても、一九四七年にはマーシャル・プラン反対の政治ストを契機に社会党系の反共派は、CGT（労働総同盟）を脱退してCGT・FO（CGT労働者の力派）を結成し、そのためにCGTは三度目の分裂を余儀なくされたし、また一九六四年にはCFTC（フランスキリスト教労働者同盟）も、宗教的立場にとらわれずに、労働者の利益擁護に当るべきことを主張する多数派が、CFDT（フランス民主労働者同盟）と改称することにより、分裂している。このような上部団体の分裂が、下部組合の分裂を連鎖的にひき起したことは、改めていうまでもないであろう。

このように法的にも事実上も組合複数主義の原則が固く守られているフランスにおいては、強固な組合運動を展開しようとすれば、どうしてもいくつかある組合の共同闘争ないしは統一行動が必要である。そのためにCGTは絶えず統一行動の呼びかけをFOやCFDT、CGCなどに行ない、県連合あるいは産業別全国連合の段階で、かなりの統一協定が結ばれ、これに基づいて問題毎に共同闘争が行われている。

またフランスでは組合が企業を超えたところで横断的につくられているため、企業内に足場をもたず、十分な活動をすることができなかった。このような職場内の日常活動の不足が労働者の無関心の一因ともなっていたのである。そこで企業内での組合活動の強化が組合の急務として重視されるようになり、法的にも企業内での組合活動を保障すべきであるという論議が、最近大いに闘わされている。

三　ショップ制

一

わたくしは、ここ数年来、労働協約の比較法的研究[1]の一部として、フランスの「労働協約」の蒐集を続けてきた。かなりの数に上る協約の整理と分析は、まだ充分に進んでいないが、これまでにざっと目をとおしたかぎりにおいても、フランスの協約にはフランスに独自のいくつかの特色が存することに気がつく。本稿で問題としようとするクローズド・ショップ約款やユニオン・ショップ制を含めたいわゆる組合保障条項[2]（clause de sécurité syndicale）が協約中にほとんどみうけられないのもその特色の一つであろう。

それではフランスの労働組合は、クローズド・ショップやユニオン・ショップ制による団結の強化に無関心でいるのかというと決してそうではない。組合の団結力が、労働市場をどの程度、組合が支配しうるか否かによって決定せられるものである以上、組合の最大の関心が組織の拡大・強化に向けられることは当然のことである。つまり、労働組合がより有利な取引を行うためには、なによりも競争者を排除して、労働市場の独占を図ることが必要となってくる。[3]したがって団結強化のための労働組合の運動は、まず労働力の売手として競争関係に立つ未組織労働者ないし非組合員を或程度の強制力を用いても自己の傘下に吸収しようとする組織の拡大策となって現われてくる。かかる形での団結強化策にも種々の形態があるが、その一つの手段としてとられるのがクローズド・ショップあるいはユニオン・ショップ制である。労働組合の運動が必然的にこのような方向に向うことについては、フランスの労働組合とて例外ではありえない。労働運動史をひもといてみても、組合の旗の下に集った労働者達が、あるいはストライキに参加しない労働者をボイコットし(共同絶交、ときにはその労働者の道具をかくしたり、こわしたりする)、あるいは組合員以外の労働者と一緒に働くのを拒否し、あるいはまた、非組合員を働かせないように、使用者に圧力をかける事例がいくつも報告されている。(4) また後述するように特定の職業にかぎられているとはいえ、クローズド・ショップ協定を締結することによって組合に雇用の独占を容認しようとする慣行が全く存在しないわけではないし、それの合法性も早くから判例によって確立されているのである。さらに国家法自体においても、労働運動の発展に伴う組合の勢力の拡大化、権力の集中化の傾向に対応して、個々の労働者の自由に対立する団体法の優越性を承認する傾向がみられないわけではない。例えば、フランスでは、一定の職業活動部門における最も代表的な組合の締結した協約を拡張することにより、それを当該職業社会における法たらしめようとしているが、かかる労働協約の一般的拘束力制度における「最も代表的な組合」の観念の採用は、個人法的な自由ないし権利に対する団結権の優位性を承認したものといってよいであろう。(5)

このような事情にもかかわらず、フランスでは、なぜにクローズド・ショップ制やユニオン・ショップ制が一般化しないのであろうか。ほぼ同じようなトレード・ユニオニズムの発展と団結権の保障をもちながら、例えばイギリスやアメリカでは(もちろんそれぞれの問題はあるとしても)組合になんらかの形で雇用の独占を認める制度が発展し、フランスでは、ほとんどみられないのはいかなる理由にもとづくものであろうか。

つぎに組合の雇用独占条項が、本来、組合の団結強化策として必然的に生れてくるものであるとしても、それは法的には、労働者の市民的な自由や他の競争組合の団結権と対立する契機を当初から含んでいる。これに対してフランスではどのような法的評価が与えられているのであろうか。また、フランスの協約中には、ほとんどクローズド・ショップ約款がみられないにもかかわらず、最近その実質的な禁止を目的とする一九五六年四月二七日法が制定せられているが、これはいかなる事情にもとづくものであろうか。これらの解明が本稿の課題である。

（1）有泉教授を主任研究者とする文部省科学研究費による「各国労働協約の比較的実証的研究」を指す。わたくしはフランスの部を担当。

（2）フランスでは、「協約当事者たる組合に加盟する労働者のみの採用を約する」クローズド・ショップ協定をatelier ferméまたはentreprise fermée、「約定期間内に組合に加入した者、または組合員のみの雇用の継続を約する」ユニオン・ショップ協定をatelier syndiqué等と訳しているが、もとより一般的に使われている用語ではない。むしろ原語をそのままに使用している場合が多い。

（3）この意味で、クローズド・ショップ協定やユニオン・ショップ協定、あるいは、組合員の優先的雇用を約するプレファレンシャル・ショップ等を一括して、フランスで組合の雇用独占条項（clause du monopole syndical d'emploi）と呼んでいるのは興味深い。

（4）例えばGianturco, Le monopole syndical et l'organisation professionnelle, Rev. pol. et parl., 1926, p. 381 et s. 参照。

（5）外尾「フランスにおける労働協約の一般的拘束力」（法学二一巻二号、四号、二二巻一号）参照。

二

労働市場における雇用の独占が、労働組合に争うべからざる利益を与えることはいうまでもない。しかし、それは先にも述べたように、労働者の組合に加入しない自由と対立し、あるいは同一職業における他の組合の団結権と衝突する契機を含んでいる。したがってまず、フランスでは、団結権の保障がこれらの他の自由ないし権利との関連でどのように位置づけられているかを考察することから始めよう。

いうまでもなくフランスにおいて、組合結成の自由が法的に容認せられたのは、一八八四年三月二一日法においてである。同法の制定によって、始めて、約一世紀の長期に亘る団結禁止時代は、終止符を打った。しかし同法は、法形式的には、二〇名以上の無許可の集会結社を禁ずる刑法二九一条の職業組合への適用を排除するものであり、したがって労働組合は、同法によって組織せられたものであるかぎり、刑法の適用を免れ、合法的な団体として取扱われることになったわけである。そのかぎりで労働者の団結は、一般的な結社の禁止に対する一つの例外ないしは特典であると解された(尤も、その後一九〇一年七月一日法により結社の自由が法認せられた結果、一八八四年法の団結権が普通法上の原則として確立された)。

一八八四年法は、㈠同一職業に従事する者に対し、使用者たると労働者たるとを問わず（さらに両者の混合であっても差支えない)、等しく職業組合を結成する自由を有すること、㈡組合は任意的な団体であり、何人も加入を強制せられることなく、また構成員は常に脱退の自由を有することを認めたものである。したがって一八八四年法は、団結権を法認したとはいえあくまでも自由の範疇においてこれを把え、しかも個人の自由の保護にかなりの力点を置いていることが窺われる。

同法は、その後一九二〇年三月一二日法によって若干の修正をうけ、労働法典第三巻第一篇に編入せられ、今日にいたっているが、一八八四年法が職業組合の結成並びに運営を組合の自由（liberté syndicale）として把えた精神は法の理念そのものとしては、今日にいたるまで貫かれているといって差支えないであろう。

法律の条文においても、例えば、労働法典第三巻第二条に、同一・類似もしくは関連職業に従事する「者は、自由に職業上の組合または団体を組織することができる」を規定されているほか、労働争議の調停・仲裁に関する一九三六年一二月三一日法には仲裁裁定の基準とすべきものの中に組合の自由が掲げられていたし、一九三六年六月二四日法および一九四六年一二月二三日法は、いずれも労働協約の必要的記載事項に組合の自由を規定し、一九四六年一〇月二七日第四共和国憲法もその前文において組合自由の原理を規定している。

職業組合は、公権力と結びつかない自由にして純粋に私的な団体であり、組合の結成、加入、脱退は、これまた各人の自由に任かされているというのが「組合の自由」の原理の骨子であるが、団結権を、このように自由の理念によって表示しようとしている点にフランス労働法の一つの特色が存在する。

それはともかく、組合の自由はフランスにおいては、各種の自由の集積として現われる。ポール・デュラン教授の表現にしたがえば、それは、もろもろの「自由の束」(un faisceau de libertés)にほかならないのである。したがって組合の自由は、当然に多様性をもち、もろもろの側面をもつ。それは第一に個人に対する組合結成の自由、組合加入の自由、組合脱退の自由として現われ、第二に組合に対する組合規約制定の自由、組合相互間の自由、使用者および国家からの自由として現われる。

それでは本稿において問題にしようとする雇用独占条項が真先に衝突する、組合に加入しない自由および競争関係に立つ他の組合の自由は、組合自由の法的構成の中ではどのように位置づけられているのであろうか。

第一に、組合に加入しない自由は、もとよりフランスにおいても、明示的な法令の規定によって保護されているものではない。しかし通説は、組合の自由の一つの側面として労働者の組合に加入しない自由を把えている。(1) そしてその実定法的な根拠として、一九四六年一〇月二七日の憲法前文や、一八八四年法第七条(現労働法典第三巻第八条)があげられているのである。つまり憲法前文が「すべての者は組合活動によりその権利と利益を擁護し、かつ自己の選択する組合に加入することができる」と謳っているのは、黙示的に組合の自由の消極的な面(aspect négatif de la liberté syndicale)いわゆる消極的団結権の容認を規定したものであり、また労働法典第三巻第八条が組合員の脱退の自由を規定しているのは、組合に加入しない自由を暗黙の前提としているからにほかならないと説くのである。しかしながら労働者の組合に加入する自由と加入しない自由とをこのように同時的に並置するのは問題であろう。憲法を頂点とする実定法が、組合の結成ないし加入の自由を保障するのは、組合の結成ないし加入を妨げる一切の外部の圧力から労働者を守ることを目的とする。つまり組合加入の自由の保障は、単に労働者個人の自由の保障であるばかりではなく、同時に組合の結成と運営に対する外部の妨害を排除するという意味において、団結そのものに対する法的な保障につらなるのである。これに反し、組合に加入しない自由は、全く別の意味をもつものであり、それは単に孤立した状態に止まることを欲する労働者個人の市民的な自由にすぎない。各国の労働法規や国際労働条約が、労働者の組合加入の自由の保護を規定したとしても、積極的に個人の組合に加入しない自由の保護を規定していないのは、それが団結権の保障と同一の次元に立つものではないことを認めているからにほかならない。ただ、団結権が本来有するところの組織強制が、純粋に個人の自由と衝突する場合に、どこまで市民法的な自由が、国家の保障する組合の自由によって制約されうるかが問題として残るだけである。それは国家が、社会生活における個人の自由と、社会活動に不可欠の組織の強制とのいずれに重点をおくかによって、つまり国によりまた歴史的にも扱いを異にする問題であるといわなければならないであろう。

それはともあれ、個人の自由の保護に極めて敏感なフランスの立法府は、一八八四年以来、しばしば明示的な規定によって個人の組合に加入しない自由を保護しようとし、そのためにいくつかの法案すら提出してきた。(2) これらの法案は、いずれも採択されるにはいたらなかったが、判例や学説は、先に示したような法令の諸規定をよりどころに、権利濫用の観念を駆使しつつ、組合に加入しない自由の尊厳を守りぬこうとした。具体的な問題については、後に改めて述べることにしよう。

第二に、組合の自由に関連してふれておかなければならないのは、競争関係に立つ組合相互間の関係である。労働者が、同一職業部門内においていくつかの競争組合を結成しうることについては、全く争いがない。いわゆる組合複数の原理（le principe de la pluralité syndicale）は、組合の自由の一つのコロレールであるとされている。それの実定法的な根拠としては、先に掲げた憲法前文、労働法典第三巻第二条[3]、同第一巻第三一条g第三号[4]などがあげられている。実際問題としてもフランスの労働者達は、その職業的、社会的、政治的、宗教的好みにしたがって種々の組合を結成しており、組合連合についてもCGTやCFTC、CGT—FO、CGC等々いくつかの団体に分れている。そしてこれらの組合は、法的にはいずれも絶対的に平等の権利をもつものとして把えられているのである。

もちろん団結力を強化するための組織の統一は、フランス労働運動の多年の課題であり、現実には、多くの場合、多数の組合の統一行動や統一的な委員会の設置による共同闘争が行われているし、また立法の傾向としても、先に一言したように「最も代表的な組合」による職業代表の観念を採用することによって、「組合複数の原理」を制約する方向へと動いてきた。しかしフランスの労働者は自発的な決定によるときは、職業団体の統一を熱心に主張するが、その個性にしみついた個人主義・自由主義から、それを法律の規定あるいは行政府の介入によって達成しようとすることには、本能的な嫌悪を示すのである。例えば、一般的拘束力宣言の対象となりうる協約を結びうる資格に関しても、同一職業部門に複数の「最も代表的な組合」の存在を認めているのは、この間の事情を明らかにするものであろう。したがって組合複数の原理は、実定法上絶対的なものとして確立されていると結論づけることができる。

（1）例えばP. Durand, Traité de droit du travail, t. III, 1956, p. 139; Rivero et Savatier, Droit du travail, 1956, p. 52.

（2）G. Spyropoulos, La liberté syndicale, 1956, p. 177 et s.

（3）労働法典第三巻第二条「同一職業、類似の職業もしくは特定の生産物の製造に協力する関連職業または同一の自由業に従事する者は、自由に職業上の組合または団体を組織することができる」。

（4）労働法典第一巻第三一条g（拡張されうる協約の必要的記載事項）第三号「労働者の採用および解雇の条件。ただし協約に定める規定が、労働者の自由な組合選択を侵害してはならない」。

三

初期のフランスにおいて、団結強化のために労働者が好んで採用した手段は共同絶交（mise á l'index）である。共同絶交は、例えば、組合加入を拒否し、組合の決議事項（例えばストライキ）に参加することを拒否した労働者に対する就業妨害として現われ、あるいは使用者に対する非組合員の採用の禁止ないしは解雇の強要（ストの脅威の下に強迫する）となって現われた。国家による取締りと使用者による激しい敵意の中で、労働者が組合加入をためらい、無関心を装っていた団結禁止時代にはかかる実力による団結強制が最も効果的な手段であったのである。

もちろん、一八八四年法によって団結権が法認されるまでは、共同絶交は、刑法四一六条により、当然に違法とされていたが、一八八四年法が刑法のこの規定を廃止するにおよんで、法的にも正当な行為として是認されるようになった。しかもこの四一六条の廃止によって、単に過重な刑罰が撤廃されただけでなく、労働者に新しい権利を附与する結果が生じ、この権利を正常に行使するかぎり、何人に対しても民事上も責任を問われることがないと解されるにいたったのである。[2] したがって組織強制の一つの手段である共同絶交も、その目的が、組合の任務である職業上の利益擁護にある場合には、組合の正当な行為として民刑事の責任を免れることが明らかとなった。[3]

これとほぼ同じような理論構成が雇用独占条項にも用いられている。雇用独占条項の合法性を破毀院が始めて明確にしたのは、一九一六年一〇月二四日の判決（Cass. 24 oct. 1916, D.P. 1917. 1. 247, S. 1920. 1. 17, note Bonnecase）においてであるが、判決理由はつぎのように述べている。〔アリュアン建築労働組合の労働協約〕「第一二条により、使用者はその従業員を特定の範疇の労働者の中からのみ採用することを約し、したがってその従業員を自由に選択する権利を放棄した〔ことが窺われるが〕、この権利放棄は、純粋に期間をかぎったものであり、しかも動機として他の労働者を害する意図を有するものではないことが明らかであるゆえに、一八八四年三月二一日法の諸規定に反するものではない」。労働協約は時間と場所とをかぎって適用されるものであるがゆえに、使用者がみずからの意思にもとづいて設定したこの制限に服するのは適法であると認定したわけである。[(4)] したがって破毀院は、雇用独占条項の合法性を(イ)それが職業利益の擁護のためになされていること、(ロ)使用者の従業員選択の自由の一時的な制約であることという二つの条件にかかわらしめていることが窺われるのである。雇用独占条項は、その後暫らく判例の問題とならなかったが、一九三八年にいたって、二つの注目すべき判決が出されている。それは、一九三八年一月一八日リヨン控訴院判決（S. 1938. 2. 151）および同年三月九日で破毀院判決（D.H. 1938. 305, Droit Social 1938, p. 185, note P-H. Teitgent）である。

第一の事件（リヨンの劇場主と音楽家組合は、劇場のオーケストラは、署名組合に加入する音楽家で構成されねばならず、かつオーケストラの組合員が、除名され、または脱退した場合には、当然に解雇される旨の条項を含む協約を締結した。しかし同地区には、協約の締結に参加していない他の音楽家組合が存在し、その組合は組合の権利を侵害するものであるとしてクローズド・ショップ約款の無効確認の訴を提起した）において、裁判所は、当該雇用独占条項が、合意の相対性の原則と組合の自由の原理に反することを理由に無効とした。[(5)] すなわち、裁判所の判断にしたがえば、本件の場合には、雇用独占条項は、「組合的利益（intérêt corporatif）の擁護……から程遠く、現実には意見を異にする組合を抑圧し、そのことにより組合の自由の原理を侵害しようとするものである。かかる条件の下においては、争いとなっている条項が、時間と場所に限定せられるものであるということは重要ではない」とされたわけである。

第二の事件（組合を脱退した労働者が、雇用独占条項の適用により解雇され、使用者を相手どって解雇権の濫用であるとし損害賠償を請求）においても破毀院は、解雇権の濫用を認める原審判決（一九三六年七月一三日セーヌ民事裁判所）を支持し「使用者と組合との間に締結された協定が何であれ、それは当該使用者と彼の雇用する〔第三者たる〕労働者との関係を修正するものではなく〔また〕非組合員たる労働者に解雇権の濫用を理由とする損害賠償請求権を奪う法的な効果をもつものでもない」と判断している。

しかし、この二つの判決から、裁判所が雇用独占条項の合法性を認める従来の判例と異った判決を下したという結論を導き出してはならない。これらの事件においては、雇用独占条項の一般的有効性についてはいかなる判断も示されていないのである。すなわち第一の事件において裁判所は、組合の雇用独占は現実には、反対派の組合の抑圧にあると認定し、したがって雇用独占条項が有効であるための要件として判例が先に確立した二つの事項のうち、職業利益の擁護という第一の要件が充たされていない以上、第二の要件（それが時間的、場所的に限定せられているかどうか）を問題とするまでもなく、それは組合の自由の原理に反すると認定したのである。また第二の事件においては、「この協定が、組合を脱退した労働者に与える結果を考慮することなく、組合員たる労働者のみの採用を義務づける協定に署名した」点に使用者の過失があると判断しているのであり、したがって外見的な矛盾にもかかわらず、これらの判決は、一九一六年一〇月二四日の破毀院判決に忠実にしたがっているということができる。(6)ただし、判例の傾向としては、雇用独占条項の一般的な合法性を前提としながらも、権利濫用の理論によって個人の自由を極力擁護しようとし、そのことにより、雇用独占条項を実質的に制約しようとする方向へと向っているといえるであろう。(7)

(1)　刑法四一六条は、予め謀議の上、罰金、禁圧、追放、禁止等の方法により産業または労働の自由な行使を阻害する行為を罰する。刑法四一六条は、四一四条、四一五条と異り、暴行、暴力、強迫、詐術等を犯罪の構成要件としていない。したがって、換言すれば、暴行、暴力、強迫、詐術等にわたらない程度の軽微な労働の自由に対する侵害を、四一六条は把えているのだということができる。

(2)　ポール・ピック「労働法」協調会訳上巻三一〇頁。

(3)　フランスの学者は、非組合員の強制解雇を要求する共同絶交が違法とされた判例としてジョースト事件（Affair Joost, Cass. 22 juin 1892, S. 1893. 1. 41, D.P. 1892. 1. 449）を引用する（事案はこうである。イーゼル県ブールゴアン市の印刷工ジョーストは組合費の支払いを拒否したために規約にしたがって脱退者とみなされることになり、そのため組合は再三、ジョーストに対し組合に止まるか、または再加入するように要請した。しかしジョーストがこれを拒否したため、組合は総会においてジョーストを除名し、併せてジョーストの働いているところでは一緒に働かない旨の決議をした。ブールゴアン市の使用者達は、ストライキの発生を恐れ、いずれもジョーストの採用を拒否した。そこでジョーストは組合を相手どって損害賠償請求訴訟を提起したわけである。この訴訟は、一審、二審は原告の敗訴となったが、破毀院は、その主張を容認し、これを絶交権の濫用と判断して組合に損害賠償の支払を命じた）。

しかしこの事件では、共同絶交が一八八四年法七条の脱退の自由の原則に反するが故に違法とされていることに注意しなければならない。つまり、本件においては、非組合員の解雇を目的とする共同絶交が、なんら職業的利益の目的より出たものではなく、労働者個人に対する悪意に起因するものと判断されたから、権利の濫用の成立が認められたものにほかならない。したがってこの判決以後、組合への非加入を理由とする共同絶交一般が違法とせられるようになったかのごとく説くのは誤りであろう。

(4)　本件の一審（一九一二年一一月二八日リール民事裁判所）判決、二審（一九一三年六月一八日ドウエ控訴院）判決は、いずれもこの協約の条項の合法性を容認している。なお破毀院判決の判例批評（シレイ）においてボンヌカーズは、当該約款が、(イ)商業および工業の自由の原理に反すること、(ロ)民法一一六五条により、合意の効果は第三者にはおよびえないこと、(ハ)一八八四年法第七条により、組合への加入および脱退は自由たるべきことを理由として、無効と解すべきであると主張している。

この判決の以前にもクローズド・ショップ約款の合法性を明示的に示すものとして一九一二年一〇月一八日セーヌ民事裁判所判決（Gaz. Palais, 23 nov. 1912, Rev. des Cons. de Prud'hommes, mars 1913）を、黙示的に示すものとして、一九〇三年一二月一四日ボルドー控訴院判決（S. 1905. 2. 17, D. 1906. 1. 113）をあげることができる。

（5）もとより合意の相対性の原則は、協約には適用されないというのが通説である。したがって判決理由のこの点は、問題とするにも足りないとして斥けられている。cf. Teitgen, note précitée, Planiol et Ripert, Traité pratique, t. XI no. 883.

（6）V. Teitgen, note précitée, Spyropoulos, Le monopole syndical d'emploi et la protection de la liberté syndicale, Droit social, 1956, p. 272.

（7）行政訴訟の面でも、特定の組合に雇用の独占を認めることは、競争組合相互間の平等を侵害するという理由でこれが斥けられている。すなわち、参事院（conseil d'Etat）は、一九三九年七月七日の判決（Union Corporative des travailleurs français, Rec., Lebon 1939, 460）において、すべての請負人は作業場において、パリ建築労働組合の組合員を使用しなければならないという万国博覧会事務局長の通牒を、「組合自由の原理」を無視するものという理由で無効としている。もとより、本件における雇用の独占は、関係当事者間の協定によるものでなく、行政当局の一方的な決定にもとづくものであり、かかる行政府の恣意的な介入が問題とされているのであるが、参事院の特定組合による雇用独占に対する嫌悪を示すものとして、記録にとどめておく価値はあるであろう。

なお全国経済会議も一九三七年二月の部会において、オート・サボアの建築労働組合の協約中の「組合員たる労働者を優先的に採用しなければならない」という条項を一九三六年法の規定する組合の自由、労働者の言論の自由に反すると評価している。R. Petit, Les conventions collectives de travail, 1938, p. 117.

四

組合の雇用独占に対する風当りは第二次大戦以後、ますます強まって行った。一九四六年一〇月二七日憲法は、その前文において黙示的に労働者の組合に加入しない自由を認め、明示的に組合複数の原理を確認した。労働法典第一巻三一条gは、効力拡張の対象となりうる協約の必要的記載事項に、労働者の組合選択の自由を掲ぐべきことを要求した。そしてこれらの規定の出現を理由に、雇用の条件として特定組合へ加入を強制する条項は禁止されたと説く有力な学説(1)すら現われるにいたったのである。

他方、フランスにおける稀少な例として、一九〇〇年以来五〇年余の伝統をもち続けてきた出版労働者組合連合(Fédération des travailleurs du livre.—CGT)の雇用独占は、第二次大戦後のCGT分裂とともに、ますます競争関係に立つ組合の側からの非難の的となり、大きな話題を投げかけるようになった。

出版労働者組合の雇用独占は、単に伝統が古いというばかりではなく、それが協約にもとづかず、いわゆるユニオン・ラベル(marque syndicale ou label)使用権にもとづいているという点でフランスでも特異な性格をもつものである。すなわち組合は、一九〇〇年に印刷業主(maîtres-imprieurs)とラベル使用契約(contrat de label)を締結し、組合は、各企業において必要とする労働力の保障を引受け、使用者達は、技術従業員(personnel technique)を組合員の中からのみ採用する旨を約した。当時CGT系のこの組合は、ほとんどすべての印刷労働者を組織していたので、このような雇用独占が可能であったし、またこれに対しては、抗議らしい抗議も出なかったのである。

しかし、印刷業にCGT系以外の組合が結成されるにおよんで問題は別の様相を帯びてきた。このラベル使用契約に拘束される印刷企業から事実上排除されてしまった労働者達(主としてCFTC系)は、あるいは解雇権の濫用を主張して訴訟を提起し、あるいは復職を求めて仲裁の申請を行った。これに対していくつかの労働審判所の判決は、印刷企業におけるCGTの雇用独占に好意的な判決を下し、また例えば一九四四年一二月一四日の仲裁裁定も印刷企業から出ていくかあるいはCGT組合に加入するかの選択を強制する裁定を下している(3)。もちろんこれと反

対の結論を出した判決もいくつかみられるのである。(4)

一方、CFTC系の全国キリスト教出版印刷労働組合連合（Fédération nationale des syndicats chrétiens du livre-papier-carton）は、一九五四年にILO事務局宛、ILO八七号条約の適用に関するフランス政府の年次報告に対する意見書を提出し、そこにおいて、フランスの印刷企業における組合の自由の非尊重を訴えた。(5) またFO系の組合（Fédération F.O. du livre）も一九五三年に議会および印刷出版関係の重要人に公開状を発送し、CGT組合以外の組合に加入しているという理由によって採用拒否および解雇の犠牲になった多くの事例をあげ、これを非難した。

このような空気に対応するかのごとく、組合の雇用独占を立法によって明示的に禁止しようとする動きが活発になってきた。一九四八年に提出されたいわゆるモアザン（Moisan）法案(6)がこれである。この法案は、一般的に「組合の自由を保護し、すべての労働者にその自由な行使を保障することを目的と」しているが、実は印刷企業におけるCGT組合の雇用独占を禁止することが、直接的な動機となって提出されたものである。(7) 同法案は、この年には、審議未了のために成立しなかったが、一九五四年の二月に再提出され、ほとんど無修正のまま、一九五六年四月二七日法として成立し、労働法典三巻に挿入された。(8)(9)

同法は全文五条からなる。第一条は、主として組合員たる労働者の組合の白由の保護を目的とし、第二条は組合の雇用独占を禁止する。第三条は、第一条と第二条の罰則を規定し、第四条は、本法のアルジェリヤおよび海外領土への適用を定め、さらに第五条は、本法に違反するすべての規定を無効とする旨を定めている。ここでは、本稿に最も深い関連を有する第一条および第二条についてのみ若干の解説を加えておくことにする。(10)

第一条は、実質的には、現行法の解釈として、従来判例学説によって確立されてきた点を明確にしただけの規定である。しかし、団結権侵害の態様を具体的に例示し、これを明確に禁止している点で、組合の自由の保護に対するより強固な法的根拠を与えていると評することができる。この規定により、従来判例法上確立され、あるいは労働協約上の権利として労働者が獲得していた組合の自由に関する諸権利(日本労働法上の概念で表現すれば、不当労働行為法上の諸権利)が、立法によって明確に容認されたわけである。

しかしまた同時に、この規定により、労働者の組合に加入しない自由や、組合相互間の自由が同じく明確に保障されることになったということもできるであろう。

第二条は、第一条の原理のユニオン・ラベルへの適用を規定するものである。もとより第二条は、原則的にユニオン・ラベルを禁止するものではなく、それの「濫用」を規制することを目的とする。すなわちユニオン・ラベル使用契約にもとづく組合の雇用独占を排除しようとしたのである。したがって第一条と第二条は雇用独占条項の禁止という点では、全く同一のことがらを重複して規定したものである。法案提出者自身もこの重複を認め、卒直に、この法案の真の狙いが、印刷労働組合のラベル使用契約にもとづく雇用の独占の禁止にあり、したがってそれの違法性に関して疑問が生じないように端的な禁止規定を重ねておいたのであると述べている。

しかし、学説では、一条と二条とでは、違反に対する制裁の態様が異ると解されている。つまり、罰則に関する点では両者は全く同一の取扱いをうける(同法第三条)が、民事責任の点では、第一条による組合の自由の侵害によって解雇された場合には、解雇権の濫用を理由に損害賠償の請求が認められるだけであるのに対し、第二条の禁止する行為によって解雇された場合には複職の可能性がでてくるというのである。(11)

ともあれ、同法の出現により、雇用独占条項に関する法律上の争いは、ここに終止符をうつことになった。

(1)　P. Durand, op. cit. p. 157.

(2)　パリおよび各地の多くの新聞には、その最後のページに組合の徽章とともに「組合加入の労働者による労働」

(travail effectué par des ouvries syndiqués) という表示がなされているのをみるが、それは、このラベル使用契約にもとづくものである。

（3） V. Spyropoulos, article précité, p. 274.

（4） 例えば一九五一年二月二三日セーヌ民事裁判所判決 (Quest. prud'h., 1951. 588)、一九四九年三月四日セーヌ労働審判所判決 (Droit Social, 1949, p. 359)。

（5） No. 8099, Ass. Nat., session de 1954, annexe au procès-verbal de la séance du 19 mars 1954, rapport de Mme Fr. Lefevre, p. 3.

（6） Moisan, Guérin, Poimboeuf, Meck, Lefevreの共同提案となっている。

（7） 提案者は提案理由の中で、「現在では、すべての応募者に、当然にCGTの組合員章を要求しているので、唯一の職業紹介所、すべての雇用の業務を支配するCGT組合のそれしか存在しない。印刷企業の使用者達は、組合の利益のために、彼等の基本的な業務の一つを奪われ……この職業においては破滅的なものである争議の恐れの中でそれを奪い返すことができない。他の組合の加入者は、採用のとき、故意に斥けられてしまう。もしも一旦採用された労働者が、CGT以外の組合に加入したならば、CGTの組合は、その目的を達成するために、圧力や脅迫、ときとしては争議に訴え、その労働者が新しい組合を去るまで止めないであろう。」と述べている。No. 5889, Ass. Nat., session de 1948, annexe au procès-verbal de la séance dn 22 déc. 1948, cité par Droit Social, 1956, p. 265.

（8） 審議の経過に関してはSpyropoulos, article précité, p. 274 et s.

（9） もちろんCGT系のフランス出版労働者組合連合は、これに反対し、法案審議中の一九五五年五月二六日には抗議ストを行っている。V. Le monde, 28 mai 1955.

（10） 参考までに同法を訳出しておく。

「第一条　労働法典第三巻につぎのごとき第一条を追加する。

〈第一条a　すべての使用者は、とくに採用、監督、仕事の分配、職業教育、昇進、報酬、社会的利益の授与、懲戒および解雇の方法に関する決定を行うに当り、〔労働者〕の組合加入または組合活動の行使を考慮してはならない。

すべての使用者が、従業員の賃金から組合費を控除し、それを労働者に代って支払うことを禁止する。

企業主またはその代理人は、特定の職業団体に有利な、またはこれに反対するいかなる圧力の手段をも採用してはならない。

使用者が前項の諸規定に反してとったすべての手段は、権利の濫用とみなされ、損害賠償の対象となる。

右の諸規定は公序とする。〉

第二条　労働法典第三巻第一篇第三章につぎのごとき第二〇条aを加える。

〈第二〇条a　前第一九条の適用による組合の徽章またはラベルは、本巻第一条aの諸規定を侵害する効果をもつことができない。

とくに徽章もしくはラベルの所有組合の組合員のみを採用し、または組合員のみを就業せしめることを義務づけるすべての規定または協定は無効とする。〉

第三条　労働法典第三巻に、つぎの第五五条を加える。

〈第五五条　本巻第一条aおよび第二〇条aの諸規定に違反した企業主、支配人または管理者は、軽罪裁判所に起訴せられ、四千フラン以上二万四千フラン以下の罰金に処せられる。

一年以内の再犯の場合には、違反者は、違警罪裁判所に起訴せられ、二万四千フラン以上、二四万フラン以下の罰金に処せられる。

罰金は、第一条a第一項および第二項において禁止せられた手段により侵害をうけた者の数に応じて課せられる。

労働監督官および司法警察官は、違反を摘発することができる。〉

第四条　本法の諸規定は、アルジェリヤおよび海外領土に適用する。

第五条　第三条に定める罰則は、一九五七年一月一日以後に違反を犯した者に対してのみ適用する。

本法に違反するすべての規定は無効とする。」

(11)　V. Spiropulos, art. précité, p. 278.

五　印刷労働組合の雇用独占に関する争いは、このように一九五七年法により、立法的に解決されたが、フランスにおいてはこれは全くの稀少例にすぎず、一般的には雇用独占条項はほとんどみうけることができない。それはいかなる理由にもとづくものであろうか。若干の感想を附記しておこう。

端的にいえばそれはフランスの労働組合の組織率の低さによる。雇用独占条項は、確にこれを締結することによって組織の拡大を図ろうとするものである。しかし極めて逆説的ないいかたであるが、それは、組織率が高く、事実上労働市場を独占しうるほど支配的な地位を組合が占めていなければ締結し難いという性格をもつものである。したがってフランスでは、例えば印刷業とか建築業、芸能関係の組合のように、当該労働市場をほとんど支配しうるほどの力を組合が把握していた特定の業種にのみ雇用独占条項が出現したのである。もちろん組合員数は、労働運動の昂揚や退潮に応じて増減するし、とくにフランスの労働組合にはこの傾向が強い。しかし、賃金労働者総数千二百万（工業・鉱業・運輸業だけをとっても六百万）のうち、組織労働者数は、例えば一九四九年には四百万[1]、一九五三年には三百万[2]と推定されており、しかも非組合員の数の方が遙かに多いといわれている状態[3]では、組合の雇用独占が仮に望ましいと思われたとしても、実現が困難であることは容易に推察されるのである。

しかも個人主義に徹した「フランス人は、その少数派の中にあってさえ少数分派を作りたがる[4]」。フランス社会の多様性に対応して、フランスの労働組合もまた多様な性格を示すのである。すなわち統一行動が緊急の要務であると事毎に口にしながらも、実際には同一職業部門内においていくつかの競争組合が併立する[5]。フランス法にいわゆる組合複数の原理は、かかる実態の法の面への反映にほかならないのである。このように特定の組合が労働市場を支配することができず、競争関係に立つ組合が存在するところにおいては、実際問題としても雇用独占条項が協約の問題となりにくいのである。その上、このような環境の下においては、クローズド・ショップ協約やユニオン・

ショップは未組織労働者の組織化に向けられるよりは競争組合を排除するために利用され易い。フランスの裁判所や立法府が、雇用独占条項に嫌悪の情を示したのは、それがなによりも具体的に組合相互間の自由を侵害したからにほかならない。

四　団体交渉

フランスでは、わが国やアメリカにおけるように、団体交渉あるいは団体交渉権という特別の法律上の概念は存在しないし、団交拒否に対する不当労働行為法上の救済といった特別の制度も存在しない。それぱかりでなく、団体交渉という用語すらほとんどみうけることはできず、団体交渉をめぐる法律問題は、協約能力の中で論ぜられている。したがってフランスの団体交渉の機構と法律上の問題点を明らかにするためには、組合の組織と労働協約のしくみとを明らかにする必要がある。

(1)　労働組合の組織　労働組合の基本的な単位はサンジカ（syndicat）と呼ばれる単位組合である。サンジカは同一、類似または、関連する職業に従事する労働者によって構成されることが法律上の要件となっており、現在では産業別組合を原則とするが、かなり多数の職業別組合も存在する。サンジカは横断的・超企業的な組織であり、通常は都市単位に結成されていて、支部ないし分会が各企業ないし工場毎に設けられているというのが典型的な形態である。しかし大企業、大工場では、そこの労働者を構成単位としてサンジカが設けられている場合もある。サンジカはタテの関係では、産業別ないし職業別の全国的または地方的な連合体を結成し、また職業別のサンジカにあっては、地域毎に産業別評議会をつくっている場合もある。公務員や国有企業等においては、全国的な単一組合（サンジカ）が設けられている。ヨコの関係では、サンジカは都市単位の地区労働組合評議会、県単位の県連合に加入し、さらに産業別連合会および県連合を通じて、それぞれ全国中央組織であるＣＧＴ、ＣＧＴ－ＦＯ、ＣＦＴＣ

等に加盟している。

(2)　使用者団体の組織　　労働組合（サンジカ）は、イデオロギーその他の相違により、CGT、CGT—FO、CFTC等のいくつかの系統に分れているが、使用者は、フランス全国使用者連合（CNPF）一本に結集されている。その組織は労働組合の組織に対応するようになっており、産業別と地域別の線に沿ってCNPFに結びついている。

(3)　労働協約の種類　　団体交渉がどの段階で行われているかを推測するには、団交の成果である協約の種類を先にみておくことが必要である。

協約は地域的適用領域の面から、全国協約、地方協約、地区協約、事業場協定の四種に分れ、前三者については、効力の面から、通常の協約と拡張適用の対象となりうる協約に分れる。

地方・地区協約あるいは事業場協定は、本来、それぞれ上部協約を補充し、当該地域の特殊事情にこれを適合せしめることを目的とするが上部協約が存在しない場合でも独自の場から締結することができる。ただし、事業場協定にかぎり、当該工場事業場における最も代表的な組合のみが協約当事者となりうること、上部協約が存在しない場合には、賃金またはこれに附随する事項しか取決めることができない旨が法律上定められており、同一産業または職業における超企業的な統一協約の締結促進が政策的に配慮されている。

全国・地方・地区協約は、効力拡張の対象となりうるわけであるが、その場合には、つぎのごとき要件を充していることが必要である。第一は、当該地域および当該職業部門の最も代表的な職業団体（サンジカまたは連合体）が締結したものであること、第二は、協約の内容につき所定の要件（必要的記載事項、任意的記載事項、——詳細については拙稿「フランスの労働協約」日本労働法学会編・労働法講座七巻上所収参照）を充していることである。この場合の協約当事者たりうる最も代表的な組合の決定は、法律上定められた基準に基いて労働大臣が行うようになっているが、通常、ＣＧＴ、ＣＧＴ－ＦＯ、ＣＦＴＣ系の複数の組合が決定をうけており、排他的な単一の組合が協約当事者となることが、制度的に予定せられているわけではない。したがって、フランスでは、効力拡張の対象となりうる協約であるか否かを問わず、複数の労働組合と単数の使用者または使用者団体が協約当事者となるのが普通である。

なお、いずれの場合においても、協約を有効に締結するためには、それぞれの団体の代表者は、(イ)団体の規約、(ロ)団体の特別決議、(ハ)団体の全構成員の個別的な書面による委任によって、協約締結の権限が附与されていることが必要である。

(4)　団体交渉の機構　　上述したような組織を有する労働者団体と使用者団体との間で、右のような種類の協約が締結されていることからも明らかなように、団体交渉は、特定職業部門（同一・類似・関連職業）毎に、一もしくは数名の使用者または使用者団体と、一もしくは数個の労働組合またはその連合体との間で、全国、地方、地区、事業場という四つの段階毎に行われている。

全国・地方・地区協約締結のための団交は、一方の当事者の申請によって、それぞれ労働大臣・県労働局長・地区労働監督官が招集する労使合同委員会（commission mixte）において行われる。委員会は、労働大臣または、その代理人（労働監督官等）が議長となって運営されるが、議長は学識経験に基く助言以外には会議に影響を与えることができない。合同委員会には複数の各組合の代表と使用者または使用者団体の代表者が出席し、労使各側の提案の交換、合意点に関する文書の作成、合意文書の交換の順序で行われるが、労使の各代表はそれぞれの組織と連絡を保ちながら交渉を進めていく。したがって団交の委員会には出席しても最後の協約には署名しない組合も出てくる可能性があるわけである。合同委員会における交渉が妥結せず、争議が発生した場合には、紛議は調停委員会に付託される（強制調停の制度が定められているが、争議権の行使とは無関係である）。

効力拡張の対象となりうる協約は、各職業部門内では一つしか締結することができず、かつその職業部門の全構成員を対象とするものでなければならない。したがって職員だけの協約とか労働者だけの協約は拡張の対象となりえない。しかし一般協約が締結された後でこれらの階層に固有の労働条件を定める附帯協約を締結し、同様な条件で拡張しうるように定められている。それゆえこのような場合には、職員を代表する組合も、労働者を代表する組合も合同して、まず一般協約を締結し、その後に別個に労使合同委員会を構成し、職員だけの附帯協約とか労働者だけに適用される附帯協約を締結するわけである。

工場事業場の段階においては、そこにおける複教の最も代表的な組合と使用者との間の直接交渉によって事業場協定が結ばれる。なお苦情処理的な問題については、従業員の選挙によって選出されている職場代表委員（通常は組合の支部・分会の役員が選ばれている）により、使用者との間に交渉が行われている。

五　労働組合の分裂

破毀院社会部一九五九年五月二八日判決

(Union Départmentale des Syndicats Ouvriers du Nord, J.C.P. 1959. II. 11243; Dr. Soc., 1960. 17)

〈事実の概要〉

一九二三年、リール地方所在の労働組合は、労働法典三巻二四条以下の規定にしたがって、リール地方労働組合連合 (Union Locale des Syndicats Ouvriers de Lille) を結成し、ギヨトン (Guilloton) を書記長に選任するとともに、事務所をリール市ギャンベッタ街七五番地にある労働取引所 (Bourse du Travail) の建物内においた。同建物の所有者である市当局は、一九四六年七月一一日の私署証書により、一九二八年二月二日の契約を更新し、一九四六年一月一日より一八年間にわたり、地方労働組合連合にのみ貸与すること、各三年の期間ごとに、三ヵ月前に文書によって予告することにより前記契約を解除することができる旨の賃貸借契約を締結した。

その後一九四七年末の労働界の紛争に伴い、組合の方針を決定するため、常任委員会は、一九四八年二月二二日に臨時総会を招集することとした。しかしこれより先、同年二月二日以降、CGT加盟の諸組合は、労働取引所を占拠し、総会を開いて地方労働組合連合の加盟を確認するとともに、ギヨトンは離脱したものと認めバケを書記長に選任した。

一方、ギヨトンのイニシヤティブにより常任委員会は、総会を招集し、出席者の過半数によって規約を改正し、「地方労働組合連合は、加盟組合がＣＧＴに加盟することを認めない」、「ＣＧＴへの加盟は、脱退もしくは除名の理由となる」旨を決定した。

さらに一九四八年三月一六日に開かれた第二回総会において書記長ギヨトンは、二月三日以降労働取引所を占拠しているＣＧＴ系組合に対し明渡しの訴訟を提起する権限を与えられた。

訴をうけたリール民事裁判所は一九四八年六月二三日訴を容認する判決を言い渡し、ドゥエ控訴院もまた一九四九年四月一三日組合事務所の明渡しを命ずる判決を言い渡した。これを不服とするＣＧＴ系の組合がドゥエ控訴院判決の破毀を求めたのが本件である。原告組合は、ドゥエ控訴院判決は、一八一〇年法七条、労働法典三巻三条・八条・二四条・二五条および二六条に違反すること、地方労働組合連合がＣＧＴに加盟し、書記長ギヨトンは以後ＣＧＴに反対する集団に参加したことにより除名せられ、したがって一九四八年二月二二日および三月一六日の臨時総会を招集する権限を有しない事実を斟酌せず、また地方労働組合連合は規約とＣＧＴ加盟に忠実な少数組合とともに法人として存続しているにもかかわらず、右総会が出席者の過半数によってＣＧＴへの加盟を修正した事実を容認することにより、リール地方労働組合連合、ノール県労働組合連合およびＣＧＴの規約の解釈適用を誤っていると争った。

〈判　旨〉

破毀院は、まず地方労働組合連合がCGTに組合費を支払っていないこと、CGT規約三条の列挙の中に含まれていないこと等から、CGTの構成員ではなく、したがって同連合は、人格並びに固有の権利を失うことなくCGTから離反することができると判断した。

ついで破毀院は、一九四八年二月二二日および三月一六日の臨時総会は規約の定めるところにしたがって開催された適法なものであり、「右の総会は規約一〇条の定めるところにより、多数決で地方労働組合連合の新しい方針を有効に決定しうること、右のごとき規約の改正は、構成員の職業的利益の擁護という組合連合の目的をそこなうものではなく、またその実質的な能力を侵害するものでもない」と認定した。

このような前提の上に立って破毀院は、「地方労働組合連合の法人格は、正規に開かれた臨時総会によって採択された新しい組合の方針によって消滅するものではなく、方針の変更によってもなお存続する」こと、書記長ギヨトンは脱退したものでもなく、除名されたものともみなしえないこと、一九二八年二月二日の賃貸借契約を単純に更新したにすぎない一九四六年七月一一日附契約は、地方労働組合連合の書記長を一方の当事者とするものであり、書記長はCGTの代理人として行動するものでもなく、なんらかの資格でCGTに利益を与えうるものでもないこと、を明らかにしたうえ、結局、地方労働組合連合が唯一かつ排他的な労働取引所の賃借権者であるゆえ、ノール県労働組合連合は一九四八年九月一日法四条および八条の規定を主張することができず、権限なくして占拠している場所を明け渡さなければならないと判断した。

以上の理由により破毀院は、控訴院判決を正当と認め、上告を棄却した。

〈解　説〉

第二次大戦直後はCGTの全盛期であった。いち早く再建されたCGTには、かつて例をみないほどの労働者大衆が参集した。一九四六年の第二六回大会では、加盟組合員数は五五〇万人と記録され、一〇三の県連合と、三九の産業別全国組合および一万六、〇〇〇以上の組合をその傘下におさめたのである。解放後政治的な発言力を強化したCGTは、つぎつぎと重要産業の国有化を進め、社会保障の拡大を図る原動力となった。

しかしその後の資本家陣営の立直り、国際攻治における冷たい戦争のフランス政界への反映、議会からの共産党のしめ出しによって労働情勢は再び一変した。一九四七年のマーシャル・プラン反対の政治ストを契機に、社会党系の反共派はCGTを脱退してCGT・FOを結成し、CGTは二つに分裂するにいたったのである。

CGTの分製は、当然、下部組織である組合(syndicat)あるいは地方組合連合(union locale)を二つの系列に分けてしまった。CGTに反対する組合内の集団は、それが少数者にとどまるときは新たにFOに加盟する組合を結成し、それが多数を制しているときは組合規約を改正してFOへの加盟を決定した。そしてCGTに反対するフラクが多数者を占めている場合には組合の同一性は変わらないとして組合財産(金庫、自動車、不動産、賃借権等)の全部の所有を主張し、少数者にとどまった場合には組合財産の分割を請求した。かくて多くの争いが裁判にもちこまれ、一九五九年五月二八日、破毀院は同種の事件一一について判決を言い渡した。本件はそのうちの一つである。

一　労働組合の分裂によって生じる法律上の難点は、法律の条文が分裂については何も規定していないところから生ずる。労働法典三巻八条および九条は、個々の組合員の脱退および組合の解散について規定しているにとどまる。そこで分裂を組合員の集団的脱退、または組合の解散＝新組合の結成としてとらえようとする見解が当然のこととして一方では主張される。しかし組合が二つに分裂した場合、多数者と意見を異にする少数派も組織体として一つの意思をもち固有の目的を有しているのであって、「組合を脱退する」という意図を有していたとみなすことはかなりの無理がある。また分裂を組合の解散にひきつづく新組合の結成とみる場合には、規約に定めのないときは全員一致の合意がなければならないとされているから、分裂という異常な雰囲気の中でこのような合意が成立する可能性がほとんどないことはいうまでもない。したがって、分裂を法律上独自の概念として考察していこうとする見解が一方においては主張されている（Brun et Galland, *Droit du Travail*, III, pp. 38 et s.）。

二　分裂によって生ずる状態および法的効果を分析するためにフランスではつぎの三つの説が主張されている。

(1)　**契約説**（La thèse contractuelle）

この説にしたがえば、法的な単一体としての労働組合は、その設立の基礎を全組合員の契約においているとする。したがって全組合員の合意がないかぎり組合を消滅せしめることができない。また多数決によって組合の規約や方針（orientation）を変更することができず、規約や方針に反対する者は脱退して新組合を結成する以外には方策がないことになる。この場合、組合は、最後の組合員が去るまで同一性を保持しつつ存続することになる。組合財産については、当然、個々の組合員に持分があるわけではなく、組合の単独所有に帰するから、組合の方針に反対する者が集団で脱退したとしてもいささかの影響もうけないというのである。一九四七年の分裂にかかわる事件においてＣＧＴ系の組合は以上のように主張した（Lyon-Caen, Dr. Ouvr., 1949, p. 2; 1955, p. 457; Manuel de Droit du

Travail, pp. 90-91; Boitel, Dr. Ouvr., 1959, p. 282)

(2)　**制度説**（La thèse institutionnelle）

これに対し一方においては、組合を発展の契機を潜めた「生ける存在」（un être vivant）としてとらえていこうとするいわゆる制度説が主張されている。この説によれば、すべての団体は発展するところの生きた有機体であり、その構成員は更新することができるし、その目的を達成するためにその組織や方策、対象を変更することを要求しうる。規約は契約ではなく「団体の法」であるがゆえに組合が麻痺するという苦痛の下では多数決により修正されなければならない。但し基本約事項の修正は全員一致とみられるほどの高い多数決を要する、というのである（Legal et Brethe de la Gressaye, *La pouvoir diciplinaire dans les institutions privées*, pp. 139 et s., pp. 337 et s.)。

したがって制度説では、組合または地方組合連合の全国中央組織への加入が基本的事項かどうかが問題となる。FOは当然のこととして、組合は多数決によって加盟組織の変更を決定しうるという立場をとり、組合が多数決によってFO加盟を決定した場合には、組合としての同一性は失われないから組合財産を依然として保有し続けうると主張した（同旨、B. de la G., notes J.C.P., 51. II. 6391; 55, II. 6391; 55. II. 8857; Gaz. Pal., 55. 2. 214; D. 60. J. 145)。

(3)　**組合財産分割説**

以上の二説が結果においては組合内の多数派ないし少数派のいずれかを犠牲にする一元論の立場に立っているのに対し、そのいずれをも満足させようとするかのごとき第三の説が主張されている。この説によれば「問題の解決は、法と社会学とを一致させる中にのみ存する」という。すなわち、より現実的な立場から、組合の分裂は、分裂当事者が組合活動を継続する意思を有しているがゆえに集団脱退とも解散ともみなしえない自律的現象であるとするのである。そして相対立する二つの集団の権利を保持させるために、分裂は組合員の多数決によって決定しうるし、分裂の場合には、それぞれの組合員数に応じて組合財産は分割されると説くのである（Carbonnier, *Les conséquences juridiques de la scission syndicale*, Dr. Soc., 1949, p. 138; Durand, *Traite de Droit du Travail*, t. III, pp. 271-272）。

三　一九五九年五月二八日に言渡しのあった一一の破毀院判決は、組合の分裂についての以上の三つの学説のいずれに賛意を表するかを必ずしも明確にしていない。破毀院は、それぞれの事件ごとに当事者の意思並びにそれが具体化されている組合規約の意味を明らかにすることによって争いを解決しようとした。したがって各事案ごとに、あるときはＣＧＴに有利に、またあるときはＦＯに有利であるというニュアンスにとんだ判決を言い渡したのである。本件は必ずしもＣＧＴに有利ではなかった例の一つである。

(1)　破毀院は、まず手続の点で、分裂の場合であっても原組合を規律する規範の適用を免れるものではないことを明らかにしている。したがって、

(イ)　組合規約において、組合の総会または代議員会のみが決定権を有すると定められている場合には、執行委員会の多数決によるＣＧＴ脱退、ＦＯ加盟の決定はなんらの法的効力を有しないことになる（Union Départementale des Syndicats Ouvriers de la Manche c. Lelièvre, Cass. soc. 28 mai 1959, Dr. Soc., 1960, p. 24）。

(ロ)　反対派を斥けるために正規に招集されなかった総会または代議員会は、決定を行いまたは役員の選出を行う権限を有しない（Boin èsqualité Secrétaire Syndicat CGT c. Beuneux, èsqualité de Secrétaire Syndicat F.O., Cass. soc. 28 mai 1959, Dr. Soc., 1960, pp. 26 et s.）。

(ハ)　正規の条件によらないで招集された会議体で指名された書記長は、組合の名において訴訟を提起することが

できない（Bouin c. Beneux, préc.）。

(2)　また破毀院は、実体的な面においても、できるかぎり当事者の意思を探求することにより問題を解決しようとしている。ここでの最も大きな問題は、すべての手続面での条件が満たされた場合に、多数者は組合の人格を廃止することなく上部団体への加盟を変更しうるかということであった。しかし破毀院はこの難問に真正面からとりくむことをせず、個々の事案ごとに組合結成の時に起草された規約にしたがって具体的に解決しようとした。すなわち「組合規約は当事者間の法である」（Syndicat Indépendant des Policiers en tenue, Cass. soc. 28 mai 1959）がゆえに当事者を彼等自身に帰らせようとしたのである。したがってこの点からいえば破毀院は組合規約が契約的性格をもつことを認めたといってよいであろう。

実体的な面においては、破毀院はつぎのようなルールをたてている。

(イ)　上部団体への加盟の変更は、組合規約により総会における多数決で組合の方針を決定しうると定められているときには、多数決で有効に決定しうる。総会によって採択された新しい方針によって組合は消滅するものではない（本件判決）。

総会の全員一致の決議は規約の条項と同一の価値をもつ。したがって総会が、上部団体の加盟問題を多数決によって決定しうることを全員一致で決めた場合には、多数者の採択した立場は全組合員を拘束する（Demoisell Lacam c. Aymard, Cass. soc. 28 mai 1959, Dr. Soc., 1960, p. 22）。

これらの判断は、前出警察官組合事件で明らかにされているように上部団体への「加盟は目的を達成するために採択した手段の一つにすぎない」という考え方に基礎をおくものである。

(ロ)　しかしながら組合規約により、ＣＧＴへの加盟自体が組合の目的の一つとされている場合には、破毀院は右に述べた判断と全く異なる立場をとっている。すなわちシリコニ事件（Chiriconi et a.c. Vigneux et a. Cass. soc. 28 mai 1959, Dr. Soc., 1960, p. 26）において破毀院は、エン県労働組合連合の規約二条が、組合連合の基本的目的がＣＧＴを推進する連合体の精神を組合内に発展させることにより労働の解放を準備し援助することにあると規定していること、同三条によりＣＧＴ加盟組合のみが組合連合に加盟しうるようになっていること、同三八条により組合連合は運営上の機関にすぎず、組合連合が解散した場合にはその財産はＣＧＴに帰属する旨規定されていること等から、ＣＧＴの加盟は組合連合の原始契約（stipulation primordiale）であると認定し、したがってそれは全組合員の全員一致の合意なしには変更しえないと判断した。それゆえこのような場合には、ＣＧＴを脱退し、ＦＯに加盟することを多数決で決定したとしても、それらの者は脱退者とみなされるわけである。

〈参考文献〉

すでに引用したものを除く。

Rosenthal, *Les effets juridiques de la scission des organisations syndicales*, Dr. Soc., 1960, p. 17 et s.

Brun, *La jurisprudence en droit du travail*, pp. 544 et s.

Verdier, *Syndicats* (*Traité de Droit du Travail*), pp. 276 et s.

Moithy, *La dévolution des biens syndicaux*, Dr. Ouvr., 1948, p. 63.

Boitel, *La propriété des biens syndicaux*, Dr. Ouvr., 1955, p. 507.

第三章　フランスにおける公共労働

一　フランスにおける公共労働

一

一　今日のフランスでは、公務員をも含めてすべての労働者に団結権が保障せられ、ただ争議権につき、後述するように憲兵と警官、監獄の看守に一定の制限が加えられているにすぎない。しかし、とくに公務員や国営事業ないし公共企業の労働者が、このように大幅な団結権の保障を獲得するにいたるまでには、かなり長い期間を要し、その道は決して平坦なものではなかった。すなわち団結権を法認した一八八四年法が、公務員の組合の出現を予想していなかったところから、公務員の組合、あるいは公務員の争議行為の合法性の評価をめぐって数多くの判例学説が対立した。当初は、むしろその違法性を主張する学説判例が主流的な地位を占めていたのである。しかし今日では、明確な立法措置によって、その合法性が明らかにされている。そこで本稿では公務員ないし公共労働者の団結が初期においてはいかなる理論的根拠にもとづいて違法とされていたか、このような初期の判例学説がどのようにしてくずれていったか、今日では、公務員をも含めて、いわゆるフランスの公共労働者が、団結権に関し、いかなる法的地位を与えられているかを解明することにする。

二　主題の考察に入る前にフランス法における公共労働の組織および公共労働関係の用語の意味を明らかにして

おく必要がある。

(1)　公共労働について最上位の概念は、フランス法にいわゆる公的役務（service public）の観念である。公的役務とは、フランス行政法を基礎づける基本的概念として用いられているものであるが、それ自体、変動を示しているし、必ずしも一致した見解がみられるわけではない。しかし本稿に必要な限度で一応の通説を紹介するならば、作用的概念としての「公的役務とは、公益の必要を充足するために、公的団体（collectivité publique）によって行われるすべての活動をいう」（André de Laubadère, Traité élémentaire de droit administratif, 1953, p. 552）と定義づけられる。したがって「公的役務に従事する被用者」の中には、国または地方公共団体の公務員や職員、国営事業、国有化企業等の職員がすべて含まれることになる。

(2)　つぎは公的役務の中の重要な部分を担当する公務員（fonctionnaire public）であるが、フランス法ではわが国に比してかなり狭くとらえられている。公務員には、わが国の場合と同様に国家公務員（fonctionnaire de l'État）と地方公務員（fonctionnaire communal）とが存在するが、国または地方公共団体から給与をうけている者のすべてを指すわけではなく（国営印刷植字工事件における参事院一九一八年一一月二八日判決）、その中の一部の者、つまり「多かれ少かれ、高度の身分において、立法、行政、司法の三権の一つの作用にたずさわる者」（Souffiier, Vocabulaire de droit）をいい、さらに狭義にはその中で行政作用のみを担当する者、すなわち、「政府の授権により、公権力の大きな部分を保持している者」（Larousse, Dictionnaire usuel de droit）を指す。狭義では行政職の官吏を意味するが、広義では裁判官、軍人、現業部門の管理職員等も含まれるわけである。広・狭いずれの意味をとるにしても、わが国では上級公務員に相当する者のみがフランス法では始めて公務員というカテゴリーの中に入りうるのである。国の被用者の中には、この外に、公務員法の適用をうけない補助職員（auxiliaires）や見習職員（stagiaires）、私法上の契約による労務者（agents contractuels）があるが、公務員やこれらの者を総称して公の団体の職員（agents de collectivités publiques）ということがある。

(3) 公的役務の少なからぬ部分を担当するのが公共営造物（Etablissement public）の従業員である。公共営造物は、「一定の自治をもって公的役務を管理するところの行政法上の人格をいう」（Jean-Pierre Bouère, Le droit de grève, 1958, p. 91）と定義づけられ、私人である公益事業（Etablissement d'utilité publique）と区別せられる。公共営造物は、例えば大学や病院等のような公法人と、各種の金庫や爆発物製造工場などを始めとする各種の商工業的公法人とに分れる。

(4) さらに二〇世紀初期においては、鉄道、電気等のように、特許契約にもとづく企業が公的役務の一翼を担っていた。

(5) 第二次大戦後、フランス憲法前文の趣旨（「国家的公的役割の性格もしくは事実上の独占の性格を有し、または取得するにいたるものは、すべて公共団体の所有としなければならない」）にもとづいて、フランスにおいては、多くの企業が国有化せられたが、それは公共営造物の形態をとるものと、株式会社の形態をとるものとに分れる。前者には、ガス、電気、石炭、ルノー自動車工業等が属し、その財産は国の私産であるが、会計は商業的会計であって予算ではなく、職員は私法上の地位を有する。このような国有化企業を指して公企業（entreprise publique）ということがある。一方、株式会社の形態による国有化企業には、例えば国有銀行、国有保険等がある。

(6) したがって、いわゆる商工業的性格を有する公共事業は、その企業形態から、次の三つに分類することができる。

第一は純然たる国または地方公共団体の現業部門であり、例えば武器製造工場などがこれに属する。

第二は国の出資による、いわゆる半官半民の会社組織であり、例えば鉄道、海運、空運はほとんどこの形態をとる企業によって営まれている。

第三は独立の人格と財政をもつ公共企業体、いわゆる公社である。例えば、石炭、ガス、電気、銀行、保険、自動車等の産業にこの種の公社制度を数多くみることができる。

三　ところで労働関係の面では、公務員法の適用をうける公務員は、原則として特別法による規律をうけ、例えば給与についても、国または地方公共団体の立法によって定められるし、団結権に関しても、公務員法の規定に服する。

しかしその他の公共事業の被用者は、公務員としての扱いをうける一部の管理的職員の場合を除き、一般労働法の適用をうける、ただ協約締結権に関し、後述するような一部の公企業が一般労働法（協約法）の適用外におかれているにすぎない。

したがって公共労働者の団結権を主題とする本稿においても、一般の民間産業の労働者と全く同一の地位に立つ（つまり完全な組合結成権、団交権、争議権を享有する）公共労働者については必要ある場合かぎり言及するにとどめ、重点を、公務員の団結権の問題におきたいと思う。

二

一　公務員の団体は、古くから友愛会、共済会として存在していたが、それが職業組合（syndicat professionnel）

の形式をとって、自己の利益擁護のための活動を開始したのは一八八四年法（団結権を法認する立法）以後のことである。

一八八四年法の立法者は、国の被用者のことは念頭においていなかったのであるが、団結権獲得以後の民間産業の組合運動に呼応して、同法制定後、公務員の組合があいついで結成された。まずタバコ、マッチ、火薬等の国営企業の従業員が、一八八七年より数年間に亘って地域別の組合およびその全国連合を結成したのを初めとして、初・中等学校教員、逓信従業員、国鉄従業員の職業組合が各地に結成された。

これに対し、タバコ、マッチ、火薬等大蔵・陸軍両省の経営する国営企業においては、その従業員の組合結成は放任されたが、初・中等学校教員の団結は厳禁せられ、一方、逓信従業員の組合は、一八九〇年に、一旦禁止された後、翌九一年には容認され、国鉄従業員の団結については、一八九四年に、これまでとられていた黙認の態度が禁止へと一変し、そのため時のカジミール・ペリエ内閣が信任投票に問われる政治問題に発展、同内閣の総辞職により、再び容認へと変っていった。

このように公務員ないし官業労働者の団結は、主務官庁毎にその取扱いを異にし、動揺を示したのであるが、やがて一八八四年法の解釈として鉄道従業員や国営工場の従業員等商工的事業に従事するものには、私企業同様、一八八四年法が適用せられることが主張され、判例もこの立場をとるにいたって、公務員の団結権の問題は、以後、国営の商工的事業に従事するものと、国家の統治作用に関連する公務にたずさわるものとの二者に区別されて論議されるようになった。

公務員の組合運動は、一八九八—九年のドレフューズ事件を一転機としてますます活発化する。政治家は、共和政の危機と官界の腐敗を克服するための期待を公務員の組合運動によせ、これを議会の中から側面的に支援する動きを示し始める。このような公務員の組合運動に対して、政府も次第に寛容に傾き、とくに結社の自由を認める一九〇一年法が制定されてからは、職業組合を結成しえざる公務員も、同法による社団(association)を結成しうることを言明、これにより、一九〇一年法にしたがって設立された公務員の団体が、ほとんどすべての官庁に出現するようになった(1)。ついで公務員の組合は、つぎの二つの方向へと拡がりを示すようになる。

その一つは連合体結成による組織の拡大である。各地における公務員の諸団体は、同種の行政に属する団体の全国的連合を結成し、さらには各種団体を統轄する総連盟(官吏団体総連盟Fédération générale des Associations professionnelles de Fonctionnaires、一九〇五年成立)を結成するにいたる。

その二は、社団の職業組合への編成替えである。すなわち、上長の好意や政治家の庇護に依存して労働条件の漸次的な改善を期待しようとする従来の友愛会(アミカル)に代って、労働者階級との提携により、直接的な自己の力によって職業利益の擁護にあたる職業組合の結成が主張され始めた。これまでには国鉄を初めとする官業労働者のみが職業組合の結成を公認されていたにすぎないが、それ以外の公務員の団体も続々と職業組合の形態をとるようになる。その口火を切ったのは小学教員および逓信従業員であった。

その後、公務員の団体の活動範囲を制限しようとする一九〇七年の公務員法草案反対闘争や、ＣＧＴ加盟問題、職業組合や争議権の問題等に関する意見の不一致から官吏団体総連盟は一九〇七年に分裂し、その機能を停止したが、一九一〇年に再建され、二一団体一七万、一九一三年にはさらに一一団体を加え二〇万の組織に成長した。

(1)　同法施行以後一九〇七年までには、五一六の公務員の社団届出公告が官報に掲載されたという(須貝修一・フランスの官吏制度・「各国官吏制度の研究」所収、一六一頁)。

二　以上のごとく公務員の組合は着実な発展を示したが、組合の結成や争議行為の合法性に関しては必ずしも好意的な評価がなされたわけではない。争議権については、項を改めて述べることにし、まず、組合結成権の法的評価がどのようになされたかを紹介しよう。

結論からいえば、学説は(1)一八八四年法による職業組合の結成を容認するもの、(2)公務員を権力的公務員(fonctionnaires d'autorité)と管理的公務員(fonctionnaires de gestion)とに分け、管理的公務員にのみ組合結成権を認めようとするもの、(3)組合結成権は否定するが一九〇一年法による結社権は容認しようとするもの、(4)そのいずれも否定しようとするものに分れたが、判例は、司法・行政両裁判所とも一致して公務員の組合を違法とし、ただ一九〇一年法による社団の結成のみを容認した。したがって、公務員の職業組合は解散を命じうるし、組合は訴を提起できないというのが判例のとった立場であった。判例学説が、公務員の組合を違法とした理論的根拠を整理すれば、つぎのとおりである。(1)

(1)　立法者が、職業組合を容認したのは、「労働と資本との関係の全体を自由に討議しうる私人の利益の代表者に対してであって、一般の利益の代表者である公務員に対してではない。……公務員は、私法と全く異った固有の制度をもつ」。(2)すなわち、公務員は、一般の労働者と異り、労働契約を締結するものではなく、公法上の契約により公務員たる地位を取得し、特別の官吏法に服するがゆえに一八八四年法の適用をうけない。

(2)　また判例は、「公務員は、その官職を受諾することにより……一八八四年法第一条の規定する争議権のごとき若干の権能を放棄している。それは公的役務の運営に不可欠の継続性と両立し難い。(3)」として、争議権が否定されるがゆえに、違法争議を惹起し易い公務員の組合の結成は否定さるべきであるとした。

(3)　さらに組合の結成を否定する論拠の一つとして主張されたのは、組合の結成が、行政の基礎をなすヒエラルヒーの原理を混乱させるということである。つまり、民間の労働者は、使用者に対する関係で、各人の利益の自由な討議が認められるといういわば契約的地位にあるが、公務員は、純粋に規制的(réglementaire)な地位にある。すなわち下級者は、上級者から受取る命令を討議することが認められていないし、また上級者に対してその地位の改善のために圧力をかけることが認められない。公務員に団結を認めることは、公務員がその団結体から指令をうけること、そして上級者よりはその団結体に服することを認めるものである。

(4)　一方、職業組合の結成を公務員に認めることは、当然に職業組合の総同盟への加入を認めることになる。このことは、公の団体の職員と私企業の従業員との間に階級的連帯性を肯定し、ひいては民間労働者の要求に公務員の支援を与えることになる。したがって公務員の組合は、職務としての公的作用を労働紛争の中にひきこむ危険性を有する。

以上の諸点から、公務員の組合は違法と判断せられたのである(4)。

(1)　P. Durand, Traité de droit du travail, t. III, 1956, pp. 131 et s.; A. Brun et H. Galland, Droit du travail, 1958, pp. 652-653.; G. Lyon-Caen, Manuel de droit du travail et de la sécurité sociale, 1955, p. 76. 参照。

(2)　Arrêt du Cons. d'État, 13 janv. 1922, D.P. 1923. 3. 33.

(3)　(2)と同判決。

(4)　なお公務員の組合を違法とする裁判例についてはDurand, op. cit. p. 130, note 2. 参照。

三　このように大部分の学説が、そして判例が一致して公務員の組合を違法とする以上、公務員の争議行為についてより厳しい法的評価がなされたであろうことは、容易に推測できよう。

刑法典には、直接、公務員の争議行為を予想して設けられた規定ではないが、ともかくも公務員の業務の放棄を処罰する規定（刑法一二三―一二六条）が存在する。すなわち公務員の「法律、その執行または政府の命令に反対する協同の行動」および「司法または行政の管理遂行を妨害または停止する目的または結果を有する辞職をなすべき謀議」は、これらの法条によって処罰されることになっている。したがってデュギーのように、これを厳格に解釈し、公務員のストライキにも刑法を適用すべき旨を主張する学説が現われうる余地も存在しうるわけである。しかし、これらの刑法各条が共同辞職に適用されることは疑いない(1)としても、辞職の意思なくストライキを行う公務員に適用されるかどうかは疑問とされ、学説判例のほとんどはこれを否定的に解した(2)。

しかしながら学説判例の大部分は、公務員の争議行為は、服務規律違反という点で違法だとする。したがって同盟罷業を行う公務員は、自己を「法律の外」におくものであり、懲戒に関する通常の保障の便益をうけえない(3)とされた。その論拠はつぎのとおりである。

(1)　第一は、公務員の職務の継続性（continuité）を争議権禁止の理論的根拠とするものである。すなわち公務員の職務のレゾン・デートルはその継続性にあり、それは国の基本的活動、集団的需要に対する満足を永続的に確保するためにある。継続性の法則は、国家自体の永続性と根底においては同一であり、したがって公的役務においては争議観念の入りうる余地がないと説かれた(4)。

(2)　また公務員の争議行為は、国の組織に対する混乱を惹起させ、ひいては公的役務を司り、その運営の実質的条件を規律する立法府の権威を危険に瀕せしめる。争議行為は、その動機が何にあるにせよ、「立法府を脅かすための暴力の行使であり、革命行為の遂行であって権利の行使でない」がゆえに政治的なものである。つまり、国民の意思に対する侵害であるゆえに民主々義の原理に反するとされた(5)。

(3)　さらに公務員の争議権禁止の理論的根拠としてもち出されたのは、公務員は国に対する関係で被用者たる地位にあるものではないということである。つまり公務員は労働契約によって国と結ばれているのではなく、公法上の契約によって公務員たる身分を取得している。行政においては、その契約条件につき討議しうべき対立せる二当事者は存在せず、公務員の勤務条件は、公の団体（collectivité publique）により一方的に決定されるべき性格を有している。立法者は予算処置によって待遇を決定する。つまり立法者は、公的役務の利益のために、公の職員の諸利益（avantages）を減じたり、あるいは義務を増加したりしうるわけであり、それに対しては既得権をもって対抗しえない、と主張された。文部大臣スピューラー（Spuller）の一八八七年九月二〇日付通牒(6)は、この立場を最も明確に示すものであり、参事院もまた一貫してこの立場を貫いた(7)。

(4)　最後に、公務員に争議行為が禁止されるのは、公務員が、任命を受諾することにより、「公務の必要より生ずるすべての義務に服し、かつ国家生活に基本的な継続性とあい容れないすべての権能を放棄(8)」したからであると説かれた。すなわち公務員が、かりに他の市民より低い地位におかれているとしても、それは公務員が、公的役務に入ることにより、特定の権利ないし自由を放棄したからであり、個人の利益を上位の一般的利益の法律に服従せしめたからにほかならないというのである。これは先に指摘したウインケル判決の説くところであり、戦前の公務員の争議権に対する判例の態度を示すものとしてしばしば引用される著名な理論であるが、要するに、公務員の争議行為が国家生活の継続性と両立し難いこと、公務員が私法上の労働契約関係に立つものではなく、公法によって規律される規制的地位に立つことを前提とするものである。

以上のごとき理論が骨子となって、単に狭義の公務員の争議権が否定されたばかりでなく、公の職員、さらには、公的役務に従事する被用者の争議権をも否定的に解された。例えば電気、ガス、鉄道等の特許企業の労働者の争議行為すら、「業務の継続性の確保(9)」という理論のもとに争議権は拒否されているとされたのである。

（1）　この点に関しては、一九〇七年のMidi地方の市長達の大量辞職に関する破毀院判決がある。Cour de cass. crim. 6 déc. 1907, S. 1908. 1. 433, note Roux.
（2）　これを肯定する学説は、前記デュギーの見解が唯一のものであり、判例では、後になって一九三四年一二月四日に出されたセーヌ地方裁判所判決が、公務員のストライキに刑法一二三条を適用した唯一の例である。したがって、少くとも当時においては刑法の適用を認める判例は存在しなかった。
（3）　Con. d'État, 7 août 1909, S. 1909. 3. 115. ウインケル判決（Arrêt Winkel）として知られている。
（4）　L. Rolland, La grève des cheminots et les moyens d'y mettre fin, R.D.P. 1910, pp. 740 et s. cité par Jean-Pierre Bouère, Le droit de grève, 1958, pp. 90 et s.
（5）　Berthélémy, Le droit de grève et les fonctions publiques, dans Gide, Le droit de grève, p. 49.
（6）　同通牒はつぎのようにいう。公務員の「公の職務は、職業ではない。同様に俸給（traitement）は、賃金（salaire）ではない。労働者の賃金は、労働と使用者とが合意の上でとりきめうる。それは需要供給の法則の支配する利益の闘争である。双方は国に対して何物も要求しない。それは闘争および競争の自由である。これに反し、俸給は、法律により定められ、それによる以外には変更できない。俸給が低きに失すると思われるときに、国に給与水準の引上げを強制するために、公務員が団結する権利を有し、争議に訴える必要があると誰が主張するであろうか。」（Bouère, op. cit. p. 93）。
（7）　オーリューも公企業は制度であり、労使の対立は、そこでは意味をもたないという（Hauriou, Précis de droit administratif et de droit public, p. 748）。
（8）　ウインケル判決はつぎのようにいう。
「争議行為は、私法上の諸規定によって規律される労働契約の履行中に適法に発生しうる行為であるとしても、それが公務員の間で、共同的な業務の拒否として現われるときは、たとえその行為が刑法の適用により抑圧しえないとしても違法な行為である。公務員は、自己に委ねられた官職を受諾することにより、公的役務の必要性から生ずるすべての義務に服し、かつ国家生活に基本的な継続性とあい容れないすべての権能を放棄したものである。その名称のいかんを問わず公的役務を委ねられた職員が争議行為を行うときは、単に個人的過失を構成するばかりでなく、集団的行為により、各人にとって自己を政府（Administration）と結びつける公法上の契約にもとづく権利行使の保障を目的として制定された諸法命の適用の外にみずからをおくことになる。公的役務の集団的・共同的放棄の場合には、政府は緊急の措置をとり、かつ直接的な代替の措置をとる……」（Arrêt Winkel, Con. d'État, 7 août 1907, S. 1909. 3. 115.）。

(9)　特許契約により、公的役務を遂行する企業は、大部分が独占によって営まれている。かかる独占（競争の排除）が、当該企業体に委任した役務の継続性の確保を義務づける（オーリューは、「無限の独占は無限の義務の沿源となる」という）。したがって、特許企業の被用者は、私法上の労働契約により使用者と結びついているとしても、業務の運営につき使用者と連帯性を有し、労働契約は、強く特許行為（acte de concession）により影響を蒙り、一般法をこえる義務が要請されている。したがって規制すべき法令が存在しないとしても、争議権は拒否されているとされた（Affaire Cie nouvelle du Gaz de Devillelez-Rouen, Con. d'État, 10 janv. 1902, S. 1902. 3. 17. 参照）。

四　このような公務員の団結に対するきびしい法的評価にもかかわらず、公務員の組合は、事実上着々と発展していく。とくに、戦時中、労働者の団体が政府より協力を求められたという事情や戦後の生活難とあいまって第一次大戦後の公務員の組合活動は一層の盛り上りを示した。友愛会（社団）の形式をとっていた公務員の団体は、政府の抗議にもかかわらず続々と職業組合の形態に衣替えし、逓信連盟、税関吏連盟、地方公共団体職員連盟等は、あいついでCGTに加盟した。

しかし一九二〇年五月のCGTのゼネスト失敗以来、政府は公務員の組合に対しても弾圧に転じ、同年、公務員の身分を定める法案を提出し、政治的目的の結社でないかぎり職業的団体の結成を認めるが、その団体が自己以外の団体に加入すること、および争議行為に訴えることを禁止しようとした。これに対して公務員は一斉に立上り、「職業組合を破壊し去るに等しいかかる退歩逆行の措置」に反対するとともに、労働協約締結権をも含む団結権を要求して、反対闘争をくりひろげた。政府は、闘争の主だった指導者を規律違反として取締り、官吏団体総連盟の解散命令を発したが、後者は服従を拒否し、政府の法案も流産に終った。

一九二四年のエリオ内閣成立とともに事情は一変する。首相は就任に際し、行政改革は公務員の協力なくしては成就できない旨を明らかにし、「政府は公務員の職業的組織を禁止しない、政府は公務員に組合結成権を与える、しかし国民の利益に反する公務員の集団的行動の場合には、従前政府が行使し、法律または判例上有する政府の諸権利を放棄するものではない」との声明を発表し、争議行為を除く公務員の団結が合法であることを明らかにしたのである。政府（内務大臣）は、さらに同年九月二五日に県知事宛に通牒を発し、公務員の地方組合と、県知事との間に正規の恒常的交渉関係が樹立されることを要望し、公務員の組合の合法性を事実上承認する措置をとった。(1)かくのごとく、公務員の団結は、従来の黙認から行政当局による一般的な容認へと変り、若干の官庁では、組合の書記に専従のための有給休暇を認めるほどに大きく変貌するにいたった。すなわち、裁判所の一貫した敵意のある態度にもかかわらず、公務員の組合は、事実上強固な地位を獲得し、一九二五年には、公の機関である全国経済会議(Conseil national économique)の正式の委員として、全国官吏連盟の代表者が任命されるまでに社会的な勢力として生長するにいたった。

(1)　公務員の組合は、司法・行政両裁判所が依然としてこれを違法と宣言しているにもかかわらず（例えば判例の代表的なものとして、司法裁判所ではCour de cass. 4 mai 1913, S. 1913. 1. 345を、行政裁判所では、Con. d'Etat, 13 juillet 1922, S. 1922. 3. 1をあげることができる。）、政府によって事実上承認せられた。一九二五年、時の内務大臣ショータンは、議員の質問に答えて、この状態をつぎのように述べている。「公務員の職業組合の合法性と正当性とを区別することを要し、政府が肯定しているのはその正当性に関してであり、参事院の判決は毫もその意見に変更をおよぼしえない。これに反し、組合の合法性に関しては、現在のところ、参事院および〔司法〕裁判所のみが決定しうる」（須貝・前掲書一一六頁）。

五　さて、さきに公務員の団結権の問題が、判例においても、商工業的性格を有する公的役務に従事する者と、しからざる者とに分けられ、前者については肯定的に解され、後者については否定的に解された旨を述べたが、そのそもそもの発端は、一八八四年法の解釈に存した。すなわち同法は、職業組合結成の要件の一つとして、「職業組合は専ら経済的、工業的、商業的、農業的利益の擁護」を目的とすると規定している。破毀院は、工業的以下の文言は、経済的利益の具体的列挙と解し、したがって商工農業以外の経済的利益を追求する者（例えば自由業に属する医師）には一八八四年法の適用はないとした。(1) したがってこの結論から、国または地方公共団体に勤務する職員で、工業的、商業的、農業的業務に従事する者は、一八八四年法の適用をうけ、組合の結成が認められるが、それ以外の公務員は組合結成権が否定せられるということになる。具体的には国営工場においてタバコ、マッチ、火薬、貨幣、陶器、織物等の製造に従事する者、および鉄道従業員が団結権を享有することになるのである。

しかし間もなく、収益を伴う国の事業の労働者については、私企業の労働者と取扱いを異にする必要性が認められないということから、一八八四年法の適用範囲が郵便、電信、電話事業の従業員に拡大し、さらには、公務員を、本来の意義における公務員と労働者従業員、あるいは権力的公務員（fonctionnaires d'autorité）と管理的公務員（fonctionnaires de gestion）(2) とに分け、公権力の一部を保有しない純粋に技術的、執行的事務に従事する公務員には組合の結成を容認すべきであるとの理論により、公務員の組合結成権の枠は、さらに自由職業的性格を有する者、すなわち教員、技師、下級職員等に一層のひろがりをみせたのである。

しかも判例は、一方において、一貫して公務員の組合を違法としたとはいえ、一九〇一年法による結社としての存在を認め、単に福利厚生のみならず、広く職業的利益の擁護を目的とする公務員の団体も、社団としては合法と判断するにいたった。それのみならず、かかる公務員の団体の連合（社団の社団）の合法性をも肯定し、さらに公務員の団体が、自己の名において、その構成員に法律上保障された事項（例えば任命、罷免、異動、昇進、懲戒）に関する決定の適法性を争って訴を提起する権限を認め、[3] あるいは公務員の身分の得喪に関する事項だけにかぎらず、金銭的利益に関するものであっても、その決定が法規に違背するときは、公務員の団体が職業的利益の擁護者として自己の名において訴訟を提起することを認めた。[4] したがって、結局は社団に職業組合の有する機能を認めたことになり、判例も団結権の保障へと一歩近づいていく傾向を示したのである。[5]

（1）Cour de cass. 27 juin 1858, D. 1886. 1. 137.

（2）この権力的公務員と管理的公務員との分類は、元来、行政裁判権の争いとして、つまり行政裁判所か司法裁判所かという裁判管轄の問題として行政法上論ぜられたことがらである。労働法上はこの観念が基礎となって本来の公務員と、労働者従業員という区別が生じている。

（3）Con. d'État, 11 déc. 1908, S. 1909. 3. 17.

（4）Con. d'État, 17 janv. 1913, Revue de droit puplic, 1913, p. 532.

（5）一九〇一年法による結社と、一八八四年法による職業組合とでは、財産取得能力と訴訟当事者能力との点で差違があると考えられていたから、公務員の団体をこのように取り扱うことで実質的に職業組合の方向に近づけたと評価することができる。

六　このような公務員の団体の事実上の発展は、当然になんらかの形での立法的な解決を要請する。先に一言した一九〇七年の公務員法草案は、公務員の団体を一九〇一年法による結社として承認しようとしたこと、公の職員の争議行為を全面的に禁止しようとした点で公務員側の猛烈な反対を蒙ったが、組合結成権の面では、公務員を単純な労務を行う者と行政行為を行う者とに分け、前者には組合の結成を認めようとするものであった。同法案は成立するにはいたらなかったが、一九一一年に提出された法案は、公権力を行使する以外の者には職業組合結成の権能を認めようとする点を骨子としていたし、また一九一九年に提出された法案（同じく一八八四年法の改正法案、一九二〇年法となって結実）審議の際、従来の権力的公務員と管理的公務員との区別を排除して、とくに具体的に列挙したもの、すなわち現役軍人、警察職員、司法官、県知事等を除いて、すべての公務員に職業組合の結成を認めようという動きもみられた。ただし、同法では「公務員の身分に関しては別に法律で定める」（一四条）と抽象的に規定されただけにとどまり、解決は将来に延ばされた。

その後一九三六年の人民戦線内閣のとき、ブルム首相は公務員に団結権を認める法案を提出したが不成立に終り、第二次大戦中のヴィシー政府のときに始めて公務員の団体を規制する明文の法律（一九四〇年一〇月一五日法）が制定された。一九四〇年法の骨子はつぎのとおりである。

(1) 同法は、権力の行使に直接参加する者を除き、広く公務員に職業団体（associations professionnelles）の結成を認める。ただし職業団体は、同一の行政における同種の官職を占める者の間でのみ組織しうるものとし、各行政における官職の分類は命令で定めることとした。

(2) 団体の役員は、現職の公務員でなければならず、役員は所属の大臣により承認されることが要件となっており、かつ五年以上は役員の地位にとどまることができない。

(3) 各団体は、同一行政の内部でしか連合体を結成しえないし、また結成に際しては所管大臣の承認が必要とされた。この措置は、国の権威を失墜せしめるほどに強力な総同盟の設立を避けるためになされたものであるといわれている。

(4)　公務員の団体は通常の職業組合と同様に許可なしに目的遂行に必要な財産を取得し、相互扶助を行い、訴訟当事者能力を有する。

(5)　公務員の団体は、行政組織や公的役務の運営を改善するための請願を提出する権限を有し、所管大臣もまた公務員の団体に対して意見を求めうる。

(6)　公務員の団体の活動が国の利益に反し、または法が認めた目的と異なるときは、命令により解散させ、かつ役員および組合員の刑事責任を問うことができる。

かくのごとく、行政上の解散と違反に対する刑事罰を規定する点で、同法は極めて権威主義的な要素を含んでおり、このイデオロギーは、かの全体主義的な労働憲章（Charte du travail）にそのままつながるものであった。しかし、同法は、一九四三年九月二日および一九四四年八月九日の命令により無効とされ、公務員の団結権の問題は、解放後、新たな構想の下に出発し直すことになった。

公務員の団体の合法性はもはや論ずる余地がない。一九四五年一〇月九日の常設行政審議会（Conseil permanent de l'administration civile）設置法は、一六条において、公務員組合連合による若干の委員の選任を規定し、黙示的に公務員の組合の合法性を容認し、また一九四六年二月一五日法は、同じく、定員問題についての諮問機関に、公務員の職業団体（organisations syndicales）の代表者を送りこむことを認めた。

このような事実を基盤として一九四六年一〇月一九日法（国家公務員法）および、一九五二年四月二八日法（地方公務員法）が制定され、それぞれ第六条および第二条において、明示的に公務員の組合結成権を認める旨の規定がおかれ、約六〇年の長きに亘って判例学説により熱心に論ぜられた公務員の団結権問題に終止符がうたれた。

その後ドゴール政権の樹立とともに一九五九年二月四日命令（Ordonnance du 4 fév. 1959）により、一九四六年一〇月一九日法は廃止されたが、公務員の団結権保障に関する一九四六年法第六条は、一九五九年法第一四条にうけつがれ今日にいたっている。

以下、公務員の団結権の問題を中心に、公共労働者の団結の実定法上の保障を、組合結成権、団交権、争議権の順序で分説することにしよう。

三

一　今日のフランスにおける団結権保障の問題は、「何人も、組合活動を通じて、自己の権利と利益とを擁護することができ、また、自己の選択によって組合に加入することができる」という第四共和国憲法前文の規定から出発する必要がある。この規定は、「フランス人民は、一七八九年の権利宣言により定められ、一九四六年憲法前文により確認され補完された人間の権利と国民主権の原理への愛執を厳粛に宣言する」という一九五八年の第五共和国憲法前文により、今日にも受けつがれているとされているからである。

このようにフランスにおいては、すべての労働者に団結権を保障することが基本的なたてまえとなっている。かかる憲法上の保障を具体化するものとして、国家公務員に対しては一九四六年法(現在では一九五九年命令)、地方公務員に対しては一九五二年法により、明文の規定をもって職業組合権 (droit syndical) が認められている。したがって従来争いの多かった公務員の職業組合結成・加入の問題は立法的な解決をみたわけである。

一九四六年法は、軍隊と裁判官および商工業的性格を有する官公署・公的役務および公共営造物の職員をその適用から除外し、同じく一九五九年命令は、裁判官と商工業的性格を有する官公署・公的役務および公共営造物の職員をその適用から除いている（同命令一条二項）が、このことは、いうまでもなくこれらの者は、一般公務員法の適用をうけないというだけの意味をもつにすぎず、団結権の保障とは別個の問題である。

また後述するごとく、憲兵、警察官、監獄の看守の争議権は、それぞれ特別法によって否定されているが、争議行為の禁止が職業組合権の自由な行使（libre exercice du droit syndical）を侵害するものでないことは、同じ特別法中の明文の規定によって示されているところである。[1] したがってフランスにおいては、組合結成権に関するかぎり、公務員、公共労働者、民間労働者の区別を問わず、すべての労働者に全面的に認められているということができる。

さて、一九五九年命令（旧一九四六年法）第一四条は、公務員に職業組合権を認める旨を規定し、原則として公務員の組合を労働法典第三巻の職業組合に関する普通法の原則に服せしめる。すなわち公務員の組合は、民間労働者の組合の場合と同様にすべての裁判上の当事者能力が認められ、[2] とくに公務員の地位に関する規範行為や公務員の集団的利益を侵害する個別的決定に対しては行政訴訟を提起できる旨が注意的に規定されている。一九五二年法は、四六年法より一層明確な形で公務員の団結権の法認を規定している。すなわち同法第二条は、組合への加入または不加入は、任用、昇進、配属、その他一般的に公務員の地位に関し、いかなる結果をも惹起してはならない旨を明記し、判例が築き上げてきた労働契約の面での団結権保障の原則を地方公務員法に導入している。このように公務員の組合も、今日では一般労働法の原則の下におかれているが、二、三特記すべき点を掲げるとすれば、つぎのとおりである。

(1)　公務員の組合は、設立後二カ月以内に、規約と組合役員氏名とを所属長に届出なければならない[3]（四六年法六条二項、五二年法二条三項、五九年命令一四条二項）。

(2)　組合役員が、組合大会や組合の機関の会合に出席するために欠勤した場合は、有給休暇の算定に際し、出勤したものとして扱われるという便益をうける(四六年法八八条二項、五二年法四七条二項)。また委任された組合業務を遂行するために、派遣（原職復帰が認められる）の取扱いをうけることができる（四六年法九九条五号、五二年法五九条)(4)。

(3)　高等行政審議会（Conseil supérieur de la fonction publique）および混合技術委員会（comité technique paritaire）の委員には、組合のみが代表者を送りうる。すなわち一九〇一年法による結社では各種の諮問機関にそのメンバーを送りこむことができなくなったわけである。したがって、かつては大部分の公務員の団体がとっていた社団形式は、もはやなんらの実益も存しなくなった。

（1）　例えば監獄の看守の争議行為を禁止する一九五八年八月六日命令第二条。
（2）　ただし、公務員の組合は、その組合員に代って個人的不服の対象となっている行政庁の決定に対し訴を提起できない。ただ関係当事者の提起した訴訟に参加しうるにすぎない。
（3）　一般の組合の場合には、組合が設立された地の市町村役場に、組合規約と組合役員の氏名とを届出ることが組合結成の要件となっている。規約または役員を変更した場合も同じ。
（4）　五九年命令には、この種の規定がみられないが、既得権としての取扱いがなされているものと思われる。

二　フランス労働法では、わが国の場合と異り、団体交渉という特別な法的概念は存在しない。しかし職業組合権（droit syndical）の中には、組合の結成・加入と並んで使用者と交渉する権能も当然に含まれているから、公務員をも含めて公共労働者に大幅な組合権の保障がなされていることは、同時に、大幅な団体交渉が認められているということになる。ただし一九五〇年法により、公企業（entreprises publiques）であって、職員の身分が特別の法令で定められているものは、同法（労働協約法）の適用から除外されている（労働法典第一巻第三一条）。したがってこれらの企業の被用者は、協約締結権を有せず、そのかぎりで団体交渉権の制約をうけているということができる。公企業の定義づけは極めて困難な旨が学説によって指摘されているが[1]、立法的には、協約法の適用から除外される公企業の名称は、命令で定めることとし、一九五〇年六月一日命令が、具体的にこれを列挙することにより解決している[2]。これらの公企業の被用者に協約能力が否定されている理由として余り明確な解答を見出すことができなかったが、五〇年法の審議過程から推察すると、公企業の被用者の労働条件その他を規定する特別の身分法（職員法）の制定に際し、組合代表と理事者より成る混合委員会において審議がつくされ、当該特別法令は、実質的に協約に等しいものであるからという単純なことであるらしい[3]。しかし、このことも、元来フランスにおいては協約が労使当事者だけで成立するという慣行が少なく、昔から、第三者（市長、労働局長、労働監督官等）の斡旋によったり、仲裁によって成立する場合が多く、賃金なども協約によってきまるというよりは、最低賃金法によってきまるといってもよい位、協約と法令による決定とが密接しているというフランスに固有の労働関係の風土を抜きにしては簡単にコメントできないことがらである。

協約法の適用を外されている公企業においても、同種の職業ないし産業における最も代表的な職業団体の締結した協約が、所定の拡張手続によって効力の拡張をうけたときは、当該協約の適用をうけるようになっている。

（1）　公企業には公共営造物（établissements publics）と国有化事業（établissements nationalisés）とが含まれるとされているが、この場合の国有化事業とは、半官半民の株式会社を指すようである。V.G. Bohn, Conventions et conflits collectifs du travail, 1950, p. 87.

（2）　一九五〇年六月一日命令の掲げる公企業のリストはつぎのとおりである。フランス銀行、アルジェリヤ・チュニジヤ銀行、フランス航空、パリ空港、フランス国有鉄道、アルジェリヤ鉄道、地中海・ニジェール鉄道、コルシカ鉄道、トランスアトランチック会社、メッサージュリー・マリティム会社、フランス石炭公社、南オラン炭鉱、バッサン炭鉱アルザス・カリ鉱業、石油専売公社、アルジェリヤ石油開発会社、鉱山社会保障金庫、国営移民事務所、国営余剰物資販売公社、フランス・ガス公社、アルジェリー・ガス電気公社、フランス電気公社、フランス海外中央金庫。

(3)　実際問題としても、これらの公企業が協約法の適用を外されているかどうかは、現実の労使関係に大した影響を与えていない。現に、組合代表と経営担当者との間では、常に団交が行われ、一定の協定が結ばれる。ただその協定は、政府・組合・消費者代表からなる理事会を通過しなければならないようになっており、とくに賃金協定については、所管大臣(例えば炭鉱であれば商工大臣)の承認をえなければならない。通常、公企業は大蔵大臣の監督下に運営されており、賃上げにより赤字を出せば補助金をうけなければならないことから、少なくとも最終的な権限は、実質上大蔵大臣がもっている。政府はインフレ対策上、公企業の従業員の賃上げを極力抑えようとかかっているために組合運動は、直接、政府の権力に立向かっていかざるをえないわけである。公企業において特別の法令により従業員の雇用条件や身分保障がなされているといっても、それは、右のような長い政治的経済的交渉の過程の終点(頂点)を示すものにはほかならないのである。この意味から公企業の被用者の雇用条件を定める法令は、実質的には協約、あるいは協定(protocol)であるといわれているのである。

三　第四共和国憲法前文は、「争議権は、それを規律する法律の範囲内で行使される」と規定している。憲法議会における審議に際しては、公務員に対して例外を設けようとする主張と、公務員をも含むことを明記しようとする主張とが対立したが、結局、権利宣言の一般原則から、とくにある種の職業に従事する者を除外することは正当でなく、公的役務の機能を確保する必要性が出てくるかも知れないが、それは将来の立法者に委ねるべきであるということに落ち着いた。

この趣旨をうけて、今日では一九四七年一二月二七日法(1)により憲兵(Compagnies Républicaines de Sécurité)の争議行為が、一九四八年九月二八日法(2)により警察官(police)の争議行為が、また一九五八年八月六日命令(3)(ordonnance)により監獄の看守（personnels des services extérieurs de l'administration pénitentiaire）の争議行為が禁止されている。

これらの者以外については、今日では争議行為を規制する立法は存在しない。したがって、一九四六年の一般公務員法(現在の一九五九年命令)、あるいは地方公務員に関する一九五二年法が、争議権について沈黙を守っているとはいえ、公務員の争議権は容認されているというのが一般の見解となっている。このことを明確にしたのが、一九五〇年七月七日のドゥエーヌ判決（Arrêt Dehaene）(4)である。同判決は、かつて公務員の争議行為を違法としていた前記ウインケル判決を一変し、

(1)　公共団体職員にも争議権はある、

(2)　特別法が存在しない場合でも、一般国民の利益保護上必要ある場合には争議権を制限しうる、

(3)　現行法のたてまえとして、公的役務の運営につき責を負う政府は、本来の機能として争議権制限の性質および範囲を決定する権限をもつ、

(4)　政府は、その争議行為が公益に重大な損害を与えると認めるときは、争議の禁止を命じうるし、関係者がこれに従わないときは懲戒処分をなしうる、

(5)　政府の裁量に対しては判事は統制権限をもつ、すなわち争議のおよぼす結果と政府の行政措置との均衡に裁判所は介入しうる、

という原則を樹立したものである。

すなわち「法律に明文の規定がない場合でも、公的役務における争議行為は当初から違法」であるとしていた従

来の判例の立場をみずから放棄して、原則的に公務員は争議権をもつことを前提としながら、「争議権は法律の規律する範囲内で行使されると憲法前文に規定することにより、憲法議会は、争議がその態様の一つである職業利益の擁護との間に必要な調整を図るよう立法者に命じている。」、特別法による「争議規制が存しない場合でも、争議権の承認は、他のすべての権利におけると同様に、濫用を避け、もしくは公の秩序の必要性に反しないように、争議権に附さるべき制限を排するものではない。」と判示し、公的役務の場合には、裁判所の統制の下で、政府が公務員に対して争議権制限の性質および範囲を決定する権限をもつことを認めた。(5)

争議行為を理由に制裁をうけた公務員は、行政訴訟を提起しうるし、また前記の両公務員法により、組合自体も公務員の集団的利益を害するような措置ならびに決定に訴を提起しうるようになっており、判例のつみ重ねにより公務員の争議行為の正当性の範囲が形成されていくわけである。(6)

このように今日のフランスでは、憲兵、警察官、監獄の看守を除き、公務員をも含めてすべての労働者に争議権が認められており、これを制約する特別の立法は存在しない。しかし、公共労働者あるいは公益事業の労働者の争議行為に対しては、しばしばレキジション(徴用)法が発動せられ、事実上争議権を抑圧する機能を果していることを最後に指摘しておこう。レキジション法（一九三八年七月一一日法）は、元来、戦時、外敵の侵入という国家非常事態に際して、「国の必要を確保するのに欠くべからざる役務または企業に従事する個人またはその団体」を一時的に徴用しうる旨を規定する法律である。一八七七年七月三日法による軍事徴用と対比して民事徴用と呼ばれている。(7)同法は、戦前ダラディエ内閣のときのゼネスト（一九三八年一一月三〇日）の際に発動せられたことがあるが、戦後は、政府のスト禁止の宝刀として、重要な争議の際にしばしば発動せられている。(8)同法は、本来、限時法であったが、戦後、四回にわたって効力が延期され、遂に一九五〇年二月二八日法により限時法でなくなった。同法違反の

場合は、六月以上五年以下の懲役および一二万フラン以上七二〇万フラン以下の罰金もしくはいずれか一つを課せられる。(9)

(1)　一九四七年一二月二七日法第六条はつぎのように規定する。「職業組合権は、憲兵の司令官、将校、下士官、兵にも認められる。ただしこれらの者は争議権を有しない。すべての業務の共同的または非共同的停止は、官職の放棄とみなされ、かつ処罰せられる。」

(2)　一九四八年九月二八日法第二条はつぎのように規定する。「職業組合権の行使は、憲法および一九四六年一〇月一九日法第六条の定める条件内で認められる。すべての業務の共同的停止、すべての不服従的性格をもった集団的行為は、身分保障の範囲外において制裁せられる。」

(3)　一九五八年八月六日命令はつぎのごとく定める。

第二条「本命令は、職業組合権の自由な行使を侵害するものであってはならない。」

第三条「すべての業務の共同的停止、監獄の看守のすべての集団的不規律の行為は禁止せられる。右の行為が公の秩序を侵害する場合には、身分保障の範囲外において制裁することができる。」

(4)　Con. d'État, 7 juillet 1950, D.H. 1950, p. 541. 本件は、アンドル・エ・ルワール (Indre-et-Loire) 県庁の課長ドゥエーヌが、政府の争議禁止の命令に反して争議行為を行い、解雇されたことから、命令の無効を主張して行政訴訟を提起したものである。裁判所は「県庁行政の運営を危殆に陥入れるがごとき争議行為は、その理由のいかんを問わず公の秩序に重大な攻撃を加えるものであり、かかる場合には、政府は県庁課長の争議行為を禁止しうるとして請求を棄却している。

(5)　したがってこの判決により、具体的には県庁の課長クラスの公務員の争議行為は禁止しうるという争議権に対する一つの限界が判例法上確立されたことになる。

(6)　労働者側は、憲法前文が、「争議権はそれを規律する (qui le réglementent) 範囲内で行使される」と規定し、「それを規律するであろう (qui le réglementeront……) 範囲内……」と規定していないことを指摘し、参事院は立法による規律を拡張して解釈しているという。すなわち争議権の行使を制約しうるのは立法権であって政府でなく、争議権を規制する立法の欠如は、争議権尊重の国民の意思の表現以外の何物でもないという。S. Laby, La grève des Fonctionnaires, Le droit ouvrier, No. 137-138, 1959, pp. 371 et s.

(7) 外尾「フランスにおける強制仲裁制度」(レファレンス四七号、九八頁) 参照。

(8) 例えば一九五二年三月の電気・ガス・鉄道のストの際には、四万通が発せられ、同年八月のゼネストの際にも大量に発せられたといわれている。しかしそのとき鉄道労働者は、令状を集めてたき火をし、八月のゼネストの際にも労働者達は令状を市役所や役場に返還したと報ぜられている(服部「フランスのゼネストを解剖する」(「世界の労働」一九五三年九号))。

(9) ただし、一九五三年八月六日法により、一九四七年一月一六日から一九五三年四月一日までの間レキジション法違反の罪は特赦された。総じて政府は、しばしばレキジション法を発動するが、厳格な適用は差控えているようである。なお、レキジション法の違憲訴訟が組合側から、司法・行政両裁判所に提起されたが、いずれも労働者側の敗訴に終っている (Trib. de Seine, 18 et 27 mars 1950, Gaz. pal. 1950 1-276; Con. d'État, 10 nov. 1950, Sirey Juris. 3-10 1950.)。

二　フランス国家公務員の労働者性

一

一　フランスでは、国家公務員については、一九四六年法（現在では一九五九年命令）によって組合結成権が認められており、争議権も、後述するような一定の制約が付されているとはいえ、原則的には法認せられているといってよい。しかし公務員がこのような団結権の保障を獲得したのは第二次大戦以後のことであり、その道は、決して平坦なものではなかった。すなわち、団結権を容認した一八八四年法が、公務員の組合の出現を予想していなかったところから、公務員の団結、あるいは争議行為の合法性の評価をめぐって数多くの判例学説が対立し、当初はむしろその違法性を主張する見解の方が主流的な地位を占めていたのである。公務員の団結が、初期においては、いかなる理論的根拠に基づいて違法とされていたのであるか、それが第二次大戦後は、どのような理由によってくずれ、公務員の団結の合法性が確立せられるようになったのであるか、今日のフランスでは、公務員の争議行為は、原則として自由であるとはいえ、いくつかの規制をうけているが、それはいかなる理由によるものであるか、本稿では、こういったことがらを検討することにより公務員の労働者性の問題を考察していくことにする。

二　本論に入る前に、フランス法における公務員（agents publics）の概念について若干の説明を加えておく必要がある。

フランスで公務員という場合には、わが国と異なって、国から給与をうけている者一般を指すわけではなく、国から給与をうけていても私法上の雇用関係に立つ者は含まれない。公務員とは、国の直接管理する公的役務に協力する者であって公法の一般原則が適用される者のみを指すのである。

公務員は、さらに官吏（fonctionnaire public）と官吏以外の職員とに分かれる。官吏とは、「行政上の公的役務の履行に恒久的資格で協力する者」[1]をいう。したがって官吏たりうるためには、第一に、行政上の公的役務に関与する者であることが必要であり、商工業的性格を有する役務に従事する者は官吏から除外される。第二には、恒久的な官職を恒久的に占めることが必要である。それゆえ国が雇用する職員であっても、臨時職員(temporaires)や代理職員(interimaires)、徴用職員(requis)は官吏には含まれない。第三に官吏の資格を有するためには、任官(titularisation）によって一定の職団（cadre）に編入されることが必要である。したがって補助職員（auxiliaires）や見習職員(stagiaires)、私法上の契約による労務者または雇員は官吏の資格を有しない。

官吏の一般規程に関する一九四六年一〇月一九日法およびこれに代る一九五九年二月四日命令は、官吏のうち、裁判官、軍人、企業官庁の役員および会計職員、並びに技術専門職員等の契約による官吏をその適用より除外している。これらの官吏については、それぞれ特別法が適用されるようになっているのである。

フランス法における公務員[2]の概念は、以上のようなものを内包することを前提として、公務員と団結権との関連を考察していくことにしよう。

（1） Encyclopédie Dalloz, Droit administratif, p. 117.

（2） 公務員には、このほか市町村の公吏および市町村の営造物の職員などの地方公務員が存在するが、ここでは除外する。本稿で単に公務員という場合には、国および県の官吏並びに職員——国家公務員を指すことにする。

二

一　公務員の団体は、古くから友愛会、共済会として存在していたが、それが職業組合（syndicat professionnel）の形式をとって利益擁護のための活動を開始したのは一八八四年法（団結権を法認する立法）以後のことである。民間産業の組合運動に呼応して、まずタバコ、マッチ、火薬等の国営企業の従業員が一八八七年より数年間に亙って地域別の組合およびその連合組織を結成したのを初めとし、初・中等学校教員、逓信従業員、国鉄従業員の組合が各地に結成された。

このような一八八四年法の予想しなかった公務員の団結を容認すべきか否かについては、主務官庁ごとにその取扱いを異にし、若干の動揺を示したのであるが、やがて一八八四年法の解釈として鉄道従業員や国営工場の従業員等商工的性格の公役務に従事する者には、私企業同様同法を適用すべきことが主張され判例も間接的にこの立場をとるにいたって(1)、公務員の団結権の問題は、以後国営の商工的事業に従事するものと、国家の統治作用に関連する公務にたずさわるものとの二者に区別されて論議されるようになった。そして間もなく、収益を伴う国の事業の職員については、私企業の労働者と取扱いを異にする必要性が認められないということから、郵便、電信、電話等の事業の従業員にも一八八四年法を適用すべきことが主張され、さらに学説では、公務員を、本来の意義における公務員と労働者従業員、あるいは権力的公務員（fonctionnaires d'autorité）と管理的公務員（fonctionnaires de gestion）

とに分け、公権力の一部を保有しない純粋に技術的、執行的事務に従事する公務員には組合の結成を容認すべきことが主張された(2)。

しかし司法・行政裁判所は、いずれも一致して公務員の組合を違法とし、ただ一九〇一年法による社団の結成のみを容認した。判例が公務員の組合結成を違法とした理論的根拠を整理すればつぎのとおりである(3)。

(1) 立法者が職業組合を容認したのは「労働と資本との関係の全体を自由に討議しうる私人の利益の代表者に対してであって、一般の利益の代表者である公務員に対してではない。……公務員は、私法と全く異なった固有の制度をもつ(4)」。すなわち公務員は、一般の労働者と異なり、労働契約を締結するものではなく、公法上の契約により公務員たる地位を取得し、特別の官吏法に服するがゆえに一八八四年法の適用をうけない。

(2) また判例は、「公務員は、その官職を受諾することにより……一八八四年法一条の規定する争議権のごとき若干の権能を放棄している。それは公的役務の運営に不可欠の継続性と両立し難い(5)」として、争議権が否定されるがゆえに、違法争議を惹起し易い公務員の組合の結成は否定さるべきであるとした。

(3) さらに組合の結成を否定する論拠の一つとして主張されたのは、組合の結成が、行政の基礎をなすヒエラルヒーの原理を混乱させるということである。つまり、民間の労働者は、使用者に対する関係で各人の利益の自由な討議が認められるといういわば契約的地位にあるが、公務員は純粋に規制的 (réglementaire) な地位にある。すなわち下級者は、上級者から受取る命令を討議することが認められていないし、また上級者に対してその地位の改善のために圧力をかけることが認められない。公務員に団結を認めることは、公務員がその団結体から指令をうけること、そして上級者よりはその団結体に服することを認めるものである。

(4) 一方、職業組合の結成を公務員に認めることは、当然に職業組合の総同盟への加入を認めることになる。このことは公の団体の職員と私企業の従業員との間に階級的連帯性を認め、ひいては民間労働者の要求に公務員の支援を与えることになる。したがって公務員の組合は、職務としての公的作用を労働紛争の中にひきこむ危険性を有する。

以上の諸点から公務員の組合は違法と判断せられたのである。

二　このように判例が一致して公務員の組合を違法とする以上、公務員の争議行為については、より厳しい法的評価がなされたであろうことは容易に推測されることがらである。

刑法典には、直接、公務員の争議行為を予想して設けられたものではないが、ともかく公務員の業務の放棄を処罰する規定（刑法一二三―一二六条）が存在する。すなわち公務員の「法律、その執行または政府の命令に反対する協同の行動」および「司法または行政の管理遂行を妨害または停止する目的または結果を有する辞職をなすべき謀議」は、これらの法条によって処罰されることになっているのである。しかしこれらの刑法各条が共同辞職に適用されることは疑いない(6)としても、辞職の意思なくストライキを行う公務員に適用されるかどうかは疑問とされ、学説判例のほとんどはこれを否定的に解した。しかしながら学説判例の大部分は、公務員の争議行為は、服務規律違反という点で違法であるとする。したがってストライキを行う公務員は、自己を「法律の外」におくものであり、懲戒に関する通常の保障の便益をうけることができないとされた(7)。

その論拠はつぎのとおりである。

(1)　第一は、公務員の職務の継続性（continuité）を争議権禁止の理論的根拠とするものである。すなわち公務員の職務のレゾン・デートルはその継続性にあり、それは国の基本的活動、集団的需要に対する満足を永続的に確保するためにある。継続性の法則は、国家自体の永続性と根底においては同一であり、したがって公的役務においては争議観念の入りうる余地がないと説かれた。

(2)　また公務員の争議行為は、国の組織に対する混乱を惹起させ、ひいては公的役務を司り、その運営の実質的条件を規律する立法府の権威を危険に瀕せしめる。争議行為は、その動機がなんであれ、「立法府を脅かすための暴力の行使であり、革命行為の遂行であって権利の行使でない」。つまり、国民の意思に対する侵害であるがゆえに民主主義の原理に反するとされた。(8)

(3)　さらに公務員の争議権禁止の理論的根拠としてもち出されたのは、公務員は国に対する関係で被用者たる地位にあるものではないということである。つまり公務員は労働契約によって国と結ばれているのではなく、公法上の契約によって公務員たる身分を取得している。行政においては、その契約条件につき討議しうべき対立せる当事者は存在せず、公務員の勤務条件は、公の団体 (Collectivité publique) により一方的に決定されるべき性格を有している。立法者は予算処置によって待遇を決定する。つまり立法者は、公的役務の利益のために、公の職員の諸利益 (avantages) を減じたり、あるいは義務を増加したりしうるわけであり、それに対しては既得権をもって対抗しえない、と主張された。文部大臣スピューラー (Spuller) の一八八七年九月二〇日付通牒(9)は、この立場を最も明確に示すものであり、参事院もまた一貫してこの立場を貫いた。

(4)　最後に、公務員に争議行為が禁止されるのは、公務員が、任命を受諾することにより、「公務の必要より生ずるすべての義務に服し、かつ国家生活に基本的な継続性とあい容れないすべての権能を放棄(10)」したからであると説かれた。すなわち公務員が、かりに他の市民より低い地位におかれているとしても、それは公務員が、公的役務に入ることにより、特定の権利ないし自由を放棄したからであり、個人の利益を上位の一般的利益の法律に服従させたからにほかならないというのである。これはウインケル判決の説くところであり、戦前の公務員の争議権に対する判例の態度を示すものとしてしばしば引用される著名な理論であるが、要するに、公務員の争議行為が国家生活の継続性と両立し難いこと、公務員が私法上の労働契約関係に立つものではなく、公法によって規律される規制的地位に立つことを前提とするものである。

以上のごとき理論が骨子となって、単に狭義の公務員の争議権が否定されたばかりではなく、公的役務に従事する被用者の争議権も否定的に解された。例えば電気、ガス、鉄道等の特許企業の労働者の争議行為すら、「業務の継続性の確保」(11)という理論のもとに違法とされたのである。

三　このようなきびしい法的評価にもかかわらず、公務員の組合は事実上着々と発展していった。とくに第一次大戦後、公務員の組合は一層のもり上がりを示し一九二四年には、時のエリオ首相をして「政府は公務員の職業的組織を禁止しない。政府は公務員に組合結成権を与える。しかし国民の利益に反する公務員の集団的行動の場合には、従前政府が行使し、法律または判例上有する政府の諸権利を放棄するものではない」と声明させるにいたったのである。政府(内務大臣)は、さらに同年九月県知事宛に通牒を発し、公務員の地方組織と県知事との間に正規の恒常的交渉関係が樹立されることを要望し、公務員の組合の合法性を事実上承認する措置をとった。(12)このようにして政府の公務員の団結に対する態度は、従来の黙認から一般的容認へと変わり、若干の官庁では、組合の書記に専従するための有給休暇を認めるほどに大きく変貌するにいたった。公務員の組合は、一九二五年には、公の機関である全国経済会議の正式の要員として全国官吏連盟の代表者が任命されるまでに社会的な勢力として成長した。一九三三年にはCGT八八万四千人の組合員中四〇%を公務員が占めたのである。(13)

以上のような公務員の組合の事実上の発展は、当然になんらかの形での立法的な解決を要請する。

一九〇七年の公務員法草案は、官吏の団体を一九〇一年法による結社として承認しようとしたこと、公務員の争議行為を全面的に禁止しようとした点で公務員側の反対を蒙ったが、組合結成権の面では、公務員を単純な労務を行う者と行政行為を行う者とに分け、前者には組合の結成を認めようとするものであった。また一九一九年に提出された一八八四年法改正案（一九二〇年法）の審議の際には、従来の権力的公務員と管理的公務員との区別を排除し、とくに具体的に列挙したもの、すなわち現役軍人、警察職員、司法官、県知事等を除いて、すべての公務員に職業組合の結成を認めようとする動きもみられた。しかし同法では「公務員の身分に関しては別に法律で定める」（二四条）と抽象的に規定されただけにとどまり、解決は将来に延ばされた。その後一九三六年の人民戦線内閣のとき、ブルム首相は公務員に団結権を認める法案を提出したが不成立に終り、第二次大戦中のヴィシー政府のときに初めて公務員に職業団体の結成を認める法律（一九四〇年法）が制定された。しかし同法は、かの全体主義的な労働憲章のイデオロギーにつながるものであり、解放後は、公務員の団結は新たな構想の下に出発すべきものであった。

（1）　一八八四年法は、職業組合結成の要件の一つとして、「職業組合は、専ら経済的、工業的、商業的、農業的利益の擁護を目的とする」と規定している。破毀院は、工業的以下の文言は、経済的利益の具体的列挙と解し、したがって商工農業以外の経済的利益を追求する者には一八八四年法の適用はないとした（Cour de cass. 27 juin 1885, D. 1886. 1. 137.）。したがってこの結論から、国に雇用された職員で、工業的、商業的、農業的業務に従事する者は、一八八四年法の適用をうけ、組合の結成が認められるが、それ以外の公務員は、組合結成権が否定されることになる。

（2）　Berthélémy, Droit administratif, 1913, p. 52. 山本「フランスにおける公務員の団結権」法学協会雑誌六七巻六号七四―七五頁参照。

（3）　P. Durand, Traité de droit du travail, t. III, 1956, pp. 131 et s; A. Brun et H. Galland, Droit du travail, 1958, pp. 652–653; G. Lyon-Caen, Manuel de droit du travail et de la sécurité sociale, 1955, p. 76. 参照。

（4）　Arrêt du Cons. d'État, 13 janv. 1922, D.P. 1923. 3. 33.

(5)　注(4)と同判決。

(6)　Cour de cass. crim. 6 déc. 1907, S. 1908. 1. 433.

(7)　Cons. d'État, 7 août 1909, S. 1909. 3. 115.ウインケル判決（Arrêt Winkel）として知られている。

(8)　Berthélémy, Le droit de grève et les fonctions publiques, dans Gide, Le droit de grève, p. 49.

(9)　同通牒はつぎのようにいう。公務員の「公の職務は職業ではない。同様に俸給は賃金ではない。労働者の賃金は、労働者と使用者とが合意の上でとりきめうる。それは需要供給の法則の支配する利益の闘争である。双方は国に対して何物も要求しない。それは闘争および競争の自由である。これに反し、俸給は法律により定められ、それによる以外には変更できない。俸給が低きに失すると思われるときに、国に給与水準の引上げを強制するため、公務員が団結する権利を有し、争議を訴える必要があると誰が主張するであろうか」（Bouère, Le droit de grève, 1958, p. 93.）。

(10)　前出ウインケル判決。

(11)　特許契約により公的役務を遂行する企業は、大部分が独占によって営まれ、かかる独占が当該企業体に委任した役務の継続性の確保を義務づける。したがって特許企業の被用者は、私法上の労働契約により使用者と結びついているとしても、業務の運営につき使用者と連帯性を有し、一般法をこえる義務が要請されている。したがって規制すべき法令が存在しないとしても、争議権は拒否されているとされた（Cons. d'État, 10 janv. 1902, S. 1902. 3. 17.）。

(12)　内務大臣ショータンは、議員の質問に答えてこの状態をつぎのように述べている。「公務員の職業組合の合法性と正当性とを区別することを要し、政府が肯定しているのはその正当性に関してであり、参事院の判決は毫もその意見に変更をおよぼしえない。これに反し、組合の合法性に関しては、現在のところ参事院および〔司法〕裁判所のみが決定しうる」（須貝・フランスの官吏制度「各国官吏制度の研究」一一六頁）。

(13)　Durand, op. cit. p. 129.

三

一　公務員の団結は、公務員のおかれた社会的経済的地位から必然的に生まれたものである。法律的にそれがどのように構成されようと、公務員の受取る俸給は、彼等にとっては、日常の労働に対する反対給付であり、生活の資であった。彼等は、自己の職業的利益を守るために団体を結成した。それは結社から組合へと発展し、連合体の結成となり、さらにはＣＧＴへの加盟となって現われた。公務員の日常の労働様式、報酬、福利厚生並びに社会保障の方式は、一般の労働者との類似性を示し、国家も使用者としての実態を示すようになったのである。判例法上は違法とされたにもかかわらず政府は、事実上、公務員の組合を容認せざるをえなかった。とくに第二次大戦後は、一九四五年一〇月九日の常設行政審議会設置法において、公務員組合連合による委員の選任を認め、一九四六年二月一五日法は、同じく定員問題についての諮問機関に公務員の組合の代表者を送りこむことを認めるようになった。このような事実を基盤として一九四六年一〇月一九日法（国家公務員法）が制定され、明示的に公務員の組合結成権が認められるにいたったのである。同法は、その後一九五九年二月四日命令に引きつがれたが、同命令一四条は公務員に職業組合権を認める旨を規定し、原則として公務員の組合を労働法典第三巻の職業組合に関する普通法の原則に服させることとした。すなわち公務員の組合は、民間の組合と同様に裁判上の当事者能力が認められるが、とくに公務員の地位に関する規範行為や公務員の集団的利益を侵害する個別的決定に対しては行政訴訟を提起できることが注意的に規定されている。(1)

二　このように組合結成権に関するかぎりでは、公務員は、一九五九年命令の適用をうける者と否とを問わず、

すべて法認されている。しかし争議権については、若干の制約が付されている。(1)

第四共和国憲法の制定に際しては、争議権の保障について、公務員には例外を設けようという主張と、公務員をも含むことを明記しようとする主張とが対立したが、結局、権利宣言の一般原則から、とくにある種の職業に従事する者を除外することは正当でなく、公的役務の機能を確保する必要性が出てくるかも知れないが、それは将来の立法者に委ねるべきであるということに落着き、「争議権は、それを規律する法律の範囲内で行使される」と規定されることになった。

この趣旨をうけて、今日では一九四七年一二月二七日法により憲兵の争議行為が、一九四八年九月二八日法により警察官の争議行為が、また一九五八年八月六日命令により監獄の看守の争議行為が禁止されている。これらの者以外については、争議行為を禁止する立法は存在しない。したがって前記一九四六年法（一九五九年命令）が争議権について沈黙を守っているとはいえ、公務員の争議権は原則的に、容認されているというのが一般の見解となっている。このことを明らかにしたのが一九五〇年七月七日のドウェーヌ判決(2)である。同判決は、「法律に明文の規定がない場合でも、公的役務における争議行為は当初から違法」であるとしていた従来の判例の立場を変更し、原則的に公務員は争議権をもつことを前提としながら、「争議権は法律の規律する範囲内で行使されると憲法前文に規定することにより、憲法議会は、争議がその態様の一つである職業的利益の擁護との間に必要な調整を図るよう立法者に命じている」、特別法による「争議規制が存しない場合でも、争議権の承認は、他のすべての権利におけると同様に濫用を避け、もしくは公の秩序の必要性に反しないように争議権に付さるべき制限を排するものではない」と判示し、公的役務の場合には、裁判所の統制の下で政府が公務員に対して争議権制限の性質および範囲を決定する権限をもつことを認めた。本件は、アンドル・エ・ルワール県庁の課長ドウェーヌが、政府の争議禁止の命令に反して争議行為を行い、解雇されたことから、命令の無効を主張して行政訴訟を提起したものである。判決は「県庁行政の運営を危殆に陥し入れるがごとき争議行為は、その理由のいかんを問わず公の秩序に重大な攻撃を加えるものであり、かかる場合には政府は県庁課長の争議行為を禁止しうる」として請求を却けた。したがってこの判決により、具体的には課長クラスの上級公務員の争議行為は禁止しうるという争議権に対する制約が判例法上確立されたことになる。

さらに参事院は、一九五六年のユブラン判決（Arrêt Hublin）(3)において放送関係の公務員の争議行為を禁止する報道担当国務大臣の通牒を合法的なものとして容認した。同判決により、政府は、争議権の濫用を避け、公の秩序の必要性に反しないようにするため、上級公務員というヨコ割りの線だけでなく、公的役務の性格からタテ割りの線においても争議行為を規制しうることが認められたのである。

これを一層明確にしたのが一九六〇年一〇月二六日の判決(4)である。同判決は、一九五六年三月二八日および同年四月二七日の建設大臣通牒の合法性を認めたものである。同判決は、ドウェーヌ並びにユブラン判決と全く同一の立場に立ちながら、政府が航空の安全の業務に不可欠の公務員の争議行為を予め禁止しうることを容認した。前記通牒をそのまま容認した同判決により、(イ)航空技術官、飛行場司令、管制塔主任、気象台長等の責任ある地位にある特定の公務員の争議行為が禁止されること、(ロ)右以外の航空の安全に直接関係する業務に従事する公務員は、争議行為を行う五日前までに所属長に予告すべきこと、(ハ)違反者は一般公務員法第五篇の規定する懲戒に付されることが明らかにされた。

以上のような通牒による規制のほか、フランスでは、公務員の争議行為に対し、しばしばレキジション（徴用）法が発動せられ、事実上争議権を抑圧する機能を果たしている。(5)そしてスト参加者の徴用と関連して、一九六三年七月三一日法は、[6]一般的に公役部門における職員の争議行為の予告義務（五日前）を定めているのである。

（1）公務員の組合について特記すべき点はつぎのとおりである。
(イ) 公務員の組合は、設立後二ヵ月以内に、規約と組合役員名を所属長に届出なければならない。
(ロ) 組合役員が、組合大会や組合の機関の会合に出席するために欠勤した場合は、有給休暇の算定に際し、出勤したものとして扱われる。また委任された組合業務を遂行するために、派遣（原職復帰が認められる）の取扱いをうけることができる。

（2）Cons. d'État, 7 juillet 1950, D.H. 1950, p. 541.

（3）Cons. d'État, 14 mars 1956, Droit ouvrier, 1959, p. 391.

（4）Cons. d'État, 26 oct. 1960, Droit Social, 1961, p. 100.

（5）外尾「フランスの公共労働」季刊法律学二九号一三二頁以下参照。

（6）同法についてはJ. Touscoz, Le droit de grève dans les services publics et la loi du 31 juillet 1963, Droit Social, 1964参照。

第四章　フランス労働法における紛争調整制度

一　フランス労働法における紛争調整機構

一　紛争調整機構の概観

フランスにおいては労働関係より発生する紛争は凡て個別的紛争（conflit individuel）と集団的紛争（conflit collectif）とに大別され、夫々異った様式において解決されている。

雇用契約に関連して生起する個別的紛争は、労働審判所（conseil des prud' hommes）の専属管轄であり、その判決に対する控訴は通常裁判所の第一審である地方民事裁判所に提起し、更に法律審として破毀院（Cour de Cassation）に上告しうることになっている。個別的紛争は司法裁判組織によって解決されるわけであるが、労働審判所は、その中にあって商事裁判所と共に特別裁判所（tribunaux d'exception）を構成し、労働関係の実態に則した適切な法律的判断を提供すると共に、迅速にして安価な紛争解決を目的とするフランス労働法上特異な制度である。後述する如く労働審判所は、中世の同職組合裁判組織に由来する古い沿革を有し、イギリス、アメリカにおける労働紛争調整制度にも重大な影響をおよぼしている点等、(1)注目に価する。

（1）アメリカ、イギリスの労働紛争調整制度の中で最も重要なものはいうまでもなく労使間の協約によって設置する任意的調停仲裁機関（voluntary Conciliation and Arbitration machinery）であるが、その濫觴ともいうべき〇年代イギリスにおけるマンデラ（Mundella）のノッティンガム委員会（Nottingham committee）は、フランスの労働審判所をモデルとしたものであるといわれている（Ian G. Sharp, Industrial Concilition and Arbitration in Great Britain, pp. 2-3)。

集団的紛争は先づ労働協約に定める調停仲裁手続（調停仲裁手続は労働協約の必要的記載事項である。）に付託され、協約の適用領域以外において発生した凡ての集団的労働紛争は国の定める強制調停、任意仲裁手続によって解決されている。右の仲裁判断に対する法律審として高等仲裁裁判所（Cour supérieure d'arbitrage）が設けられており、仲裁裁定の終局的な統一が此処において保たれる。法の定める集団的紛争解決機関はその構成においても明かな如く、いわば行政組織の一部であり、高等仲裁裁判所も行政裁判組織の一部であると称することが出来よう。

以上の如くフランスにおいては労働関係より生ずる紛争は個別的紛争と集団的紛争の二者に区別され、夫々異った機関において解決されており、かなり複雑な様相を呈している。元来労働紛争は集団性、団体性を予定するものであり、紛争の性質如何によっては個別的紛争解決機関と集団的紛争解決機関との権限争議も可能であり、理論上のみならず実際問題としても争われて来た所である。例えば不当解雇が個別的紛争であれば労働審判所の管轄として提訴され、労働審判所は解雇権（droit de renvoi）の乱用に対し損害賠償（dommages-intérêts）の支払を命じうるが、集団的紛争であれば、仲裁裁定により復職を命じうるのである。

かかる難点を一応別問題として考えてみるとき、労働審判所および調停仲裁機関がそれぞれ別個の立場から労働理論の形成に役立っているのを見ることが出来る。近代法に未知の法律現象に対し、労働審判所は職業的裁判官ではなく、労使の代表を以て構成するが故に「職業上の要請の認識と、衡平の本能的感覚」(2)とによって労働慣習を法規範にまで高め、普通法の基準から逸脱してまでも労働関係の実情に則した大胆な判決を下し、破毀院より法律違背を以て無効とされつつも立法府を刺激することにより、立法的解決に途を開いて来た。亦、仲裁裁判、特に高等仲裁裁判所は司法裁判組織とは別個の裁判秩序を形成しているが故に、自由な立場から新しい労働法理論を築き上げている。かくの如くフランス労働法理論はこれらの紛争調整機関の判決、仲裁判断等により、経験的に集積されたものであるとすらいいうるであろう。かかる見地から労働紛争調整機構の構造についての視野を広めることもあながち無意味ではあるまい。

(2) P. Durand, Traité de droit du travail, tome. I, 1947, p. 255.

二 個別的労働紛争調整機構——労働審判所の沿革と構造

I 沿 革

労働審判所の審判官 (prud'homme) の語源はPrudens homo (知識人・賢人) であり、中世においては処により市の吏員 (officiers municipaux)、通常裁判所の判事 (juges ordinaires)、鑑定人 (expert judiciaire) 等を意味したが、最も多く用いられていたのは各種の訴訟における鑑定人という意味であった。一二九六年、フィリップ・ル・ベルの時代にパリ市参事会が二四人の鑑定人を任命し、市場に出入する商工業者間に生ずる紛争の裁判の補佐を命じたのがその起源であるといわれている。(1) 然しデュラン、ピック等はこの説をとらず、親方 (maitre) の中から選ばれ、製品の検査、奸計の告発等同職組合の規律、親方相互間の紛争調整に当るものをプリュードムの起源であるとして

いる。(2)

（1）　Girard, Eléments de législation ouvrier, p. 276.
（2）　ピック「労働法」協調会訳、下巻四九五頁。

何れにしても、プリュードムが同職組合の裁判組織と密接な関係を有していたことは明かであるが、通常は親方相互間の紛争の調整に当り、親方と職人(Compagnon)との紛争に対しては権限を有しなかった。然し、リヨンの絹織物業を初めとし若干の都市においては親方と職人との間に生起する紛争の調整に対しても権限を有し、今日にいう意味での労働審判所の性格を有していた。フランス革命はル・シャプリエ法により一切の同職組合を解散させると共に同職組合裁判 (juridiction corporative) をも消滅させ、個別的労働紛争を凡て通常裁判所の管轄としたが、通常裁判所は同職組合に特殊な慣習怯を知らず、訴訟の遅延と高価な訴訟費用に対する不満が累積するにつれ、漸くコンセイユ・ド・プリュードム復活の要望が起るに至った。一八〇五年ナポレオン一世のリヨン通過の際、絹織物業者はル・シャプリエ法により廃止された同職組合の裁判に類する仲裁々判の復活を請願し、その要望を容れて一八〇六年三月一八日法が制定せられ、リヨンに初めて労働審判所が設置された。同法は第三四条に「労働審判所の設置が適当と認められる都市においては、行政命令によってこれを設立することが出来る」と定め、設立の権限を行政命令に譲ったが、労働審判所はこれらの法令に基いて、ルアン、ソール、マルセイユ、ストラースブール、ニーム、サン・カンタン等に相次いで設置された。

初期の労働審判所は勿論、近代的な制度とは云い難く、アンシャン・レヂームの名残りを幾多の点においてとどめている。例えば一八〇六年法によれば、労働審判所は「工業主と労働者との間に、若くは職工長と職工および徒弟との間に日常起りうべき紛争を調停の方法により解決するために設置」されるのであるが裁判には五人の商工業主（négociant-fabricant）と四人の職工長（chef d'atelier）が当り、労働者代表を参加させず、使用者側に著しく有利なものであった。常時の労働審判所の権限は製造業者（fabricant）と労働者（ouvrier）、職長（chef d'atelier）と職人（compagnon）、従弟（apprentis）との間に生ずる日常の紛争の調整、意匠の保存、法律規則違反の告発、原料の横領等の監督等に及んでいた。

労働審判所のその後の主要な改正は次のとおりである。

㈠　一八〇九年勅令及び一八一〇年勅令により審判官の任命方法が改正され、商工業主、職工長の外に家内工業における職工長と労働者に対しても選挙権、被選挙権が認められた。然し審判官の過半数は商工業主が占めることになっており、依然として使用者側に有利な制度となっている。

㈡　其後ルイ・フィリップは自由主義に基く改正を意図したが、プリュードムの多くがブルジョワの代表者であったため失敗に帰した。

因みに当時の運営状況を見ると、一八三〇年から一八四二年迄の間に一八万四五一四件が付託され、その内一七万四四八七件の調停が成立した。仲裁を請求したものは一万二七件であり、内、四一四九件が取下となっており、仲裁裁定のおりたものは五一七八件（内一審一九一四件、終審三二七四件）となっている。[3]帝政時代には大した修正は見られないが、労働審判所の構成に労働者が除外されていること、工業家をあまりに優遇しすぎる点等に対する反対論が繰返し展開された。

(3)　P. Durand, Traité de droit du travail, Tome II, 1950, conseil des Prud'hommesの章参照。以下同書に負う所が多い。

㈢　一八四八年の革命当時には労働審判所は七五都市に設置される迄に増加したが、共和政府は更に労働審判所に関する法制を改正し、民主主義の原理を貫徹させた。即ち一八四八年五月二七日法は労働審判所に関する普通選挙制を確立し、選挙権・被選挙権の条件の緩和を計った。二一歳以上にして六ケ月以上管轄区域内に居住する雇主、工場長、職工長、労働者は選挙権を有し、二五歳以上の者は被選挙権を有する、労働審判官は労使同数とする等が主要な改正点である。然し中小工場、家内工業の職工長を使用者側に入れたため使用者側の実勢力は弱まり、また、裁判長は労使の三ケ月交替であって、可否同数のときに採決権を有する故、三ケ月毎に判例が変化するという非難がなされた。

㈣　四八年の革命に続く第二帝政が共和政府の自由主義的法制に対する多くの反動立法を制定したことはいうまでもないが、労働審判所についても、労働者が使用者を圧迫すること、労働階級が労働審判所をしばしば危険な武器として利用すること等を口実として若干の労働審判所の解散を命じている。一八五三年六月一日法は選挙における年齢、居住期間、勤続年数等の条件を加重して選挙を制限すると共に職工長を労働者側に移し、使用者側に有利な制度にしようと計り、従来互選であった裁判長、副裁判長を直接皇帝の任命にかかわらしめることにした。即ち同法第三条は、「労働審判所の裁判長並びに副裁判長は皇帝が任命する。右の裁判長並びに副裁判長は被選挙審判官以外より採用することが出来る。その任期は三年とし、留任を妨げない。労働審判所の書記は、裁判長の提議に基き県知事が任免する。」と定める。

㈤　デュランの言葉を借りれば一八五三年法により危機に瀕していた労働審判所の民主的性格は一八八〇年二月七日法により復活した。即ち裁判長と副裁判長は審判官の互選によることとし、労働審判所の書記の任命権を復活した点が注目される。同法は相対立する労使の均衡に重点を置き、裁判長と副裁判長には労使が交互に就任することにした。このように労働者側が裁判長になることについて使用者側は大いに反対し、特にリール、アンゼール、アルマンチェール地方においては、そのことを不服とする使用者側審判官の集団辞職が続出し、そのために労働審判所の裁判が不能に陥入ったほどであった（一八八四年一二月二一日法は使用者側が集団的に辞任した場合に労働者側審判官のみをもって構成する労働審判所も適法とした）。

(六)　一九〇五年七月一五日法は労働審判官を労使同数とし、表決において可否同数の場合は治安判事が裁判長となって再審理を行うことを定めている。なお、労働審判所の判決に対する控訴は地方民事裁判所の管轄に属することとし、この法律によって労働審判所は司法大臣の指揮下におかれるようになった。また、主たる請求に基く反訴請求は、主たる請求自体が終審に属した場合には控訴することが出来ないという原則を労働審判所にも適用し、控訴しうる判決に対し、金額四分の一迄の保証を免除し、仮執行をなしうる旨を定め訴訟の簡素化と迅速を計っている。

(七)　一九〇七年三月二七日法は労働審判所の組織と運用に関する諸準則を統一し、労働審判所の裁判の重要性を増加し、広汎な将来を開いた。右の統一的法規は、一九〇八年一一月七日法、一九一九年七月三日法、一九二〇年三月三〇日法、一九二一年七月二〇日法により細目に関する修正を受けつつ一九二四年六月二一日法により労働法典の中に統一された。その後、同法の適用範囲が広まり、一九〇七年法により商業に、一九三二年一二月二五日法により農業にまで拡大され今日に至っている。

II　労働審判所の構造

(一)　設　立

(イ)　労働審判所は、司法、労働、農林大臣の発議に基き、商業、工芸、農業会議所の意見又は夫々商業、工業、農業が盛なために労働審判所の設置を必要とする都市においては、関係市町村会の意見を徴取した後に公布される命令によって設置する（労働法典第四巻第一篇労働審判所法第二条、以下同）。

(ロ)　労働審判所は市町村会が商業、工業、農業会議所の過半数の同意を得て請求したときは当然に設立される（第三条）。

(ハ)　各都市には一個以上の労働審判所を設置することは許されない。

(ニ)　労働審判所の存在しない都市における使用者と労働者の紛争は治安判事に付託される（一九〇五年七月一二日法第五条第一項）。その際、使用者と使用人との紛争は商事裁判所に付託される（商法六三四条第一項）。

(二)　構　成

(イ)　労働審判所の管轄区域、商業、工業、農業が分属すべき部門数・審判官の数は設立命令により定める（第四条）。審判官の数は奇数、または十二名以下であってはならない。各部の管轄は事業の性質により定められるのではなく、労働のジャンルにより定められる。各部は固有の管轄を有し、労働審判所に商事部がない場合、使用者と使用人の紛争は商事裁判所の管轄とし、労働審判所は受理することが出来ない。

(ロ)　労働審判所は数個の部に分れ、各部は夫々独立し、商業関係は常に一つの部に統合される（第五条）。

(ハ)　各部は労働者または使用人と、使用者の各同数を以て組織し、少くとも二名の使用者側審判官、二名の労働者又は使用人側審判官を必要とする（第六条）。

(ニ)　審判官の任期は六年とし三年毎に半数を改選する。最初に改選さるべき審判官は抽籤によって決定する。審判官は再選を妨げない（第八条）。

(ホ)　毎年一月の上旬に総会を開き、多数決で裁判長および副裁判長を互選する。三回投票しても得票数が均しいときは先任者を、また在職年数が均しいときは年長者を当選者とする（第九条）。

(ヘ)　裁判長および副裁判長は労使交互に就任する。最初の裁判長が使用者側か労働者側であるかは抽籤による。

(ト)　選挙に対する訴訟は控毀院に二週間以内に提起しうる。

(チ)　裁判長および副裁判長の任期は一年とし、交互就任を条件として再選を妨げない（第一五条）。

(リ)　労働審判所が数部に分れているときは、各部の裁判長、副裁判長は前記(ホ)（第九条）の定める様式に従って相会し、労働審判所長を互選する。所長は行政官庁との接渉、各部相互間の交渉、内部の管理、取締の責に任ずる（第一六条）。なお労働審判所長の民事裁判所長、商事裁判所長との相違は、法律的な特別の権限を有しない点に存する。

(ヌ)　各部には一名の書記、必要ある場合には一名の書記補を置く。書記は調停および公判廷に出席し、審判官を補佐し、文書を整理する、書記補を欠く労働審判所またはその部において書記に故障が生じた場合は、調停局、判定局の選任に基き、旧労働審判官、又は旧書記であったもの、若くは労働審判所所在地の治安裁判所書記が代行しうる。尚書記は地方公務員とし、県知事令により任免される。公証人、執達吏、裁判所書記は労働審判所の書記を兼任しうる。

(三)　労働審判官の選挙

(1)　選挙権者

政治上の選挙人名簿に登録せられた二五歳以上の者であって、三年以上労働審判所設置令に定める職を営み、且つ管轄区域内で一年以上右の職を営む者は、夫々次のブロック毎に選挙権を有する。

(イ)　労働者選挙人……労働者、工場において肉体的作業に従事する職場長または職工長、自ら作業する家内工業の工場長。
(ロ)　使用人選挙人……商業、工業の使用人、監督または管理のみを行う工場長。
(ハ)　使用者選挙人……自己の計算において一名または数名の労働者、使用人を使用する雇主、合名会社の社員。他人の計算において製作所、工作所、工場、倉庫、鉄山其他凡て商業および工業上の企業を管理若くは指揮する者、取締役、支配人、技師、事務長。

(2)　被選挙権者
次のものを被選挙権者とする。
(イ)　特別選挙人名簿に登録され、若くは登録されるために必要な条件を充している者。
(ロ)　該地区において五年以上フランス国籍を有し、一八五二年憲法付属命令第一五条および第一六条に定める刑罰に処せられたことのない者。
(ハ)　三年以上管轄区内に居住し、三〇歳以上の読み書きの出来る者。

(3)　選挙名簿の作成
毎年政治上の選挙人名簿訂正の日から二〇日以内に各市町村長は、労働者、使用人、使用者各選挙人一名の立会の下に、夫々労働者、使用人、使用者選挙人名簿を作成する（なお、労働審判所の管轄区外に居住する選挙人は、その企業体の所在地の市町村役場に登録する）。選挙人名簿は県知事宛に送付され、県知事が補成した後、労働審判所事務局に送付される。名簿は市町村役場に公示し、異議申立は二週間以内に治安判事に提起することになっている。

(4)　投　票

立候補の届出は一週間前迄に県庁になすことを要し、県庁内に掲示すると共に投票の行われる地区に公示される。投票は治安判事または、県知事、市町村長の指名する助役一名の主宰する会場で各種別毎に行われる。有効投票の過半数、登録選挙人の四分の一以上を得なければ無効とする。選挙は必ず日曜日に行い、其他は市町村会議員の選挙手続と同様である。県知事は当選者名簿受領後、謄本を検事長、労働審判所書記に送付する。検察官は毎三年の改選の翌年一月一日から八日迄の間に当選者を民事裁判所に出頭させ（民事裁判所が労働審判所の所在地にない場合は治安判事が）就任を確定、登録する。その際次の如き宣誓を行う。「私は熱意をもって、公明正大に任務を果し評議の秘密を厳守することを誓います。」

㈣　調停部、判定部

労働審判所の各部には調停部と判定部が置かれる。調停部は一名の労働者または使用人側審判官、一名の使用者側審判官より成る。調停部の調停は非公開とする。判定部は常に同数の、少くとも二名以上の労使審判官よりなり、審理は出席審判官の過半数をもって決する。可否同数の場合は管轄区の治安判事を裁判長として再審を行う。判定部の審理は公開を原則とするが、事件が風俗事件に関するときは傍聴禁止を命じうる。然し、判決の言渡は必ず公開の席上で行わなければならない。

㈤　訴訟手続

当事者は任意に調停部に提訴しうる。被告は書記の書状により出頭を命ぜられる。被告より請求の当事者に相違ないと認定された原告は、直ちに当事者適格の認定をうける。第一回の調停不成立の場合、双方の同意があれば事件を次回の調停にもち越さず直ちに判定部において判決しうる。当事者は自己と同一の職業に属する一名の従業員または使用者、弁護人、代訴人、当事者の属する職業団体の常任又は非常任の理事を列席させ、または代理人とすることが出来る（ただし労働審判所は当事者自身の出頭を命じうる。当事者は書面によって意見を提出することが出来るが防禦を意味しない）。労働審判所は緊急を要する場合、訴訟物件が取去られ、移転され、毀損されることを防ぐために必要とする処分を命じうる。

当事者が出頭せず、または調停不成立の場合は、事件は判定部に移送される。その際、配達証明付書留郵便、または執達吏により当事者を召喚する。審理に当っては労働法典第四巻第七四条により民事訴訟法の次の規定が準用されている。第五条、第七三条、第一〇三三条（手続期間）、第七条（合意管轄）、第一〇条乃至第一二条（治安判事の警察権）、第一三条乃至第一五条（対審手続）、第一八条（判決の作成）、第二〇条乃至第二二条（欠席判決）、第二八条、第二九条、第三一条（判決の執行）、第三二条、第三三条（保証の請求）、第三四条乃至第四〇条（証人訊問手続）、第五四条、第五五条（和解調書）、第一三〇条、第一三一条（訴訟費用）、第四五三条乃至第四六〇条（控訴）、第一〇三三条（期間の計算）。裁判上の救助は治安判事におけると同様に適用される。

㈥　管　轄

(A)　事物管轄（ratione materiae）

一九〇七年法以前は狭義の特別裁判所であり、工業主と従業員との間に発生する紛争解決を目的としていた。従って管轄は、

(イ)　紛争当事者間に従属関係の存することを必要とした。それ故製造業者間、或は従業員相互間の紛争を審理する権限を有しない。

(ロ)　商人および製造業者としての二重の性格をもつものでなければならなかった（製造販売業）。従って単純な商人と使用人との紛争を処理する権限は有しないが、請負人は材料を提供する限り商人的性格を有すると見做され、請

負人と労働者との間に発生する紛争は労働審判所の管轄とされた。

(ハ)　被傭者は労働者または職工長に限られ、使用者と使用人との間の紛争は商事裁判所の管轄とされた。

(ニ)　労働審判所は特別裁判所であり、その管轄は労働審判所設置令に定める業種における紛争に限られた。

(ホ)　労働審判所は凡ての紛争を解決する権限を有せず、雇傭契約、請負契約、徒弟契約より生じた紛争を扱い、労働災害、私犯等より生ずる訴訟を審理することは出来なかった。即ち次の如きものである。

(a)　雇傭契約より生ずる紛争　賃金、解雇、証明書請求の問題、労働契約に関連する紛争(例えば不当な器具の留置、時間外労働の賃金不払等)。審判官は約定賃金に代えて慣習的賃率を以てする権限を有しない(衡平判決の禁止)。従って労働者に慣習的賃金を与えうるのは契約が不備または不明のため当事者の意志を知ることが出来ない場合に限られる(但し、詐欺または承諾の瑕疵の場合を除く)。

(b)　請負契約より生ずる紛争　工場主と請負労働者、注文者と製造業者との間に生ずる紛争(賃金、不出来に関するものが最も多い)。

(c)　徒弟契約より生ずる紛争　契約の履行、解除等。

その後労働審判所の管轄は漸次拡大され、同一企業内における労働者相互間の紛争にも及ぶようになった(この場合同一の使用者に対して共通して従属することが相互間の従属関係の代りとなる。従って紛争当事者の一方が退職した場合には即時管轄は停止される)。また従来の商人、製造業者的(négociant-fabricant)性格を有するものに限る制限的文言に代えて、「商業、工業および農業における雇傭契約に関し」と云う第一条の一般的文言によって多数の被傭者に対しても管轄を有することとなった。例えば従来管轄外にあった鉱山、鉱区、石切場の労働者、運輸荷役の労働者(鉄道、乗合自動車、電車、河川、運輸、倉庫船渠)、工業、商業の使用人、外交員、店舗、事務所の給仕、配達夫、集金人、劇場、音楽会場の従業員等にも労働審判所法が適用される。

(B) 土地管轄

建造物内における労働に関しては建造物の所在地、屋外労働については労働契約を締結した場所により管轄が定められ、また労働審判所が数部に分れる場合は建造物の性質の如何によらず労働の種別により管轄部が定められる。

(C) 以上の外、労働審判所は行政上の権限として、図案、意匠の登録事務を司る(然し、労働審判所は図案、意匠に関する裁判権を付与されていない。これは商事裁判所の管轄であり、労働審判所は紛争が生じた場合、係争当事者の何れが先に登録したかを証する証明書を交付するのみである)。また、若干の警察権（製造業者と下請業者の勘定規定に関して受取帳簿を検査する権限)、諮問権を有している。

(七) 上訴

労働契約に関する紛争については、訴訟価額の如何に拘らず労働審判所の専属管轄とする。労働審判所の判決は確定判決とし上訴を許さないが、一定の訴訟価額を越えるときは地方民事裁判所に控訴しうる。反訴請求の場合において二請求の一が上訴を許すべきものであるときは凡て初審判決とするが、反訴請求が主たる請求にのみ基く損害賠償請求の訴えであるときは終局の裁判を行う。被告人が不在の場合、または被告人の反訴請求のみが労働審判所の管轄を超えるときは訴訟価額の如何に拘らず確定判決として上訴を許さない。上訴が理由なしと認められ、または上訴を可能ならしめるためにのみ訴訟が行われたと認められたときは相手方に対して損害賠償の支払を命ぜられる。控訴は判決の言渡より三日乃至一〇日迄の間に提起しなければならず、訴訟を迅速ならしめるために民事裁判所は三ケ月以内に判決を言渡さねばならない。労働審判所の終局判決並びに民事裁判所の判決に対しては法律違背を理由としてのみ、判決の言渡のあった日から五日以上、八日以内の間に破毀院に上告しうる。破毀院民事部は書類受領の日より一月以内に判決を下さねばならない。

(八) 忌　避

(A) 次の場合に労働審判所の審判官は裁判を忌避することが出来る。

(イ) 審判官が自ら当該紛争に利害関係を有するとき。

(ロ) 紛争当事者の一方が審判官の従兄弟に至るまでの親族若くは姻戚関係にあるとき。

(ハ) 忌避すべき時より前の一ケ年以内に審判官と訴訟当事者の一方又はその配偶者、直系の親族および姻族との間に刑事若くは民事の裁判事件があったとき。

(ニ) 審判官がその事件に関し、文書による意見の表示をなしたとき。

(ホ) 審判官が係争当事者の一方の使用者、労働者または使用人であるとき。

(B) 審判官を忌避せんと欲する当事者の一方は口頭弁論に先立ち申告書を提出しなければならない。審判官が忌避を拒絶するときは、管轄区の民事裁判所は当事者の召喚を要せずして八日以内に終局判決を行う。

(九) 労働審判所の長短

労働審判所の長所および短所としては、次の点を指摘しうるが、何れも長所であると同時に短所でもあり、要は運営の如何にかかっていることが窺れる。

(A) 長　所

(イ) 労働審判所の審判官は労使の直接選挙によるため、労働条件や地方的慣習について精通し、紛争を公正、適切に解決しうる。

(ロ) 訴訟費用が安価であり、手続が簡素且つ迅速である。

(B) 短　所

(イ) 審判官は裁判官であって決して選挙人を代表するものではないが、選挙により選ばれる結果自己の階級、或は職業の利益を擁護する方向に行動しがちであり、政治と階級闘争の影響をうけ易く、この意味での裁判の公正は期し難い。

(ロ) 法律知識の欠除による誤った判断を下す場合がある。

(ハ) 以上の点から労働審判所の判決の大部分がこれを不服とする控訴の対象となり、控訴審における原判決の取消数も比較的多数に上る。

三　集団的紛争解決のための制度――労働争議の調停と仲裁

(一) 沿　革

(1) 一八九二年法以前

フランス革命は、経済的自由主義の立場に立って凡ゆる封建的桎梏からの脱皮を志向し、その後の資本主義的発展への途を開いた。即ち、ブルジョワ的自由主義の基調の下に資本主義的生産の発展を阻止する要因として働いていた同職組合による団結を禁止し、私的所有権不可侵、契約自由の二大原則を樹立したのである。労働関係においてもル・シャプリエ法並びに一八一〇年刑法典第四一四条乃至第四一六条によって一切の団結および同盟罷業を禁止し、使用者側の賃下げを目的とする団結を罰すると共に、労働者側のストライキは、その目的の如何を問わず体刑に処すことと定めた。然し、このような厳格な法律を以てしても、資本主義の進展、賃金労働者階級の形成、労使の対立に伴って必然的に発生する労働争議は如何ともなし難く、各所に罷業が勃発し、流血の惨事を伴うのを防止し得なかった。苛酷な罰則および弾圧は労働争議をして却って暴動化させ、労働組合運動を社会主義思想と結びついた秘密結社による運動へと陰性化させたのである。一八四八年の革命は、刑法四一四―四一六条の罰則を軽減したが、その後の労働運動の高まりは一八六四年に至って漸く団結禁止法を撤廃させ、暴行、強迫等の違法な手段によらない限り、労働争議は民事上、刑事上の責任を免れることになった。かくの如く争議権を次第に容認して行く一方において、労働争議の発生を防止し、その解決を促進させる手段が考慮された。一八六四年法の審議に際し、エミイル・オリヴィエが、否決されたとはいえ労働審判所の権限を集団的労働紛争にまで拡張しようとする提案をなしたことは、この間の事情を物語るものである。その後種々の提案がなされた後に一八九二年法によって労働争議の調停は初めて具体化された。

(2)　一八九二年法

一八九二年法は労働条件に関して発生する集団的紛争の解決を目的とする任意的調停仲裁制度である。同法によれば、治安判事は、一方の当事者の請求または職権によって調停委員会の開催を勧告し、双方の当事者の出席があった場合にのみ調停委員会を開いて、斡旋、調停に努める。調停不成立の場合には、一名若くは双方各一名の仲裁人の選任を勧告し、事件を仲裁に付しうる。然し調停委員会の協定、或は仲裁人の裁定は拘束力を有するものではなく、その不履行、拒絶に対し強制執行をなすことも罰則を課することも出来なかった。一八九二年法による調停、仲裁の請求件数は最初の七年間は全労働争議数に対し平均二三・一%に上っているが、その率は次第に低下の傾向を示し、一九二〇年一〇%、一九二五年九%と下落し、実効を納めなかったことが窺われる[1]。一八九二年法不振の原因は種々求められるが、主たる理由は同法が調停、仲裁の中心を治安判事に求めた点に存するといわれている。産業資本主義の確立と共に出現した巨大な資本家や強力な労働組合に対しては、治安判事は法律上の権限も、実際上の地位も余りにも低すぎたからであろう。従って調停仲裁が一八九二年法によることなく、他の社会的な有力者(大臣、知事市長等)によって行われた事実は、その間の事情を裏書きするものである。その後一八九二年法の改正案が種々提出されたが何れも成立するまでには至らなかった(一九〇〇年、一九〇六年、一九二〇年にはミルランにより改正案が提出されて、公企業に対する強制仲裁制度が意図せられ、亦、一九一〇年にはブリアンにより強制調停・仲裁制度が提案せられている)。

(1)　O. Piequendard, Directer du Travail, pp. 3-7; Ronastet Durand, op. cit. p. 306.

(3)　一九三六年、一九三八年法

一九二九年の世界的恐慌は、やや遅れてフランスに訪れ、労働運動に激しい影響を与えた。農産物価格の暴落は、農村の購買力を枯渇させ、大企業の生産費引下げの強行は労働条件を著しく悪化させたばかりでなく、中小商工業者の活動を殆ど不可能なものとした。フランスの大部分を占める中産階級は労働階級と共に経済的困窮からの活路を求めて、政府から離反し、「革命を求める心」へと向って行ったのである。このような時更に新しい脅威として迫って来た国際的ファッシズムの波は労働階級を結束させ、人民戦線の成立、CGTの統一を頂点とし労働運動は再びもり上って行ったのである。労働戦線の強化を背景に一九三六年六月四日には世界最初の人民戦線内閣が成立した。労働階級は五月の総選挙において人民戦線派の勝利が確定的となるやフランス全土に亘って空前のゼネストを敢行し、人民戦線綱領の即時実施を要求した。ブルム首相は、組閣後直ちに労使代表をオテル・マティニヨンに招集し、争議の解決条件を提示して調停を試み、所謂マティニヨン協定を成立させた(賃上げ、一週四〇時間制の実施、有給休暇、協約等を定める)。一九三六年のストはマティニヨン協定の成功により漸次静まって行ったがマティニヨン協定に基く労働協約の締結、同協定に基いて制定された労働諸立法の解釈適用を巡る紛争が生じ、ストライキおよびロック・アウトは容易に終結しなかった。そこで労働者側に有利なこれらの社会立法の執行を確保する手段として、主として労働者側の要望に基き、労働争議の強制調停・仲裁法案が提出され、一九三六年一二月三一日通過した。同法は有効期間を六ケ月と限定したため、一九三七年六月三〇日、同年一二月三〇日の二回に亘って効力を延長し、一九三八年三月四日法により、強制調停・仲裁制度を常設的な制度として確立した。同法は一九三六年法をその後の運営によって得られた経験により修正補足したものであり、強制調停・仲裁をとる点において変る所はないが、注目すべき点は一種のスライデング・システムとも云うべき賃金のl'echelle mobileを定めた点に存する。即ち仲裁裁定に当って、官庁生計費指数の変動が問題となっている賃金決定当時の指数と比較して五％以上に上る場合は、これを基礎として賃金を調整せねばならない旨を定め、賃上要求に一種の法律的基礎を与えた点である(尤も、かかる調整が、その産業の地域的、或は全国的経済状況に相応じないことが立証せられた場合はこの限りではない)。なお、三八年法を要約すれば、

(イ)　先づ凡ての労働協約は次の条項を含まねばならない。

(a)　当該協約の適用をうける労使間に発生する凡ての集団的紛争解決のための調停手続および仲裁手続。

(b)　紛争解決のために要する最大限の期間(争議解決のためには一ケ月、手続の各段階については八日を超えてはならない)。

(ロ)　協約の適用領域外に発生した紛争は関係当事者の請求または県知事の職権によって県調停委員会(争議の規

模によっては全国調停委員会）に付託しなければならない。調停委員会において協定を締結するに至らなかった紛争は予め作成された名簿に基いて指名される労使各二名の仲裁人の仲裁に付される。二名の仲裁人が仲裁々定に関し、意見の一致を見るに至らなかった場合は、予め定められた審判人名簿より一名の審判人（surarbitre）を選定し、当該紛争を審判人の仲裁々定に付託する。

仲裁人および審判人によりなされた裁定は原則として上告を許さないが、法律違背を理由として高等仲裁裁判所に上訴しうる。高等仲裁裁判所は参事院副総裁または部長を裁判長とし、参事院評定官二名、控訴院判事二名、労使代表二名より構成される。仲裁人及び審判人は法律的性質の紛争（協約、法令等の解釈適用に関する紛争）については普通法の基準に従って裁定し、その他の経済的紛争は公平を旨として判定することとなっている。仲裁裁定は民事裁判所に寄託することによって執行力を取得する。総じて一九三六〜三八年のフランスの労働事情は、人民戦線政府の統治下にも拘らず決して平静とは云い難い。これは人民戦線政府の出現によって力を得た労働階級が宿望の労働条件の改善へと狂奔した結果であることは云う迄もないが、其処に底流する社会不安の増大は蔽うべくもない。国内政策の殆ど凡てが労働者階級の圧力と要求によって決定されたが、人民戦線綱領は、余りにも理想論に走り、物価の騰貴を促進する逆効果を生ぜしめ、労使の対立の深刻化と共に経済不安を惹起させた。而も国際的ファッシズムの圧力とドイツのオーストリー併合、チェッコスロバキアへの進出等による欧州戦局の変遷は、軍備費か社会政策費かの二者択一を巡って人民戦線の歩調を狂わせ、ブルムからショータン、ショータンからダラディエと政権が移動するにつれて次第に左から右へと移動し、当初はむしろ労働階級に有利な立法であった労働争議の強制調停仲裁制度も次第に反労働的な争議権の圧迫者へと転化したのである。やがて第二世界大戦に突入すると共に戦時統制経済の要請は協約法と共に調停仲裁法の効力を停止させ（一九三九年九月一日法）、フランスの敗北、ヴィシー政権の樹立と共に労働憲章Charte du Travail第五篇が労働争議を規制するようになった。即ち凡ての争議は職業機関（organes de la profession）の調停に付し、調停不成立の紛争は仲裁裁判所若くは労働裁判所（tribunaux du travail）に付託しなければならなかった。労働憲章のこの構想は行政規則により補完せられたが、労働裁判所は実際上は殆ど機能しなかった。フランスの解放後、労働憲章は廃止され、一九四六年一二月二三日法により労働協約法が復活したが、調停仲裁手続は効力を停止されたままに放置された。戦後の計画経済政策と賃金統制により賃金はも早や仲裁手続の対象とはならないと云うのがその主たる理由であった。然しマーシャル・プランに基く復興方式は、多分に労働者階級の犠牲において強行され、底知れぬ労働不安をめぐって幾多の労働争議が激発し、特に四七年、四八年の大争議を契機として漸く調停仲裁復活の要望が現れ、統制経済の廃止と共にビドー政府は調停仲裁に関する五〇年法を制定した。政府原案は強制仲裁を含むものであったが、労使の反対、議会の反対により拒否せられ、強制調停・任意仲裁方式が四五〇対〇で可決されたのである。(2)

（2）　五〇年法の立法の経過その他についてはC. Capeau, La convention collective de Travail, 1951, pp. 81-132参照。

（II）　一九五〇年法の構造

戦前の強制調停、強制仲裁は罰則を伴うものではなかったが、次の方法により間接に強制されていた。

(a)　法を無視するストライキ、ロック・アウトおよび協約義務違反のストは違法として民事上の責任を負うこと。

(b)　調停付託拒否は直ちに仲裁手続を開始させるものであること。

然し五〇年法は、憲法上保障せられた争議権の侵害を防ぐために「争議に先立って調停に付さねばならぬ」という規定を認めず、強制調停の法律上の義務違反のストライキであっても違法とはされなくなった。即ち法律上の義務違反は罰則を伴わず、単に道徳上の問題にすぎない（然し労働協約による調停手続違反のストライキが違法性を有することはいうまでもない）。

(1)　調停手続

凡ての労働協約は、集団的紛争解決のための調停手続を定めなければならない。協約以外でも協定(accord)によって調停手続を定めうる。労働協約または協定に定められた調停手続に付託されない労働争議は、凡て国の設置する全国または地方調停委員会調停に付託される。以下法の定める調停仲裁機関について略述しよう。

(2)　調停委員会

(イ)　全国調停委貫会は、全国または数地域に亘る労働争議の調停を行う権限を有し、関係当事者の一方、関係地域の県知事、労働大臣の請求によって争議の調停に当る。調停委員会は、争議の重要性、スト発生の特殊事情、参加労働者数等を斟酌し、職権をもって調停に付託しうる。

(ロ)　全国調停委貫会の構成は次の通りである。

労働大臣またはその代理人――委員長　経済主務大臣の代理人――一名　労使代表――各三名

争議が監督的職員（Catégorie de cadre）に関するものであるときは、職員代表一名を労働者代表に追加し、使用者代表を四名に増加する。労使代表は、最も代表的な全国組織の提案に基き、労働大臣の命令により二年の任期を以て任命される。右の労使代表は、現に職業活動を営んでいるものでなければならない。当事者は調停に際して自己の所属する職業団体の補佐をうけることが出来るが、重大な事故がなければ代理人を出頭させることは出来ない。調停が成立したときは、協定書を作成し、協約に準じて寄託する。なお、調停委員会の事務局は労働省の管掌となっている。

(ハ)　地方調停委員会は、地方労働監督局の所在地毎に設置する。更に労働大臣命令により、地方調停委員会の中に支部を設けることが出来る。支部の管轄が二県に亘り、或は同一県内に数個の支部を置くことも出来る。地方調停委員会は地方支部に付託される争議を除き凡ての争議の調停を行う権限を有する。争議が数地方又は隣接する数県に亘るときは、当事者は争議を何れの調停委員会または支部に付託するかについて予め協定を結びうる(但し前述せる労働大臣の権限行使を妨げるものではない)。

(ニ)　地方調停委員会の構成は次の通りである。

地方労働監督官または代理人――委員長　県会議員――一名　労使代表――各三名

紛争が職員に関するものであるときは、職員代表一名を労働者代表に追加し、使用者代表を四名とする。

地方調停委員会支部の構成は次の通りである。

地方労働監督官（又は県労働監督官）或はその代理人――委員長

現任の行政官吏、県知事の任命する元官吏、元司法官――一名　労使代表――各三名

紛争が監督的職員に関するものであるときは、職員代表一名を労働者代表に追加し、使用者代表を四名とする。

(ホ)　以上の外にその産業の特殊性に応ずる特別機関として、農業調停委員会、船員調停委員会が設けられている。

(3)　仲裁手続

調停が不成立の場合は当事者の合意に基いて紛争を任意に仲裁に付すことが出来る。予め協約によって仲裁手続を定めている場合はそれによらねばならない。仲裁人は当事者の合意により、または協約に定められた方式に従って選定される。仲裁人は、現行の法律、規則、協約、協定の解釈適用に関する紛争について仲裁判断を下す権限を

有し、その他の紛争、特に賃金、現行の法律、規則、協約、協定に定められていない労働条件に関する争議、協約の締結、改訂に関する争議について公平に裁定する権限を有する。

(4)　高等仲裁裁判所

仲裁裁定に関し、法律違背を理由とする法律審として高等仲裁裁判所が設置されている。

高等仲裁裁判所の構成は次の通りである。

現職または名誉職の参事院副総裁または参事院部長――裁判長

現職または名誉職の参事院評定官――四名

現職または名誉職の　高等司法官――四名

上告は、仲裁裁定のあった日から八日以内に行わなければならない（上告は裁定の執行停止を伴うものではない）。高等仲裁裁判所の判決は、上告申立後八日以内に行われる。高等仲裁裁判所が裁定の一部又は全部の無効を言渡したときは、事件を当事者に差しもどし、当事者は新しい仲裁人を指名する。新な上告の結果更に裁定を無効とした場合は、高等仲裁裁判所は審査官一名を選任し、追審（事実審査）を行わしめ、第二回の無効宣告を行った日から一五日以内に審査結果を知悉した後、仲裁人と同一の権限をもって裁定する。この裁定に対しては上告を許さない。

(5)　調停仲裁の効力

調停により成立した協定書および仲裁裁定は、何れも拘束力を有し、調停申請書の提出された日から効力を発生する。協約に基く調停仲裁の結果として得られた協定または裁定の正本は、労働審判所または治安判事の書記課に寄託され、協約に基かない調停、仲裁の場合は、調停、仲裁の行われた場所に寄託する。寄託の行われたことによって執行力を獲得し判決と同様の保証をうける。

四　結　語

以上のようにフランスにおいては労使間の紛争は個別的紛争と集団的紛争の二つに分けられ、夫々別個の独立した機関によって処理されている。然らば如何なるものが個別的紛争であり、如何なるものが集団的紛争なのであろうか、労働法上の紛争は何等かの意味において集団的団体的色彩を帯びるものであるが、フランス労働法はこの点をどのように理解しているのであろうか。判例学説は種々に分れるが、要約すれば次の如きものである。(1)

(一)　個別的紛争とは、

(イ)　労働者の集団性（collectivité ouvrière）の利益を侵害しない個人の利益に関する紛争（例えば、労働者の過失、暴力行為等を理由とする解雇）

(ロ)　集団的利益に関するものであっても、如何なる団体も介人しない紛争――等を意味し、

(二)　集団的紛争とは、

(イ)　労働組合又は二人以上の未組織労働者の介在を予定するもの

(ロ)　紛争の目的が集団的利益に関するもの――等を意味すると云われている。

然し以上の基準は決して明確なものとはいい難く、判例学説の見解も様々に分れている。例えば労働争議に伴う解雇の効力を争う訴訟は、個別的紛争でもあり、集団的紛争でもありうる。従って、労働審判所と仲裁々判の両者

に訴訟を提起しうるわけであり、異った判断を生ずる可能性が見られる。歴史的には前述せる如く先づ個別的紛争解決のための制度が生れ、労働関係における紛争を市民法的個人主義の原理によって解決しようと計ったのであるが、資本主義の発展と共に必然的に生れた労働争議は、市民法的紛争処理機構において解決出来ない問題を含み、個別的紛争解決のための制度より集団的紛争解決のための制度が分化し、重点が移行しつつあると云うことが出来よう。然し現在においてもなお労働審判所の果す役割は重要なものであり、争議に伴う解雇の問題すらも、個々人の訴訟に分解して労働審判所に提訴している現状である。これらの複雑な訴訟機構に個人主義的色彩の強いフランス労働法の性格を見出しうるが、今後如何なる方向に発展の途を辿るか興味深い問題として残されているように思われる。

（1）P. Augier, Arbitrage et Surarbitrage dans les Conflits collectifs du Travail, 1938, pp. 153-175; Ronast et Durand, Précis de législation industrielle, 1951, pp. 302-303.

二　フランスの労働争議調整手続の実態

一　はしがき

労働争議の調整に関し、強制調停、任意仲裁を骨子とする一九五〇年二月一一日法が施行されてから約四年の歳月を経過した。その間、労働争議の調停仲裁はどのように行われ、一九五〇年法の効果が現実の労働関係の面にはどのように反映したかを概観してみることは必しも無意義ではない。

一九五〇年法運営の実態に関しては一九五三年度までの労働省の調査(1)を利用することができるが、右の官庁資料に基いて参事院評定官ジャックリーヌ・ボーシェ女史が行った分析(2)は更に鋭い示唆を含んでいるように思われる。本稿においては同女史の論文を中心に一九五〇年法以後のフランスにおける労働争議調整手続の実態を紹介することにする。

(1)　Revue Française du Travail 1953, n°1, pp. 16—29 et pp. 30—39.

(2)　Jacqueline Bauchet, Les résultats au 1er janvier 1954 des procédures de conciliation et d'arbitrage, instituées par la loi du 11 février 1950, Droit Social, mai 1954, pp. 282 et s.

二　調停手続

若干の指標を掲げる前に、予め次の諸点を注意しておかねばならない。

第一は、一九五〇年法はフランス産業において重要な部分を占め、かつ少からぬ数を有する公企業およびその付属事業場には適用されないことである。

第二に、官庁統計は一九五〇年法に基き労働協約中に自主的に定められた調停仲裁手続による解決件数を殆ど把握していない点である。

第三に軽微な紛争は殆ど調停委員会には付託されず、労働監督官がその権限の範囲内で事実上の調停、仲裁を行っていることである。

従って一九五〇年法に基いて設置された政府機関としての調停委員会に付託されるのは、少数の解決困難な争議ばかりであるといっても過言ではない。それ故統計に現われる数字はフランスにおいて現実に行われている調停仲裁件数の極く一部を表示するにすぎないのである。しかし少数であるとはいえ、極めて重要な争議が付託されている点からみて、これらの統計の含む意味には見逃し難いものがあり、全体としては一つの傾向を指示していると評することができる。

以上の諸点に留意しつつ、統計資料の中から若干の数字を掲げ、検討を進めることにする。

㈠　調停委員会への付託件数

（a）　年度別総数

一九五〇年	一五二
一九五一年	一六二
一九五二年	八一
一九五三年	七一

（b）　産業別付託件数

次の三つの産業部門が全体の過半数を占めている。

建　設	七九
第一次金属	八六
食　品	四一

しかしながら、注意しなければならないのは、例えば右の数字で第一位を占める第一次金属業では八六となっているが、これは争議件数の三五％にすぎないし、強力な斗争を行い、フランスの労働運動に重要な影響を与えている第二次金属部門では、僅か二・八％が記録されているにすぎない。一方、銀行業では争議件数の全数が委員会に付託されているのである。

（c）　地域別調停件数

第五位までを掲げると次のとおりである。

マルセイユ	六一

ナント	五九
パリ	五六
リヨン	五一
リール	四九

右の件数はいうまでもなく調停に付託された争議件数のみを掲げるものであり、争議の発生件数とはかなりの隔りをみせている点が注目せられる。例えばパリでは一九五三年には一、五〇〇の争議が発生しているが、その中、調停委員会に付託されたものは僅か四〇件にすぎない。

(二)　解決の状況

調停委員会に付託された争議の解決状況は次のとおりである。

（a）　年度別総数

	調停不調	調停成立
一九五〇年	九四	五五
一九五一年	一一〇	五〇
一九五二年	六〇	一九
一九五二年	三七	三四

調停委員会に付託された件数と右の数字との差は、統計表に含まれない斡旋や部分的な調停が存在しているからである。

(b)　産業別調停成立割合

次の産業では調停が成立する割合が高く、全体の約六〇%に上っている。

写　真　業
自　由　業
木　材　業

次の産業では争議は、調停が不調に終わることが多く、調停成立割合は約二〇%乃至二五%にすぎない。

鉱　　　業
金　属　業
化　学　業

(c)　地域別調停不調割合

ストラスブール　八〇%
トゥールーズ　二五%
リ　ー　ル　五%

(三)　調停の申請人

調停の申請を行ったものは殆ど労働者側である点が注目せられる。使用者が申請を行った件数および一般的利益の擁護のために県知事が調停委員会に職権をもって付託させた件数は何れも稀少例として数えられるにすぎない。

(四)　事件の内容

調停に付された争議の約九〇%は賃金に関する問題であり、その他は解雇に関する諸問題が中心をなしている。この点に関して、使用者側の不出頭および調停不成立のためにしばしば委員会の事実調査が行われている点を指摘しておかねばならない。

三　仲裁手続

仲裁手続については少数の争議に関するものを除き殆どいうに足りないので件数を掲げるのみにとどめる。

(a)　仲裁付託件数

仲裁は八件のみが労働大臣に報告されているにすぎない。そのうち二件は調停手続の後に裁定が下されたものであり、他の六件は調停手続を俟たずに仲裁に付されたものである。

四　調整手続の実態の意味するもの

以上の如きいくつかの指標は、何よりも調停仲裁手続の相対約な凋落を物語っている。前述せるとおり官庁統計は解決が最も困難であり、複雑な争議のみを表示しているが故に相対的といわざるをえないし、実際的には勧告を行ったり、直接調停が困難な場合には労使双方と別個に交渉を持ったり、時としてはより有効な手段を構ずる等の方法をとっているので数字に表れた結果だけから一九五〇年法による調停仲裁手続は全面的に失敗であると断ずることはできない。しかし、これらのことを考慮に入れたとしても、右の数字から一九五〇年労働争議調整法は現実の労働関係においては所期の効果を納めていないと断言してよいのではなかろうか。一九五〇年法が充分な効果を納めていない要因として、ボーシェ女史は次の諸点をあげている。

調停が円滑に行われていない障壁の第一は使用者側が極めて非協力的な態度をとっていることである。一九五〇年法が強制調停の方法を採用しているにもかかわらず、調停委員会への出頭を拒否する使用者や、明確な反対を表明する使用者が多く、出発点においてすでに調停を不可能ならしめている。このことは調停委員会に付託される事件が著しく悪化した労働争議のいわば最終段階として持ち込まれているという実状の一つの現われでもあったのである。

他方、調停委員会に出頭する当事者は下部の戦闘的分子や、使用者団体の圧力の前にその意向を窺うのに汲々とし、調停案に対しては容易に同意せず、常に若干の条件を留保しつつ調停に臨んでいる有様である。仮に代表者が決定権を委任されていたとしても、極度に所属団体に拘束されているのが普通の状態である。

また、調停委員会自身の側においても、争議の性格を適格に把握して、解決の糸口を探そうとしていると評価することはできない。労働者側は具体的な基礎資料に基いて相手方を論破するというよりは、単なる力と確信に基いて要求に固執する場合が多いし、使用者は、意識的に経営権と財政能力の問題については眼をつぶり、委員会の調停を困難ならしめている。

これらのことは結局、労使双方が調停仲裁制度そのものを信頼していないことを物語ると同時に、労使双方の敵意の激しさをそのままに表示しているのである。従って、委員会自身も自己の努力の空虚さを意識し、法により与えられた権限をもって調停を行うという努力を充分につくそうとはしていない。このような状況の中から労働争議の解決を有効ならしめるためには、強制仲裁を導入しなければならないという声すら議会の中において起ってきている。而してボーシェ女史は、直ちに強制仲裁という結論を出すのはナイーブきわまりないと論難し、フランスの調停仲裁手続の根本的な欠陥は労使の対立が極めて激しい一点に由来しているが故に、調整手続に強制的要素を導入したとしても、そのことによって当事者のメンタリティまでも変えうるとは考えられない。根本的な解決策としては労働者側に一定の労働条件を忍容させることではなく、それを改善させることに存する。しかし、このことは同時に厳しい現実の荒浪の中にあっては、一片の理想論にすぎないことも明かであると結んでいる。労働争議を調整手続によって解決するという簡単なシェーマは階級闘争が単なる観念やスローガンにとどまっている時期においてのみ有効な手段として自らを主張することができるのであって、それ自身歴史的なそして技術的な性格しかもちえないことを以上のごときフランスの実例は示しているのではなかろうか。

三　フランスの賃金紛争調整手続

賃金に関する団体協約締結の促進を目的とする一九五五年五月五日命令について

(Décret 55-478 du 5 mai tendant à favoriser la conclusion de conventions collectives en matière de salaires)

一　はしがき

フランスの労働争議調整手続は一九五〇年二月一一日法により、強制調停・任意仲裁を骨子として構成されている。すなわち、調停手続を労働協約の必要的記載事項として、すべての紛争をまず労使間の自主的調整機構に付託させ、その他の協約の締結されていない事業場に発生した労働争議は、すべて国の設置する全国または地方調停委員会の調停に付するように命じている。調停を受諾するか否かは当事者の自由に任かされ、調停不成立の争議は、労使間の任意の合意によって仲裁手続に付託することができるのである。

さて、労働争議調整手続の運営の実態については、さきに紹介したとおりであるが(1)、要約すれば、軽微な紛争は殆ど調停委員会には付託されず、労働監督官がその権限の範囲内で事実上の調停・仲裁を行っていること、従って、一九五〇年法に基いて設置された調停委員会に付託されるのは、少数の解決困難な争議ばかりであること、調停不成立の件数が次第に増加の傾向を示していること等であった。このような運営上の経験と、労働争議の大部分が賃金に関する紛争であること、賃金の紛争が協約の締結を阻害していること等から、最近、フランスにおいては賃金紛争の処理のみを目的とする独立の斡旋手続（procédure de médiation）が設けられた。本稿においてはその概要を紹介することにする。

新たな斡旋手続は、賃金に関する団体協約締結の促進を目的とする一九五五年五月五日命令(2)とそれの適用について定める同年六月一一日命令(3)によって設けられているが、法形式的には、一九五四年四月一四日法による委任命令の形をとっている。しかしこれらの法律並びに命令は、従来の労働争議調整機構をいささかも変更するものではなく、現行制度の上に新しい斡旋手続を付加したにすぎない。

（1）「フランスの労働争議調整手続の実態」（討論労働法三三号）。
（2）J.O. 6 mai 1955.
（3）J.O. 12 juin 1955.

二　斡旋手読に付託しうべき紛争の種類

すべての紛争が斡旋手続の対象となるものではなく、「一九五〇年二月一一日法の定める全国・地方・地区労働協約および賃金協定の改訂若くは更新に関し、事業場に発生した集団的紛争であって、賃金および賃金付属条項に関係を有する場合」にのみ斡旋手続を利用することができるようになっている。従って紛争が協約若くは賃金協定の改訂に関して発生しただけでは斡旋手続に付することはできないのであって、当該紛争が直接、賃金およびその他の諸手当の改変をめぐるものでなければならないのである。

三　斡旋手続への付託および斡旋人の選定

斡旋手続には、両当事者の合意により付託することができるが、一九五〇年二月一一日法による調停が不成立に終った場合には当事者の一方の申請により斡旋を開始することができる。また、当該争議が特に公益に重大な影響を与えるとみなされるときには、労働大臣は職権により、これを斡旋手続に付すことができる。

両当事者の合意により斡旋に付す場合には当事者は共同して調停委員会にその旨を申請し、調停委員会の長は、当該紛争が全国的若くは数県に亘る場合には労働大臣に、一県内にとどまる場合には、県知事にその旨を通告する。その際、両当事者が斡旋人の氏名を明示しているならば、労働大臣若くは県知事は八日以内に関係文書を斡旋人に交付し、斡旋が開始される。しかし、斡旋申請後三日以内に斡旋人の選任に関し、当事者間に意見の一致をみるにいたらない場合は、労働大臣または県知事が直接これを任命するようになっている。

他方、斡旋手続への付託が、当事者の一方または労働大臣の職権によってなされたときは、労働大臣若くは県知事が直接、斡旋人を任命する。労働争議が一地方に限って発生している場合には、労働大臣はその権限を県知事に委任することができる。

斡旋人は予め作成された名簿の中から選任されるが、名簿は全国と、各県毎の名簿の二種類が作成され、それぞれ最も代表的な組合の諮問を経た後に社会的・経済約・道徳的に優れた人物が選定されるようになっている。名簿は労働省令により公布される。

四　斡旋人の役割

斡旋の開始に当り、斡旋人は「諸企業の経済状態と紛争関係労働者の社会的状態」を知るために、当該企業並びに組合に対し、利用しうべきすべての文書および情報の提出を求め、調査をなすことができる。また同じく斡旋人は、関係官庁から、職務を遂行するために必要な人員の援助をうけることができる。なお紛争当事者が自己の見解を積極的に斡旋人に提示しうることはいうまでもない。

斡旋人は紛争を妥結させるよう、種々の努力を傾けた後、任命された日から一五日以内に勧告の形式で斡旋案を提示する。勧告を受諾するか否かは当事者の自由意思にまかされている。斡旋案について当事者間に意見の一致をみず、斡旋が不成功に終った場合には、斡旋人は四八時間以内に報告書を付した斡旋案を労働大臣に送付しなければならない。この場合労働大臣は官報および「適切と判断したすべての手段により」その旨を公表することになっている。勧告は拘束力を有するものではなく、またこれが公表された場合であっても何等の法的効果を発生させるものでもないが、係争点と斡旋案を広く公表することにより、世論を喚起し、社会的な圧力によって紛争を終結させることを主眼としている。

五　斡旋手続の特色と問題点

以上が一九五五年五月五日命令による賃金紛争調整手続の骨子である。前述したように、新斡旋手続は一九五〇年二月一一日法による労働争議調整手続を変更するものではなく、従って斡旋手続への付託は、例え労働大臣の職権によってなされた場合であっても、争議を一時中止させる等の争議権の制限を含むものではない。ただ、新たに設けられた斡旋手続においては、調停の場合と異り、斡旋人が極めて広い調査権(pouvoir d'investigation)を有している点が注目される。従って、従来の調停手続の外に斡旋手続を設けた狙いは、いわば強制調査の制度をフランスの労働争議調整機構の中に導入しようとした点にあったと評しても過言ではなかろう。強制調査乃至は調査委員会による実情調査は諸外国(例えば、カナダ、アメリカ等)においては、早くから行われている制度であり、取り立てて論ずべきほどのものでもないが、特に賃金に関する紛争に限ってこの制度を設けたことと、いわゆる冷却期間等の争議権の制限と無関係に実情調査の権限を斡旋人に与えた点にフランスの強制調査の特色が存する。

以上のごとき賃金紛争の調整手続が、現実の労使関係乃至は労働争議に対してどのような影響を与え、どのように機能していくかは今後にまたねばならないが、次のような点でその運営が注目される。

第一は、実情調査の制度が従来の調停手続の欠陥を補うものとして登場し、紛争の対象となっている賃金または諸手当に対する斡旋案が「諸企業の経済状態と関係労働者の社会的状態(situation économique des entreprises et situation sociale des travailleurs intéressés)」、換言すれば、企業の支払能力と労働者の生活条件との比較の上で決定され、妥結にいたらないときはそれが公表されることである。斡旋人が果して企業の経理面を適格に把握しうるかどうか、仮に把握しうるとしてもそれを全面的に公開することに対して使用者側は異議をさしはさまないのであろうかという点が疑問の第一点としてあげられる。また、これらがすべて解決したとしても、諸企業の支払能力を勘案して勧告案を作成するという限界線がどこに引かれるのであろうかという点が次の疑問として登場する。すなわち、労使両階級が産業別に大きく組織化された現在においては、賃金に関する紛争は産業別の統一賃金の要求として提出され、統一的な団体交渉によってとりきめられている。従ってそこで問題になるのは、企業の支払能力ではなく産業の支払能力となっている筈である。各企業の経理内容を問題にし、そこから斡旋案を導き出すことは、ともすれば、当該産業の最低線において斡旋案を作成するようになり易いといわなければならないであろう。

第二は、この斡旋手続に対して組合側が早くも警戒的な態度を示していることである。すなわち、斡旋人が勧告を行い、それを官報その他に公表することが何等の法的効力をもたないとしても、そのことによって政府並びに経営者側では、労働階級の闘争の力を弱め、勢力の分散を図ろうとしているのではないか、また勧告を行い、これを公示することにより、政府は賃金の決定に間接的に介入しようとしているのではなかろうか、斡旋手続はこのような政府の介入により強力な武器を与えることにはならないか、という疑問を提示しつつこれがカムフラージュされた強制仲裁（arbitrage obligatoire camouflé）乃至は強制仲裁への第一歩と化すことを警戒している。すなわち、労働法典第一巻第三一条七には「使用者が労働協約の条項により拘束されるときは、これらの条項は、使用者と締結される労働契約に適用される」という規定が存在するが、これを適用することにより、使用者が或る組合と斡旋手続により締結した賃金協定を全従業員に拡大していくことを脅れ、或は一般的拘束力宣言の対象として全産業へ拡まって行くことを脅れている。そのために新斡旋手続にいう「当事者」とは「最も代表的な組合」ではなく、単なる労使の代表にすぎないから、勧告は関係各組合がそれぞれ受諾した場合でなければ当該組合員を拘束せず、また労働法典第一巻第三一条七のごとき趣旨の規定は一九五五年五月五日命令には存在せず、第三一条七を適用すれば強制仲裁を導入したことになるから、論理上これが適用されると解釈することはできないという見解[1]を早くから発表して予防線をはっている。

このような意味からもこの制度の今後の行方を見守りたいと思う。

（1）　Le peuple, No. 487-15 juillet 1955, p. 3.

四　フランスにおける強制仲裁制度

一　序　説——フランスにおける労働争議調停仲裁制度の概要と強制仲裁法の地位

フランスにおいては労働関係より生ずる紛争は凡て個別的紛争（conflit individuel）と集団的紛争（conflit collectif）に大別され、夫々別個の独立した機関によって処理されている。即ち主として労働契約より生ずる労使間、あるいは労働者相互間の個別的紛争は、司法上の特別裁判所ともいうべき労働審判所（Conseils des Prud'hommes）によって解決され、集団的紛争は労働争議調停仲裁機構によって処理されているのである。沿革的には個別的紛争処理機関たる労働審判所が先ず設置され、後に至って集団的紛争処理機構が別個に設けられたということが出来るであろう。即ちフランス革命の標榜する徹底的なブルジョワ的自由主義の基調の下にル・シャプリエ（Le Chaplier）法が一切の団結を禁止して以来、その論理的な帰結として労働関係より生ずる紛争は凡て個別的な紛争として取扱い、中世より存在する同職組合裁判の復活ともいうべき労働審判所(1)を設置してこれに当らしめたのである。

（1）　中世の同職組合の裁判官はプリュードムといい、通常親方（maître）の中から選ばれ、同職組合の規律の維持（製品の検査、奸計の告発）、親方相互間親方と徒弟・職人との紛争処理に当るを任務としたがル・シャプリエ法によって廃止せられ、個別的労働紛争は通常裁判所の管轄となった。然し、通常裁判所は同業組合に特殊な慣習法を知らず、且つ訴訟が遅延すること、訴訟費用が高額なこと等を理由とする不満が高まり、リヨン絹織物業者の請願を契機として一八〇六年労働審判所が設置された。その後今日に至るまで労働審判所は労使双方より選出された同数の労働者側および使用者側審判官より成り、個別的紛争の調停・判定を行う司法組織の一部となったのである（Girard, Eléments de Législation Ouvrière, p. 276.; P. Durand, Traité de Droit du Travail, Tome II, 1950, pp. 946 et s.)。なお労働審判所は、イギリス、アメリカの労働争議調整制度へ影響を与え、労使の自主的・任意的調整機関の濫觴たるマンデラ（Mundella）のノッテインガム委員会はフランスの労働審判所を模倣したものといわれている（I. G. Sharp, Industrial Conciliation and Arbitration in Great Britain, pp. 2-3)。

一方、資本制経済の進展と共に労使の両階級は大きく分化し、激しい対立の中に近代的社会問題が醸成された。ル・シャプリエ法の厳しい弾圧にも拘らず同盟罷業、暴動が勃発し、労働組合運動は社会主義運動と結びついて、秘密結社による陰性化した闘争を展開したのである。その後の激しい団結権獲得の運動により、一八四八年の共和政府は団結禁止の刑罰を軽減したが、第二帝政時代にはナポレオン三世の政治的な考慮もあり、一八六四年法を以て団結の罪を規定する刑法第四一四条および第四一五条が廃止された。従ってストライキ、サボタージュ等の労働争議は刑法第四一四条に列挙する不法な手段によって惹起されたものでない限り、民事上・刑事上の責任を免れることとなった。かくの如く争議権を容認して行く一方において、その発生を防止し、その解決を促進せしむべき手段が考慮されて来たのは、極めて自然のなりゆきであろう。ここにおいて政府は、一八九二年法を制定し、労働条件に関して労使間に発生する集団的紛争の解決を計ることとなった。同法によれば、治安判事は当事者の請求若くは職権によって当事者代表の出席を求め、調停委員会開催の斡旋をなしうること、調停委員会において協定が成立しないときは、一名若くは労使双方各一名の仲裁人の選任を勧告しうること、仲裁人は事件に関し裁定を下すこと等が定められている。然し当事者の一方が調停委員会における協定または仲裁人の裁定を拒否し、履行しない場合には、民事上の強制執行をなすことも刑罰を課すこともなく、全く任意的な性格をもつものであった。

一八九二年法による調停申請数の全争議に対する比率により、同法の運営状況を見ると、法律適用後の七年間は平均二三・一%となっているが、次第にその数を減じ、一九二〇年一〇%、一九二五年には九%となり、必ずしも予期した効果をあげていないことが示されている。(2)

(2) Charles Picquenard, Directeur du Travail, pp. 3-7; J. Brissaud et P. Gueyden, L'Évolution Sociale et La Pratique de L'Arbitrage, pp. 28-29.

一八九二年法不振の原因は種々の点に求められているが、主たる理由は同法が調停仲裁の中心を治安判事に置いた点に存する。治安判事はその権限も小さく、産業資本主義が確立された後の巨大な資本家および強力な労働組合に対してはその地位が余りにも低く、規模の大きさと共に今や性格を一変するに至った近代的労働争議に対しては、その力は余りにも無力であったということが出来るであろう。労働争議の調停仲裁の大半が一八九二年法によることなく他の社会的な有力者(大臣、知事、市長等)によって行れた事実(3)はこの間の事情を物語る。

(3) 例えば、一九一九年には治安判事の調停に附されたものは一八七件にすぎず、その他の有力者によるものが四五七件に上っている(Min. du Trav., Règlement Amiable, 1924, p.v)。

その後一八九二年法の改正が幾度か試みられたが何れも成立する迄には至らなかった。

やがて一九三六年の人民戦線政府成立と共に久しく懸案となっていた労働争議調整制度の改正が行われ、画期的な強制仲裁法が通過し、一八九二年法は廃止された。強制仲裁法成立過程の詳細な事情については後述するが、要するに労働階級に著しく有利な時の政権が人民戦線綱領の実現を労働立法の形で展開し、更に労働争議の強制仲裁を行うことにより労働者側に有利な裁定を確保しようと計った点が注目される。社会党機関紙「人民」(Le Populaire)(4)(一九三六年一二月二日号)が、「我々は社会化へと進みつつある。強制仲裁法案は社会化への第一歩である。」と声高らかに宣言しているのは、強制仲裁法が当時の労働者階級にどのように評価されていたかを端的に示すものであろう。一九三六年法は六ケ月の期間を限り、主として変動期にあったその間の賃金調整を目的として制定されたものであったが、その後一九三八年二月二八日迄延長され、同年三月四日法により常設的な労働争議調整制度として確立された。然し乍ら複雑な政治情勢、特に欧州戦局の変動は人民戦線の歩調を狂わせ、ブルムからショータン、ショータンからダラディエと政権が移動するにつれて政府は次第に右傾化し、労働争議調整制度は労働争議の抑圧機関へと転化した。かくて強制仲裁制度は時の政権の如何によってその功罪を明白にする両刃の劔にも比すべき性格を有することを如実に示したのである。

やがて第二次世界大戦へ突入すると共に強制仲裁法は戦時統制経済の必要性を理由に一九三九年九月一日法を以て効力が停止されたが、フランスの敗北、ヴィシー政権の樹立により労働争議は労働憲章（Charte du travail）の定める所により処理されることとなった。労働憲章第五篇は、凡ての労働争議は職業機関（organes de la profession）の調停に附さねばならぬこと、調停不成立の争議は仲裁若くは労働裁判所（tribunaux du travail）に附託しなければならないことを規定している。労働憲章の構想は、行政規則により補完されたが、労働裁判所に対する反対が強く、一度も機能しなかったといわれている。(5)

（4） J. Colton, Compulsory Labor Arbitration in France, 1936-1939よりの引用。以下煩を避けるため明記しないが、新聞機関紙類からの引用は主として同書による。

（5） A. Rouast et P. Durand, Précis de Législation industrielle, 1951, p. 298.

フランスの解放後、労働憲章は廃止され、戦時立法は凡ての面に亘って以前の法へと復帰するに至ったが、労働争議の調整制度は戦後の賃金統制を理由に中断されたままに放置された。

然し乍ら賃金以外の紛争が数多く生起することを否定することは出来ない。マーシャル・プランに基く復興方式は多分に労働者の犠牲において強行された結果、労働不安をめぐって幾多の労働争議が瀕発し、特に四七年、四八年の大争議を契機として漸く調停仲裁制度復活の要望が起るに至った。一九五〇年二月ビドー（Bidault）内閣の成立と共に賃金統制は撤廃され、労働争議の調停仲裁を規定する一九五〇年法が制定された。

五〇年法の政府原案は強制仲裁を骨子とするものであったが、労使両階級、経済会議（conseil économique）および議会の多数の反対によって撤回せざるをえなかった。結局、国民議会労働委員会（la Commission du Travail de L'Assemblée Nationale）の案であった強制調停、任意仲裁方式が若干の棄権を除き四五〇対〇で圧倒的に可決されたのである。(6)(7)

（6） C. Capeau, Le Convention Collective de Travail, La Conciliation et L'Arbitrage, 1950, p. 81; G. Bohn, Conventions et Conflits Collectifs du Travail, 1950, pp. 111-114.

（7） 強制仲裁に対する労働者側の反対の理由は、解放後、初めて憲法に保障された争議権を侵害するというのであり、使用者側の反対理由は強制仲裁が統制主義の別な形での復活であり、財産権を不当に侵害するというのであった。(Rouast et Durand, op. cit. p. 299) なお、一九五〇年法の詳細については「私法」八号の拙稿「フランス労働法における紛争調整機構」参照。

一九五〇年法には、凡ての労働協約は集団的紛争解決のための調停手続を定めねばならないこと、労働協約による調停手続に附託されない凡ての労働争議は全国または地方調停委員会に附託しなければならないこと、調停不成立の場合に当事者の合意に基いて仲裁手続に附しうること等が定められている。

以上の如き労働争議調整制度の中にあってフランスの強制仲裁法は既に効力を失った歴史的遺物にすぎない。然し乍ら、戦争その他の非常事態において特別に制定された戦時立法（かかる意味の強制仲裁法ならば英国を初めとして各国に見られる。）としての意味をもつものでなく、平時において制定されたものであるという意味においても、また、政権の変動により如何にその性格を変じうるものであるかという意味においても誠に興味深い素材を提供しているように思われる。以下、特に立法の背景に重点をおきつつ、強制仲裁法の成立過程とその行方を追うことにしよう。

二　立法の沿革

1　人民戦線成立以前の労働運動と強制仲裁法案に対する労使の見解

フランスの労働運動が、サンヂカリストと社会主義者の主導権をめぐる激しい争いの中に革命的な運動を展開して来たことは周知の事実であり、改めて述べる必要もあるまい。フランス労働組合最大の組織たる労働総同盟（CGT）の性格は一九〇六年九月アミアン大会の決議、所謂「アミアン憲章」に端的に示されている。即ち「CGTは一切の政治的党派の外に立ち、雇主と被雇人とを消滅させるため闘う凡ての労働者を団結する」ものであり、理論的な武器としてサンヂカリズムを唱道する。而して「サンヂカリズムは資本の没収によってのみ実現しうる完全なる解放を準備し、その実行方法としてゼネストを称揚するものである。サンヂカリズムは、今日反抗の団体である労働組合が将来生産と分配の団体となり社会変革の基礎となるべきものと考える」というのであった。ＣＧＴの活動は一九〇九年から一〇年にかけて最も活発化し、第一次欧州大戦前夜の不安な政治情勢の中にあって戦争反対の激しい闘争を展開したが、大戦の勃発と共に、労働者に国境なしと叫ぶ彼等の努力は水泡に帰し、ドイツに対する国民的反感からサンヂカリストの大半は戦争協力へと急変し、ＣＧＴの勢力はとみに弱まったのである。

さて戦後の労働運動は極めて複雑な様相を呈した。ロシヤ革命の余波をうけて共産主義者の勢力が着々と増大する一方、戦前のサンヂカリズムと異ってその理想実現の方法において非革命主義的な改良主義をとる勢力が大きくこれと対立するに至った。一九二二年、ＣＧＴは二つに分裂し、レオン・ジュオー（Léon Jouhaux）の率いるＣＧＴと、自ら統一労働総同盟（ＣＧＴＵ、Confédération Générale du Travail Unitaire）を名乗る共産主義者が対峙した。共産分子を除名したＣＧＴは、ジュオー、デュムーラン等の指導の下に益々改良主義化の途を辿り、それだけに亦実質的な効果をも挙げて、一般労働大衆の間に根強い支持を獲得して行ったのである。(1)

（1）　ＣＧＴは分裂当時五五万といわれていたが次第にその勢力を恢復し、一九二六年には七四万に達した。一方ＣＧＴＵは分裂当時の五〇万から一九二六年には四六万、一九三三年には二八万とその数を減じている(吉田啓一「フランス社会運動史」二六五—二六六頁、P. Louis, Histoire du Mouvement Syndical en France. Tome II, 1948, p. 109)。

なお一九三五年当時の勢力分布は次の通りである。

ＣＧＴ………七五万五千人
ＣＧＴＵ……二三万人
ＣＦＴＣ……一五万人

(H. Ehrmann, The French Labor Movement from Podpular Front to Liberation, 1947, pp. 24-25)

このような労働運動の成長に伴い、戦前戦後を通じてストライキの件数は次第に増大したが、労働争議の調整について規定する一八九二年法は前述せる如く無力な姿を暴露し、所期の効果を納めなかった。そこで、労働争議の対策に腐心した政府は数回に亘って労働争議調整制度の改正を意図し、幾度か強制仲裁法案を提出した。例えば一九〇〇年には、ストライキの開始には労働者の秘密投票を要件とする旨の規定を含む強制仲裁法案が、ヴァルデク・ルソー（Waldeck Rousseau）により提出され、一九一〇年には強制調停仲裁制度を設け、併せて争議権を奪おうとするブリアン（Briand）の法案が提出された。更に一九二〇年には、凡ての争議に対する強制調停、公企業の争議に対する強制仲裁を定める法案が、ミルラン（Millerand）によって提出され、一九二五年にはデュラフール（Durafour）が、強制調停、任意仲裁法案を提出している。(2)

（2）　法案の詳細その他についてはP. Augier, Arbitrage et Surarbitrage dans les Conflits Collectifs du Travail, pp. 11-19参照。

これらの強制仲裁法案に対し、革命的方針を堅持していた第一次大戦前のCGTが、真先に敵意を表明したことは勿論である。一九〇六年CGT第九回大会は、強制仲裁は「サンヂカリズムの発展を阻げ、労働者の争議権を奪う」ことを目的とする武器であると宣言し、敢然と闘う旨を明かにした。(3)然し乍ら同じ時期に、非公式にではあるが、ジャン・ジョレス（Jean Jaurès）をも含めた若干の組合幹部が、労働者の弱さを理由に、強大な資本家と対抗するため国家の援助をうる手段として強制仲裁に好意を有する旨を表明しているのは、後の強制仲裁法成立への伏線として極めて興味深い事実である。(4)

（3）　J. David, The Labor Movement in Post-War France, 1931, p. 220.

（4）　Jean Jaurès, La Réglementation des Grèves et L'Arbitrage Obligatoire, Revue Socialiste, 1901, pp. 513-38.

第一次大戦後のCGTの改良主義への転換も、強制仲裁反対の態度に対しては何等影響を与えることなく、基本的な立場には何等の変動も認められない。一方CGTUは当然のこととして、強制調停にすら反対し、ただ僅かにキリスト教労働組合CFTC (Confédération Française des Travailleurs Chrêtiens) のみが強制仲裁に賛成したのである。(5)

（5） ILO, Conciliation and Arbitration, 1933, p. 184.

他方、フランス流の個人主義・自由主義に最も徹していた使用者側は、極めてルースな形で結合していたにすぎず、CGTに対抗する全国組織の成立すら第一次大戦後に俟たねばならなかった。従って強制仲裁に対する反感は極めて強く、産業関係における国家の不当な干渉として一九二〇年の強制調停案にすら嫌悪の情を示したのである。(6)使用者側の全国組織たるCGPF(7) (Confédération Générale de la Production Française) の労働争議における国家の干渉に対する反対は労働組合や団体交渉に対する敵意よりも強かったといわれている。(8)

（6） ILO, op. cit. p. 184.
（7） CGPFは人民戦線成立後、その名称をConfédération Générale du Patronat Françaiseと改めている。
（8） Ehrmann, op. cit. pp. 12 and 26.

2　人民戦線の成立とCGTの統一

一九二〇年から一九三〇年代の初めまでは、政治運動においては「社会党」と「共産党」、組合運動においては、CGTとCGTUとの対立抗争の時代であった。然し乍らウォール街に発生した世界的な恐慌は遅ればせ乍らフランスにも訪れ、その後の政治、経済事情を一変させたのである。一九三二年に始まる農産物価格の下落は、先づ農業中産階級の生活を脅かし、農民の九割を占める中小経営者は没落の運命に瀕し、更に大企業における「生産費引下げ」の強行は、労働者の労働条件を悪化させたばかりでなく、市場における中小商工業者の活動を殆ど不可能なものにした。かくてフランス人口の大半をなす中産階級は、労働階級と共に経済的困窮からの活路を求めて、何等かの転換を希望し「もはや、内閣に対する信任不信任ではなく、実に革命を求める心」へと移って行ったのである。(1)

(1)　吉田、前掲書三〇四―三〇五頁。

しかも国際的ファッシズムの浪は、フランスの政治情勢の混乱に一層の拍車をかけ、ヒットラー政権確立の脅威と共に、愛国運動に名をかりる極右諸団体が活発な活動を開始した。(2)

(2)　これら右翼団体は一大疑獄事件として一世を震憾せしめたスタヴィスキー事件を契機とし「腐敗官吏の粛正」「腐敗議会の一時停止」を叫んで政府議会に対する反抗運動を展開した。更に愛国主義に基く「共産党」打倒の要求は、遂に共産党員に対する暴行と発展し物情騒然たる有様であった。極右団体の主要なものは、旧貴族、大地主、職業軍人等を中心とする「アクシオン・フランセーズ」(L'Action française)、退役将校を中心とする「十字火団」(Croix de feu)、右翼政党と密接な関係を有する「愛国青年同盟」(Les Jeunesses patriotes)、「フランス連帯団」(La Solidarité française) 等であった。ファシスト団体とこれらの動きについてはモーリス・トレーズ「人民戦線とフランス共産党」六九頁以下参照。

このようなファッシズム勢力の増大と、破局的な恐慌の両面攻撃を受けた左翼陣営は、長い間の対立をすてて歩みよりを見せ、戦線の統一を以てこれらに闘う体制を示し始めた。一九三四年七月二七日には、先ず「社会党」と「共産党」の「行動統一協約」(Pacte d'unité d'action) が成立し、翌三五年の七月には、「共産党」からショータンの率いる「社会急進党」左派までを含む広範な反ファッシズム戦線、世界最初の人民戦線 (Front populaire) が結成されたのである。左翼政党の戦線統一と呼応して、労働陣営においても同じ統一運動が進められた。一九二二年の分裂以来対立を続けたＣＧＴとＣＧＴＵは、アミアン憲章への復帰と、第二インターナショナルへの参加を条件に合同し、新ＣＧＴは、再び組織労働者の殆ど凡てを結集するに至ったのである。

3　人民戦線の勝利とマティニヨン協定

物情騒然たる中に、一九三六年五月には左右両派の決戦ともいうべき総選挙が行われ、人民戦線諸派は下院六一八の議席中三七〇を獲得し、空前の勝利を納めた。第一党となった社会党はブルム (Léon Blum) を首班とする連立内閣を組織し、世界最初の人民戦線内閣が誕生したのである。(1)

(1)　人民戦線諸派三七〇の内訳は「社会党」一四六「急進社会党」一一五、「共産党」七二、「共和社会主義同盟」二六、「合同無産党」一〇名となっている。組閣に際し、「共産党」は閣外にあって政府を支援する旨約したのみで閣僚を出さず、ブルム政府は「社会党」を中心とし「社会急進党」「共和社会主義同盟」より若干の閣員を得て組織された。

総選挙において人民戦線派の勝利が確実となるや、狂喜した労働者階級は、待望久しき人民戦線綱領の即時実施を要求して性急にも一大ストライキを敢行した。ストライキは燎原の火のように拡がり、賃上、有給休暇、労働協約、週四十時間制、従業員代表等々を要求する労働者の叫びは巷にあふれ、スト参加人員は全国で一八〇万、全労働者の約四分の一に及んだ。(2)

(2)　六月のストライキは一ケ月のみで従来の最高である一九二〇年の年間総数百三一万六五五九人を遙かに上廻る一八三万九三八人の参加人員を算え、文字通り空前のものであったということが出来る(Bull. Du Min. du Trav, XLIII (1936), XLIV (1937); P. Louis, op. cit. p. 88)。

人民戦線綱領の即時実施を迫る心理的ストライキを前にして、ブルムは組閣後直ちに、公約した労働立法の急速な実現に努力する旨を約すると共に、産業平和の回復なしには何事もありえない旨を強調、労働争議の調整へと乗り出した。ブルムは、組閣後四日目の六月七日、使用者代表とCGT代表とをオテル・マティニヨン(Hôtel matignon)で会見させ、翌八日、いわゆるマティニヨン協定を締結させた。(3)

(3)　マティニヨン会議においてCGT代表は各産業における低賃金の実例をあげ、一〇乃至一五%の賃上を要求したが、使用者側は企業の経営能力をこえるものとして拒否し、解決の見透しがつかなかった。そこで、政府は半ば強制的な裁定案を示し、調停に成功した。マティニヨンの協定は形式上は自由に締結されたように見えるが、実質上は政府の手になる仲裁裁定であったといわれる(Maurice Coblentz-Bouveret, L'Arbitrage des Conflits Collectifs et le Statut Ouvrier, 1939, p. 1.)。

会議の席上労使の対立が見られたとはいえ、使用者側は殆ど選択あるいは拒否の自由を有していなかった。裁定の拒否は、工場占拠の継続と、予期せざる結果を意味するからである。また労働者側もストライキ戦術が手に余って来た時期であり、ストの継続が人民戦線綱領の実施を阻害することを認め、結局双方共無政府状態の現出を恐れて政府の裁定を甘受した。

マティニヨン協定には賃金の七―一五%の増加、週四〇時間制の実施、労働協約の締結、従業員代表(délégation ouvrière)の設置、ストライキの儀牲者を出さないこと等の条項が含まれ、(4)労働者にとって極めて有利な協定であった。

(4)　Paul Louis, Histoire du Movement Syndical en France, Tome II de 1918 à 1948, p. 146.

やがて政府は人民戦線綱領の実施、実質的にはマティニヨン協定の立法化に乗り出し、週四〇時間制、年一四日の有給休暇、労働協約に関する一連の労働立法を成立させた。

マティニヨン協定の成立に気を良くした政府は、労働協約法案において、当事者が協約締結に失敗した場合、労働大臣が協約に関し仲裁裁定を下しうる旨の規定を設けたが、労働者団体および左派議員団の反対により、調停者として援助を申出ることが出来ると改正された。法案は協約不成立の場合、政府が協約の内容を決定し、それを当事者に課す権限を有するという完全な強制仲裁を定めるものであったが、労働者側の伝統的な反対に会って修正を予儀なくされたのである。(5)

(5)　CGTは、その機関紙「ル・プープル」において強制仲裁は労使両団体から責任を奪うことにより、団体協約の性格を変形せしめる」と述べ、反対の態度を明かにし (Le Peuple, 26 juin 1936)、共産党機関紙「ユマニテ」は共産党議員団の功績をたたえ、トップに次の見出しの記事を掲げた。「クロアザー氏、危険な強制仲裁法案の修正に成功!!」(L'Humanité, 12 juin 1936)。

一方、政府およびCGTの幹部は、マティニヨン協定成立後、直ちにストライキの拾収に着手し、特に政府は六月から七月にかけてストライキの調停に奔走した。(5)

(6)　ストライキの大半は、大臣、県知事、市長、労働監督官等の政府役人によって解決された。この二ケ月間には閣僚のみで二六〇件のストライキを解決したほどである。一九三六年六月の争議件数は一万二一四二、その内、県知事の調停により解決されたもの二六八七、労働監督官によるもの五九九、市長によるもの四七二、大臣によるもの九九、同年七月の争議件数は一七五一、県知事の調停一七二八、労働監督官二六四、市長一四〇、大臣一六一となっている(Bulletin du Ministère du Travail, XLIII, 1936. 357. 512); J. Colton, Compulsory Labor Arbitration in France, 1936–1939, p. 23より引用)。

これらの政府の調停は、勿論法的な根拠に基くものではなかったが、かかる努力が続けられて行くうちに、次第に定められた労働争議調整手続と調査機関設置の必要が生じ、七月三日には、ローヌ (Rhône) 県知事が先に設けた調停委員会をモデルとして、各県に県調停委員会（Commission mixte départementale de conciliation）が労働省令により設置された。調停委員会は労使代表からなり、県知事が主宰するものである。使用者代表はその県の商業会議所が任命し、労働者側委員は、CGTのその県の支部（union départementale）が任命した。委員会は、当事者の申請または自己の職権によって労働争議の調停に当った（その任務は調停のみに限られ当事者を拘束する如何なる決定も与えることが出来なかった）。以上の如き懸命な政府の努力によって、さしものストライキも次第に静まり、第三共和国史上最大の社会的騒乱は、ブルムが誇るように、流血の惨事もなくて納まっていったのである。

4　人民戦線の矛盾

さて、ブルム内閣以来僅か二ケ月の間に極めて積極的な政策を行い、労働立法を初めとして、小麦統制局の設置、フランス銀行の改組、軍需工業の国有化等の重要項目を悉く実行に移し、ブルム首相自ら「政府の公約にして未だ果されないものは一つもない」と公言しうるまでに至っていた。政府の経済政策は従来のデフレーション政策を抛棄し、国民の購買力を増加させることによって経済の復興を計り、鞏固な財政的均衡に達することを期待したのである。前記の諸立法は何れもこの目的の下に制定された。然し政府のこれらの政策は、人民戦線内閣成立以前から既に始まっていた物価騰貴の傾向を阻止しえず、逆に一層の拍車をかける結果となってしまった。一九三五年夏以来徐々に上昇しつつあった物価指数は一九三六年の六月以後、急激に増大し、生計費指数は五月から一一月にかけて一三％の増加を示した。(1)

（1）　全国およびパリの生計費指数は次表の通りである。

全国（一九三〇年＝一〇〇）　　　パリ（一八一四年＝一〇〇）

	一九三五年	一九三六年
二　月	—	—
五　月	七八・七	八〇・三
八　月	—	—
十一月	七七・八	九一・一

	一九三五年	一九三六年
二　月	四九四	四八六
五　月	四九〇	四九七
八　月	四六九	五〇四
十一月	四七八	五四〇

(Bulletin de la Statistique Générale de la France et du Service d'Observation, J. Colton, op. cit. p. 30)

このような物価の騰貴と生計費の上昇は、いうまでもなく実質賃金の低下を意味し、マティニヨン協定を頂点とする労働階級の六月の戦果は、九月の初めにおいて早くも水泡に帰したのである。労働階級はマティニヨン協定による賃上を物価の上昇により忽ちにして帳消しにしたばかりでなく、新たな経済的脅威にさらされることになった。組合幹部は異口同音に「ふり出しに戻った」と叫びつつ賃金攻勢の決意を固めたのである。

夏以来小康を保っていた労使関係は、秋の訪れと共に再び緊迫化し、ストライキの第二波、第三波が各所に勃発するに至った。深刻な労使対立の裏には、次のような事情も介在する。先づ使用者団体は、マティニヨン協定の惨敗と同時に資本家陣営の強化工作に乗り出し、CGFPの再建を試みた(2)。

(2)　Confédération Générale de la Production FrançaiseをConfédération Générale des Patrons Françaiseと改称したことはその意気ごみの表れであろう。

即ちCGPF会長には反組合運動の闘将ジヌー(C.J. Gignoux)を据え、主脳部からはマティニヨン会議に出席した者を悉く追放して、戦闘的な経営者代表を充て、水ももらさぬ布陣をしいたのである。「使用者よ!!　使用者たれ!!」(Patrons, soyez des Patrons!) とは新会長の撒いたパンフレットの表題であった。

一方、労働者陣営もまた春の余勢をかって若々しい血潮に燃えたぎっていた。ＣＧＴ組合員は六月以降急速に増加し、忽ちにして四倍、四百万を算するに至った(3)。

（3）　ＣＧＴの組合員数は一九三六年三月の一〇二万四千名から一年後には四七三万八千人と増加している。

これらの新組合員並びにその幹部の多くは、労働組合の理論と戦術に対して未経験であると同時に若く激しい熱情に満ち、多くの違法ストすら敢て断行する形勢を示したのである(4)。

（4）　これら下部の盛り上りにＣＧＴの幹部は逆にあふられた形であった。総じて秋のストライキに対してはＣＧＴの幹部はストの指導を行ったというよりは、これらのコントロールに努力したという方が適切であろう。

さて、前述のような資本家陣営の強化は個々の企業においてマティニヨン協定に認められた賃上げをすら拒否せしめ、労働協約の締結、解釈、社会立法の適用に関し数多くの紛争の種を撒き散らした。更に硬化した使用者側は、ストライキの犠牲者を出さないというマティニヨン協定の保障にも拘らず、その責任者の処罰に乗り出し、組合活動或は単に組合員たるの故をもって解雇その他の不利益な取扱いを行い、一方キリスト教労働組合に対し公然と好意を表明するのみならず、積極的な御用組合（syndicats jaunes）の育成に当ったのである。これらの紛争を前奏としつつ秋の賃上闘争はもり上って行った。使用者側が一歩も引かない体制を示せば、労働者側も亦「敗北よりは死を選ぶ(5)」と絶叫し、真向から対立する気がまえを見せたのである。

（5）　電気産業労組委員長ジュール・ベルヂエ（Jules Verger）の言葉（Temps, 24 oct. 1936）。

ストライキは各所に勃発した。然し使用者側は工場占拠が行われている限り一切の交渉には応じない旨を明かにし、ストライキの様相を一層複雑なものとしたのである。このようなストライキの第二波に対し、政府は再び懸命な努力を払った。二三の重要なスト（例えば、パリ・ホテル・レストラン労組スト、パリ建設業スト、リヨン金属スト）は政府の調停によって解決したが、政府の労働者に対する好意をかねてから強く非難する使用者側は、ストライキによる無政府状態を政府およびCGTが終結させる迄は交渉に応じないとし、政府の調停を容易に受けつけようとはしなかった。他方刻々として増大する国際政治情勢の不安を前にして、政府は是非ともストライキを解決させたいと希望したのであったが、労働者により選出され、労働者の支持をうけている政党としては、力をもってストライキを終結させることは思いもよらぬことであった。然し、ライン河をこえて迫り来る脅威はフランス人の愛国的感情を刺激し、労働者階級に好意的であった世論は急速に衰え始めた。争議資金は漸くにして底をつき、労働組合の幹部はストライキの継続が政府の社会経済政策の失敗、人民戦線の壊滅に通じることを本能的に感じ始めたのである。ストライキの終結に腐心したCGTの幹部は、窮状の打開策として強力な調停仲裁制度の設置に関する提案を行った。ブルムの斡旋の下に小委員会が設けられ、労使代表は労働争議調整制度の仔細な検討を行うこととなった。会議は九月の中旬に開かれた。政府の介入、特に任意的なものにせよ、仲裁裁定を極度に嫌悪する使用者側の態度に逆比例して労働者側の仲裁に対する考え方が、その間に変化し、政府の仲裁裁定を使用者側に強制的に受諾させなければならないという確信を抱き始めたのである。九月二五日のCGT会国大会は「この手続に附することを一致して拒否する使用者側に対処するため、従米主張された調停仲裁手続よりも一層強力なものを提案する。」と決議し、強制仲裁をも含めた実際的かつ有効的な調停方法の樹立を要請したのである。(6)

この決議によってCGTは強制仲裁に対する従来の能度を放擲し、逆の方向に立つに至った。この理由を説明す

（6） Peuple, 26 sep. 1936.

ることは極めて簡単である。労働者の政治的な地位が以前とは全く異り、フランス史上初めて労働者階級の政党が政権を握った結果、労働者階級は人民戦線政府の下における強制仲裁に楽観的な態度をとり、これに何等の危険をも感じなかったからである。労働者階級は強制仲裁制度をとることにより、ストライキなしに目的を達することが出来、政府を側面から援助しうると考えた。人民戦線政府が、その社会改革、経済復興、ファッシズムへのレヂスタンス等の綱領の実現に成功するならば、強制仲裁によるストライキの防止は非常な意味を有すると考えたわけである。従って強制仲裁に対する基本的な態度が変ったのではなく、現実的な必要性から伝統的な反対を放棄したという方が適切であろう。ジュオー（Jouhaux）が、動機は「理論的なものでなく実際的な考慮に存した」(7)と述べているのは事実を裏書きする。(8)

（7）“……pas des considérations de doctrine, mais des considérations de fait”, Leon Jouhaux, L'arbitrage obligatoire, p. 11.

（8）強制仲裁に対する労働者側の楽観的な態鹿は、CGT副書記長、フラション（Benoît Frachon）（共産党員）が、反動政府が政権をとった場合はどうするかとの質問に答えて「労働者階級は以前の闘争と同様に政権を奪い返すであろう」と述べていることからも推察される。

然し一方において強制仲裁に対する警戒も現れている。CGTの幹部の一人は、「強制仲裁は、デリケートで効果的な方法である、それによってストライキ権を奪い、弾壓することすら可能である。」と述べ警告を発しているのは興味深い（René Belin, L'Arbitrage Obligatoie, 5 oct. 1936)。

5　強制仲裁制度の導入

物価の騰貴、フラン貨の価値下落が顕著になるにつれて、フランの海外逃避が盛んに行われ始めた。ブルム内閣の反資本家的政策とストライキの瀕発はフランスの産業界を萎縮させ、そこから引上げられた資本も亦続々と海外へ輸出されたのである。金の海外逃避を防ぐためには厳重な為替管理を行うか平価切下げによらねばならない。フランスのような国にあって為替管理を行うことは殆ど不可能であり、結局頼る所は平価切下げのみであった。

九月二五日、政府は度々の公約にも拘らず金の逃亡を防ぐためにフランの切下を断行した。平価の切下げが新たな物価の騰貴を齎し、労働紛争の危険性をはらむことは明白な事実である。フランの切下を行うと同時にブルムは物価の騰貴から生ずる凡ての争議に対して強制仲裁を行うことを勧告し、絶えざる産業不安を解消させようと計った。ブルムの意図した強制仲裁は、物価に応じた賃金の規制とストライキの防止という二重の性格をもつものであった。結局この意図は原則的に承認され、一九三六年一〇月一日、通貨法（Loi Monétaire du 1er octobre 1936）第一五条となって実現された。同法第一五条とは、政府に六ケ月の期間を限って物価の騰貴から生ずる賃金紛争を規制するための強仲裁手続を定める権限を与えるものである。然し乍らブルムは強制仲裁手続を実効性のあるものとするためには労使の自律によらねばならないことを確信し、通貨法第一五条に認められた委任令を制定することなく九月一四日より開かれていた第二次マティニヨン会議に対してその旨を要請したのである。然し、使用者側の強力な反対に会って彼の希望は無惨にも粉砕されてしまった。(1)

（1）　使用者側の反対理由は国家の干渉が財産権を侵害するという点につきる。然し亦Gignouxは Blum宛の書簡において仲裁手続への同意は将来のストライキに対する保障次第であると述べ、当面のストライキに対する国家の規制を強く要望している。即ち使用者は第一次マティニヨン協定に署名したことを痛く後悔し、同じあやまちを二度と繰返すまいと決意していたわけである。

これに対して労働者側は使用者側の態度を激しく攻撃した。ジュオーはＣＧＴの提案は「反動と大企業家」の手によって拒否されたと非難し、もし使用者側が反対を続けるならば、政府は責任をもって強制仲裁制度を導入すべきであると強調し、CGTの態度を明かにしたのである。(2)

(2)　このような労働者側の態度の一八〇度の転換について「CGTは仲裁制度において審判官と当事者の双方の行動を行おうと意図している」という見方も行われている（La leçon des grèves. 15 sép. 1936）。

かくて労使の自発的な意志に基く仲裁手続の設置が、使用者側の反対によって容易に実現しないことを悟ったブルムは遂に意を決し一一月二七日強制調停・仲裁に関する法案を議会に提出した。法案は仲裁制度をもってストライキおよびロック・アウトに代えようとするものであり、凡ての集団的労働紛争はストライキおよびロック・アウトに先立って調停仲裁手続に附さねばならないと定めるものであった。経済的な諸困難と労働紛争の瀕発、労使の深刻な対立に直面してフランスの労働関係においては画期的であり、且つ大膽な強制仲裁を導入することに対し、も早や原則的な反対の声は認められなかった。

下院労働委員会は、「当事者の利益と高度な国家的利益とを一致させるもの」(3)として法案を簡単に通過させた。

(3)　アルベール・ポーラン（Albert Paulin）の報告（Chambre, 1er déc. 1936, Temps, 30 nov. 1936）。

然し乍ら凡てが好都合に運んだわけではない。本会議において賛否両論が沸騰する中に、反対派は上院を中心として政府案攻撃の火ぶたを切った。先づ法案には特に将来のストライキの規制に対する政府の明確な考えが示されていないとし、更に政府は仲裁制度を足がかりとして全経済機構をその統制下に置かんと意図していると攻撃した。県知事が長として就任する県調停委員会を初めとして、政府の選任にかかわる仲裁人・審判人の調停機構を以てすれば、経済統制・労務統制(4)は意のままになり企業経営の自由は全く破壊し去られるというのがその反対理由の根拠であった。またこの手続中の労働者代表に関して今や五〇万の組合員を有するに至ったキリスト教労働組合を無視してCGTの独占に委ねてはならないという意見すら現れたのである。

（4）使用者側は解雇より生じた紛争に対して採用または復職を命ずる仲裁々定を下されることを特に恐れ、その反対は熾烈を極めた。彼等は経営権に対する侵害であると主張したが、その実は当時瀕々として行われた反組合政策としての不当解雇を正当化しようとする努力に外ならない。

これらの主として資本家階級を代表する喧騒を極めた論議は、下院にあっては少数派なるが故に簡単に押し切られてしまったが、上院の反対は誠に強く、(5) 法案の審議を遅延せしめたのみならず、原案の修正にすら成功した程であった。

（5）上院議員は一九三六年六月人民戦線内閣成立以前に選出されたものであり、従って政府は過半数の支持を得ていない。

これらの反対が六月の失地回復を目指す使用者側の要求に基いて行われたことはいうまでもない。上院の執拗な反対に業を煮やしたブルムは、産業平和回復のために最も必要なこれらの調停仲裁制度を否定することの非を衝きながら、「我々は産業平和の回復を希望するが故に、また我々が今日置かれているフランスおよびヨーロッパの現実の中にあって、以前にもましてそれを必要とするが故に」強制仲裁制度を速かに確立し、産業復興の実を挙げねばならないと強調したのである。(6)

（6）Sénat, 26 déc. 1936. p, 1770.

法案は下院と上院を往復した後に一二月三一日、有効期間六ケ月を限って漸くにして成立するに至った。同法は凡ての労働争議を調停仲裁には附すという原則を定め、調停機関の設置については政府の命令に譲った。翌一月一六日、同法によって調停仲裁手続を定める命令が制定され、フランス労働法上初めての強制仲裁制度が成立したのである。

三　強制仲裁法の構造とその運営

1　一九三六年一二月三一日法および一九三七年一月一六日命令

(イ)　概　説　一九三六年法は全文六ケ条の簡単なものであり、強制仲裁法のいわば原則を掲げるものである。本法は六ケ月の期間を限って施行され、当事者双方の権利、即ち財産権、団結権、個人の自由、労働の自由等を尊重しつつ公正な労働条件を確立することを目的とするものである。本法により、工業および商業における凡ての労働争議は、ストライキおよびロック・アウトに先立って調停・仲裁手続に附託しなければならない。更に本法は、既に発生した争議に対しても適用され、調停仲裁手続の開始と同時に当事者は復業および企業再開の義務を有する旨を定めている。

(ロ)　調　停　商工業における集団的労働紛争が、当事者によって解決出来ず、また調停仲裁手続を定める労働協約が存在しないときは、右の紛争は当事者又は県知事によって県調停委員会（La Commission départementale de conciliation）に附託される。

(a)　県調停委員会　県調停委員会は県知事若くはその代理人を委員長とし、労使同数の委員を以て構成する。

委員数は三名乃至五名の間において県知事が決定するが、これと同数の副委員が選任される。労使の正副委員は当該県内における代表的な職業団体の規模その他を考慮して県知事が任命する。県知事は調停委員会を地域別または職業別の部会に分つことができ、各部会は労使各三名乃至五名の正副委員を以て構成する。地方労働監督官は顧問の資格において委員会に出席することが出来る。

労働争議が数県に亘るときは、県連合調停委員会（Commission interdépartementale）の調停に附託するものとする。右の委員会の所在地、権限および構成は主務大臣が定める。

(b)　合同調停委員会（Commission mixte paritaire de conciliation）　前記の委員会において争議が四日以内に解決されないときは、紛争は当事者の請求、または県調停委員会、県連合調停委員会の長たる県知事の請求によって合同調停委員会に附託される。合同調停委員会は主務大臣の代理人を長とし、その委員は、争議当事者中最も代表的な組合が加盟している労使の全国団体によって指名される。右の指名について争がある場合には何れが最も代表的な団体であるかを労働大臣が決定する。委員会は当事者および当事者の加盟する組合の代表者を招き調停に努力する。

(c)　全国調停委員会（Commission nationale interprofessionnelle de conciliation）　合同調停委員会において紛争が四日以内に解決しないときは、当該紛争は当事者若くは合同調停委員会の長の請求により、全国調停委員会に附託される。全国調停委員会は主務大臣またはその代理人を委員長とし、最も代表的な労使団体の指名する委員を以て構成する。右の最も代表的な団体は国民経済会議常任委員会（La commission permanente du Conseil National Économique）が決定する。委員会は当事者および当事者の加盟する団体の代表者を招喚し、紛争の調停に当る。以上の三段階の手続において調停が成立しないとき始めて紛争は仲裁手続に附されるのである。

(ハ) 仲裁　全国調停委員会が四日以内に紛争を解決するに至らなかったときは、委員会は意見不一致の事項を記載する調書を作成すると共に、一名若くは双方各一名の仲裁人を指名するよう当事者に要請する。経済会議常任委員会より指名された最も代表的な団体は、指名をうけた日から八日以内に労使各一五名の仲裁人の名簿を労働大臣宛提出するよう定められているが、当事者は右の名簿により仲裁人を指名するわけである。全国調停委員会の要請をうけてから二日以内に当事者が仲裁人を指名するに至らなかった場合は労働大臣が代って指名する。二名の仲裁人が裁定に関して意見の一致を見るに至らなかった場合は、右の仲裁人は更に最終的な仲裁人ともいうべき一名の審判人（surarbitre）を指名し、仲裁々定を委嘱する。審判人の選定を容易ならしめるために、前記の最も代表的と認められた労使両団体は、協議の上司法機関、行政機関、教育機関等の枢要な国家機関(grands corps de l'État)の高官または高官であった者の中から三〇人の審判人名簿を作成し、参考に供しなければならない。仲裁人が審判人の指名について意見の一致を見るに至らないときは、総理大臣が代って指名することになっている。仲裁人および審判人は司法上の仲裁人（amiable compositeurs）としての権限を有し、その裁定に対しては上訴を許さない。

2　一九三六年法の運営と一九三八年法の成立

一九三六年法は通常国会閉会日迄の約六ケ月を限って施行されたものであり、一九三七年の六月乃至七月には当然に失効すべきものであった。また労働協約の多くはマティニヨン協定の直後に一年の有効期間を以て締結されたため、同じく六月乃至七月には期間が満了することになっていた。然るに使用者の態度の硬化と相俟って協約の更新は困難をきわめ、三六年春の如き騒乱、労働不安の再来が予測された。ブルムは労使が任意に協約の更新を行うことを要望したが、ＣＧＰＦは、解雇の自由・ストライキ禁止の政府の保障を要求し、任意的な協約の更新は望むべくもなかった。そこで政府は労働協約・強制仲裁制度を六ケ月延長する法案を提出したが、法案審議の中途においてブルム内閣は倒れ、代って社会急進党のショータン（Camille Chautemps）が内閣を組織した。(1)

（1）ブルム内閣は組閣後、着々と人民戦線綱領を実施して行ったが、フランス資本主義の現実、国際的ファシズムの脅威の中にあっては理想論に偏しすぎ、一九三七月三月には人民戦線綱領の一時「休止」を声明して資本主義に対する譲歩を示さざるを得なかった。然し乍ら反資本主義政策に対する不安は容易に払拭されず、資本の流出は続き、フランの価値は再び顕著な下向を示し、再切下げ必至を見越しての投機的フラン攻撃が再開され、一種の恐慌状態を現出した。ブルム内閣はフランの投機を抑制し、予算の不均衡を救うため財政全権を議会に求めたが上院の反対に会って六月二一日総辞職の止むなきに至った。ショータン内閣もやはり人民戦線政府であることには変りはないが以前と同一のものではなく右への動きが注目される。

このような政治的な動きも法案にはさしたる影響を与えることなくして通過し（六月一八日法）、一九三七年六月から一一月迄に期間の満了する凡ての協約は法により六ケ月の効力延長がなされること、強制仲裁制度を一九三七年末まで延長することが定められた。

さて、一九三六年法は次の如き五つの欠点を含むといわれている。(2)

① 停調仲裁手続が余りにも複雑であり、紛争の解決に時日を要すること。
② 仲裁裁定が同一性を欠き首尾一貫しないこと。
③ 裁定に対する控訴機関がないこと。
④ 管轄が明瞭でないこと。
⑤ 強制方法がないこと。

(2) Michel Debré, Commentaire de la Loi du 31 déc. 1936, pp. 4-11.

先ず一つの紛争が仲裁に附されるまでには四段階乃至五段階の手続を径ることを要し、その機構がかなり複雑なことについては前述した通りである。各段階における争議解決の最長期間が定められているにも拘らず、しばしば無視され、一つの事件に五ケ月、六ケ月もかかることも珍らしくはなかった。委員会の負担の過重が遅延の原因の一つであったが、複雑な機構そのものにも由来していることは疑ない。

第二に仲裁人・審判人によってかなり仲裁々定が異り、同一産業における同一問題についてすら種々の裁定が下される状態であった。

第三に三六年法はこれらの裁定は終局的なものであって上訴を許さないと定め、裁定に不満のある当事者が控訴を提起することによって解決を更に遅延させるのを防止したのであるが、調停仲裁手続の違反、仲裁人、審判人の行動の規制、仲裁々定の終局的な統一のために控訴機関を要望する声が高まり、法の運営に当っての実際的な経験は、控訴手続が是非とも必要であることを示したのである。

更に、調停仲裁手続の管轄、特に事物管轄をめぐって多くの問題が発生した。三六年法は単に集団的紛争を扱う旨規定し、集団的紛争とは如何なるものを意味するのか明確にしていない。そこで集団的紛争の定義に関し、紛争当事者のみならず学界においても大いに争われる所となった。それには次の如き実益が存する。例えば労働者が組合活動を行い、或は組合員であることを理由として解雇された場合、この解雇をめぐる紛争が集団的紛争であるならば、調停仲裁手続に附託され、仲裁人は労働者の復職を命じうるわけである(従って、労働者側はかかる紛争は集団的紛争であると主張する)。之に反して右の不当解雇が解雇された労働者個人対会社の個別的紛争であるとするならば労働審判所の専属管轄である故、これに提訴し不当解雇 (renvoi abusif) として単に損害賠償 (dommages-intérêts) を請求しうるにすぎない(従って使用者側は解雇は個別的紛争であると主張する)。かくの如く、調停仲裁制度の管轄の問題が集団的紛争と個別的紛争の問題として提起され、争われたのである。

最後に仲裁々定の執行に関する不満があげられている。一九三六年法は画期的な労働争議の強制仲裁を定めるものであったが、罰則は一切設けられず、法の実効性は当事者の協力に移存し、強制は世論の圧迫にまかせられていた。然るに立法者の期待は見事に裏切られ、仲裁裁定は平然とふみにじられる状態であった。このような違反の増大に対して罰則を要望する声が起ったのは当然のことであろう。

そこで政府は九月一八日命令を制定し、調停仲裁手続の迅速化を計ると共に三六年法に対する要望の一部を満足させたのである。九月一八日命令は先の一月一六日命令を修正するものであり、県調停委員会または合同調停委員会に附託された紛争について、委員会の過半数が調停を無益であると認めた場合には、直ちに仲裁に附託しうること、当事者の一方が県調停委員会、合同調停委員会、全国調停委員会等に出頭しない場合には、同様に直ちに仲裁手続に附託しうることが定められた。

さて三七年末にかけて再び高まりを見せて来た産業不安を前にショータンは、労使間の協約を通じて仲裁制度を改革しようとした。ショータンはブルム時代の使用者側の反対を熟知し乍らも新しい努力を続け、第三のマティニヨン会議を開催しようと試みたが、使用者側の出席拒否により失敗に終った。政府の干渉を極度に嫌悪する使用者側が、政府の干渉を排除した任意的な協定の締結をも拒否するというのは一見パラドキシカルに見えるが、それは第一回マティニヨン協定の苦い経験が身にしみているからでもあり、強制仲裁に関する責任の一切を人民戦線政府に転化し、その中に占めるCGTの地位を弱化しようと計ったからに外ならない。

結局、強制仲裁法は有効期間の満了日間際になって、再び二ケ月間延長されることになった。翌三八年一月一二日、政府は重ねて労使代表をマティニヨンに招集し、会議を背景に六つの労働立法を通過しようと計った。六つの労働立法は「近代労働法」(Statut Moderne du Travail) と名づけられ、①労働者の雇用・解雇に関する法、②職業紹介に関する法、③労働協約に関する法、④労働争議調停仲裁法、⑤労働争議法、⑥労働者代表に関する法を内容とするものであった。然し乍ら同会議は使用者側の出席拒否によりまたもや失敗に帰し、一月二七日に提出された六つの法案も上院の執拗な反対に会い、結局強制仲裁法のみが分離されて、期間満了の二月二八日に遅れること四日、三月四日に至って漸く通過したのである。同法により従来、期間を限って施行されていた強制仲裁法は、臨時的な性格を放擲して、永久的な制度として確立されるに至った。

3　一九三八年三月四日法

(イ)　概　説　一九三八年法は、全文二一箇条、一九三六年法を補足修正したものである。改正法の主要点は、①調停仲裁手続を労使の契約的基礎の上に、即ち労働協約に基礎を置くものとするために、労働争議の調停仲裁手続を労働協約の必要的記載事項としたこと、②裁定の控訴機関として高等仲裁々判所を設置したこと。③仲裁裁定は民事裁判所に寄託することにより通常の判決と同様の保証をうけるようにしたこと、④賃金の調整について一種のスライデング・システムを採用したこと等である。

一九三八年法に基いて、高等仲裁裁判所の構成に関する四月五日命令、調停仲裁手続に関する四月二〇日命令、全国調停委員会に関する四月二二日省令、県調停委員会に関する五月二〇日省令等が設定され、施行細則が定められた。以上の諸法令に基いて一九三八年法における調停仲裁手続を概説しよう。

(ロ)　労働協約による調停仲裁手続　凡ての労働協約は当事者間に発生する集団的紛争解決のための調停仲裁手続および解決に要する最長限の期間を記載しなければならない（右の最長限の期間は一月、手続の各段階については八日を超えることが出来ない）。

当事者は労働協約によって調停委員会（Commission paritaire de conciliation）を設置し、仲裁人・審判人名簿を作成しておかねばならない。

当事者間に発生する集団的労働紛争はすべて調停委員会に附託され、協約所定の期間内は委員会が解決しなかった紛争は労使各一名宛の仲裁人に附託される。二名の仲裁人が仲裁々定の作成について同意するに至らなかったときは一名の審判人の裁定に委ねられる。

(ハ)　労働協約外の調停仲裁手続

(a)　調　停

①県調停委員会

商工業における集団的労働紛争が、労働協約に定める調停仲裁手続の範囲外にあり、当事者によって解決されないときは、当該紛争は当事者の一方の申請または県知事の職権によって県調停委員会に附託される。県調停委員会は県知事を長とし、労使同数の委員を以て構成する。県調停委員会の委員は、使用者側にあっては商業会議所、労働者側にあっては当該県内における最も代表的な労働組合の提案に基き、県知事が任命する。商業会議所が存在しないときは、使用者側は定員の四倍の候補者名簿を県知事宛提出するものとし、更に同一県内に多数の商業会議所が存在するときは、協議の上共通の候補者名簿を作成するものとする。

同一県内に多数の労働組合が存する場合には、組合員数その他の要素を考慮して、何れが最も代表的な組合であるかを県知事が定める。右の労働組合は、定員の二倍の候補者名簿を県知事宛提出しなければならない。県知事は委員会を地方または職業部会に分つことが出来る。部会の労使委員の任命方法は、委員会の場合に準じて行われる。委員会は争議当事者を召喚し調停に当るが、調停が成立しない場合、および相手方たる争議当事者が出頭しない場合には、二日以内に一名若くは双方各一名の仲裁人を選任するよう要請し、事件は仲裁に附される。

②全国調停委員会

企国調停委員会は、県調停委員会と上下の関係にあるのではなく、同列の関係に立つこととなった。即ち特別の事情が存し、または争議が重大な様相を帯びているときに限り、県知事は、当事者の請求または職権によって争議を主務大臣に附託し、主務大臣は労働大臣と協議の上、全国調停委員会に附託するわけである。全国調停委員会は、主務大臣またはその代理人を長とし、労働省内に設置される。全国調停委員会は、労使各三名の委員を以て構成し、関係当事者中の最も代表的な組合が加盟している労使の全国組合により指名される。右について争がある場合には主務大臣又はその代理人が当該団体を決定する。労使の全国組合が全国調停委員会の委員の指名を行わないときは、労働大臣の要求に基いて国民経済会議の関係職業部会が指名する。委員は遅くとも毎年一月一五日までに指名される。労使の全国組合は、委員の一名に代えて、委員会に附託された争議に特別の関係を有する代表者を出席させることが出来る。調停不成立の事件は仲裁に附される。

(b)　仲　裁

県調停委員会または全国調停委員会において調停が成立しない場合には、調停委員会の長は、当事者に対し二日以内に一名の共同仲裁人または労使各一名の仲裁人の指名を要求する。二日以内に仲裁人が指名されないときは、全国調停委員会にあっては主務大臣、県調停委員会にあっては県知事が当事者に代って仲裁人を指名する。県知事の職権による指名は、各控訴院長が、県知事の意見を聴取した上で作成される労使各十名の名簿に基いて行うものとし、県知事は、意見を述べる前に最も代表的な労使団体に諮問しなければならない。主務大臣の職権による指名は国民経済会議常任委員会の作成する労使各六十名の名簿に基いて行われなければならない。二名の仲裁人が裁定に関して用意するに至らないときは一名の審判人の仲裁に依嘱する。審判人の選任について争いがある場合には主務大臣が労働大臣と協議の上決定する（一九三六年法第四条参照）。

㈡　高等仲裁裁判所

仲裁人または審判人の裁定は控訴を許されず、破毀院（Cour de Cassation）または参事院（Conseil d'État）へ上告することが出来ない。然し当事者は、裁定をうけた日から三日以内に管轄違い、越権若くは法律違背を理由として高等仲裁裁判所に上訴することが出来る。更に労働大臣は、必要と認めるときは主務大臣と協議の上、国民経済会議常任委員会の意見を徴した後、公共の利益を理由として、当該裁定を高等仲裁裁判所に上訴することが出来る。上訴は仲裁裁定の執行を停止させるものではなく、裁判所は上訴提起後八日以内に判決を下さねばならない。また上訴の対象となった裁定が管轄に関するものであるときは五日以内に判決を言渡さねばならない。

高等仲裁裁判所の裁判官は、二年の任期を以て命令により任命される。構成員は次の通りである。

参事院副総裁または参事院部長——裁判所長

参事院評定官　二名

現職または退職の高等司法官および高級行政官　各二名

右の外、労働大臣の提起する上訴審に対しては、国民経済会議常任委員会の労使委員よりそれぞれ指名せられた労使の代表者二名が参加する。

高等仲裁裁判所が、仲裁人または審判人の裁定を無効とするときは、裁判所は新たな審判人を指名し、事件当該審判人の裁定に附託させる。

(ホ) 賃金の調整

調停仲裁手続は特に生計費に相当の変動がある場合、この変動により発生した争議、および現行労働協約中の賃金条項改訂に関する争議に対して適用されることが特に定められている。

賃金改訂の要求は、官庁生計費指数の示す変動が、係争中の賃金確定当時に最も近い日附で公表された指数と比較し、少くとも五％以上に達する場合には当然に受理され、仲裁人および審判人は生計費の変動に比例して賃金を調整すべきことが規定されている。労働争議の原因の大半が賃上げまたは賃下げ反対にある故、この規定は頗る重要な意味を有するわけである。即ちこの規定によって賃上要求は法的根拠を与えられたことにもなり、一種のスライング・システムが確立されたわけである。但し、右の賃金調整が当該部門の地方的・地域的または全国的経済状況に相応しないときは除外例とし、賃金は当該部門の経済活動に対して実行可能と認められる水準において決定されることになっている。賃金改定の要求は六ケ月に一度以上行ってはならないが、生計費指数が一〇％以上上昇したときはこの限りではなく、直ちに改訂することが出来る。

(ヘ) 裁定の効果その他

三八年法は、仲裁人および審判人は、契約、協約、法令の解釈適用等に関する法律的紛争に対しては普通法の基準に従い、その他の経済的紛争に対しては衡平の原則に従って裁定を下さねばならないと定め、仲裁人の二つの機能、即ち法律的価値判断をなす裁判官としての機能と、新たなる労働条件その他の規範を設定する立法者としての機能のよるべき基準を明確にしている。

裁定は仲裁人または審判人が民事裁判所に寄託することにより執行力を獲得する。右の裁定が現行労働協約の解釈および賃金等に関するものであるときは寄託を条件として労働協約としての効力を有する。

4　強制仲裁法の効果——法の強制力およびストライキとの関連について

(イ)　裁定の執行力

強制仲裁法が当事者の協力および世論の圧力を理由に罰則を設けなかったことについては前述の通りである。然し乍ら予期した協力が得られず、世論の圧力もまた裁定の執行に関して適切なものではないことが明かとなった。強制仲裁法が施行された一九三六年一月から五月までの最初の五ヶ月間の違反は二二〇の裁定中一二件（労使同数）にすぎず、所期の効果を納めたかに見えたが、一年後の一九三七年末迄には裁定に対する違反は一〇％を超え、四八三の裁定中五三件に上っている。しかも五三の違反件数中、使用者または使用者団体の違反が四三件を占め(1)如何に使用者側が裁定を無視し、非協力的であったかを明示している。

従ってこの時期における裁定の執行に関する不満が労働者側から提起されたことは極めて当然である。裁定の執行を獲得する手段として民事判決と同様の強制執行、或は労働審判所への提訴等が考えられたが、結局、裁判所はフランス法にいわゆるastreinte（履行遅滞による損害賠償）により遅延賠償の支払を認めた(2)。

(1)　Chambre, 3 juin 1937, pp. 1778, 1786.

(2)　理由のない工場閉鎖を行った使用者に工場の再開を命じ、然らざるときは労働者に対し失業扶助と同率の賠償金を支払うよう命じたRobet Mosséの仲裁裁定に対し、高等仲裁裁判所は遅延賠償の総額と期間を定めることを条件にこれを承認した（CSA décision, No. 56, 15 juin 1938)。

やがて政権がショータン、ダラヂエと変化するにつれて政府の労働者に対する好意も漸く薄れ、それに比例するかのように労働者側の仲裁裁定違反が増大した。特に一九三八年初秋のパリ、リヨンのストライキにおける労働者側の仲裁裁定違反を契機として、法に罰則を設ける空気が強くなり一九三八年一一月一三日大統領令により仲裁裁定の違反に対する制裁が附加された。同令の主要点は仲裁裁定不履行の当事者に対して刑罰並びに職業上の制裁を課すことにある。即ち、

(a) 罰　則　仲裁人または審判人の裁定を紛争当事者の一方若くはその団体の一員が履行しないときは、遅滞日数一日につき一千フランをこえない罰金の支払を命ぜられる。右の罰金は政府の指定する福祉団体の使途に充てるため国庫（trésor public）に納められる（従って履行遅滞による損害賠償というよりは、罰金の性質をもつものである）。

(b) 使用者に対する職業上の制裁　同令は刑罰の外に職業上の制裁を課している。使用者または使用者団体が仲裁人または審判人の裁定を履行しないときは、商業会議所、商事裁判所、労働審判所の被選挙権を三年間失い、国または公共団体との労務または物品供給契約に参加することが禁止される。

(c) 労働者に対する職業上の制裁　労働者の仲裁裁定不履行は、雇用契約不履行として取扱われ、解雇の対象となる。

政府は、以上のような間接強制によって仲裁裁定の実効性を保障しようとしたわけであるが、職業上の制裁に関し使用者側が単に商業会議所その他の被選挙権を一時喪失するにすぎないのに対し、労働者側は即時解雇をもって脅かされ、労働者にとって極めて酷な規定であると評し得よう。

(ロ) 強制仲裁法とストライキ

一九三六年法は、すべての集団的紛争はストライキおよびロック・アウトに先立って調停仲裁手続に附さねばならないと定め、強制仲裁をもってストライキおよびロック・アウトに代えようと試みた。然し乍ら罰則が設けれられていないため、ストライキに対する同法の効果については大いに争われるところとなった。

先ず使用者は当然のこととして、ストライキは禁止されたと主張する。文理解釈によれば、如何なるストライキも調停仲裁手続に附託する以前には可能ではなく、しかも調停によって解決出来ない争議は特に拘束力を有する仲裁に附される故、ストライキを行う余地は全くないというのである。このような見解から使用者は、ストライキが発生した場合には労働の再開を第一に主張し、ストライキを行っている労働者との交渉を一切拒否し、調停仲裁手続に附託することすら激しく拒否したのである。使用者側はストライキが強制仲裁法違反であるとして司法・行政両裁判所へ提訴したが、破毀院（Cour de Cassation）は管轄違いを理由に却下し、参事院（Conseil d'État）も三八年法によって高等仲裁裁判所が設置されるまで判決を下さなかった。

一方労働者側は、強制仲裁法によってもストライキ権は奪われていないと主張し、使用者側と対立した見解を表明している。すなわち、労働者は一九世紀の中項より団結権および争議権を獲得した。新しい強制仲裁法が団結権・争議権の禁止を復活していない以上、ストライキは最後の武器として可能であるというのである。

これに対して政府は、強制仲裁法はストライキ権を奪うものではないが、手続の終了するまでストライキ権は中断されるという見解を発表した。(1)

（1）立法当時は、政府も立法府もストライキの問題を重視せず、ストライキを禁止する意志は見せていない。ブルムも上、下院労働委員会においてストライキが消滅するとは思わないが減少するであろうと述べている。

この問題は、やがて高等仲裁裁判所の判決により法的には次のように解決された。即ち調停仲裁手続に先立ってなされたストライキは違法であり、損害賠償その他の民事責任を問いうるというのである。さらに一九三九年六月には、その場合の損害賠償請求の訴訟は仲裁手続に属することを明かにし、訴訟の簡略化を計っている。このように裁判所は、ストライキ権と強制仲裁との関連の問題について最終的な解釈を避けているが、結局民事上の不法行為責任によって問題を便宜的に解決しようと計っている。(2)

(2) 法律論として極めて興味深い問題が多いが紙数の関係上、他日に譲りたい。詳細はP. Augier, op. cit. pp. 25-32; H. Pécout et F. Pécout, Le Contentieux du Conflit collectif de Travail, pp. 70-71.; J. Brissaud et P. Gueydan, op. cit. pp. 313 et s. 参照。

四 結 語——強制仲裁法の行方

その間にも欧州の国際情勢は日一日と険悪の度合を増し、特にスペイン人民戦線派の敗北、ナチス・ドイツのオーストリア侵入はフランスをますます不利な情勢へと追込んで行った。国際政治の脅威を前にしてショータン政府は国内不安を一掃し、再軍備を完成させねばならないと考え、社会政策費を犠牲にしても国防費を増大させるとの決意を示したのである。このような政策が人民戦線綱領と一致せざることはいうまでもない。政府案中には、一週四〇時間制を四五時間労働へ復帰させるような人民戦線の「休止」ではなく「撤回」を意味するものすら含まれていたのである。これらに対し人民戦線派中ショータン内閣の社会急進党を除き、それより左の社会党共産党の両党は、反対を表明し、議会は賛否入り乱れて第二次ショータン内閣は僅か五〇日、第二次ブルム内閣は僅か三週間の短命をもって何れも崩壊した。一九三八年四月一〇日、第二次ブルム内閣の後をうけて内閣を組織したのは人民戦線中の右派である「社会急進党」の前国防相ダラヂェ（Daladier）であった。閣僚の大部分は「社会急進党」より選ばれ、「共和社会主義同盟」其の他の中立派が数名参加したにすぎず、内閣はもはや人民戦線を離脱したとさえいえるほど右へ移ってしまった。事実、ダラヂェ政府の政治的努力は、既成の人民戦線政策の修正、撤回に向けられ、政権が完全に右へ傾いたことを示している。ダラヂェ政府の反人民戦線政策が明かになるにつれ、共産党、社会党を初めとして労働者階級の憤激が爆発したことはいうまでもない。特に同年八月、政府が国家的必要およびヨーロッパの情勢に適合させるため四〇時間労働制の撤回を正式に要求したときには、総辞職の危機にすら瀕したほどであった。然し乍ら国際情勢は政府に幸いし、未曾有の欧州の緊迫状態に、社会党が先ず譲歩するにいたり辛くも総辞職の危機は免れた。

ズデーテンにおけるナチスとチェッコスロヴァキアとの対立、ズデーテンランドのドイツへの割譲を契機として欧州はまさに一触即発の危機に直面し、フランスもまた全力をあげて軍備の拡充へと向って行った。ダラヂェは国防力強化、軍需生産力増強のためには労働時間の延長、ストライキの抑圧が必須であると考え、一一月に入ると同時にヨーロッパの政治情勢悪化に伴う経済財政復興計画を立案し、五〇個以上の命令を発布した。その中には人民戦線政策の撤回に等しい多くの立法が含まれていたことはいうまでもない。(1)

(1)　一九三八年一一月一二日命令には、例えば従来の週五日制を週六日制とすること、週四〇時間制とは拘束四〇時間制でなく実働四〇時間制であること、国防のため企業主は一定時間まで残業を命じうること、軍需工場においては週四八時間制とすること、軍需工場のストライキに対処するため政府は工場を接収しうる権限をもつこと等を定める諸立法が存在した。

このような反人民戦線的諸立法に直面して、今まで政府の政策に冷たい反目を示して来たCGTは過去の不満を一時に爆発させ、一一月末日のチエンバレン来訪を期し、全国的なゼネストを行うことを決定した。CGTは一一月一二日の反動立法に反対すると共に、政府の外交政策にも反対することを示したのである。一一月三〇日のゼネストを俟たずしてストライキは各所に瀕発した。激昂したダラディエは県知事宛ストライキ弾圧の指令を出し、何等ためらうことなく力を用いてストライキを抑圧しようと計った。ストライキの発生した工場には黒山のような警官隊が殺到し、催涙ガスが投げられ、労働者は逮捕された。更に政府はゼネストの対策に乗り出し、鉄道、鉱山を含む凡ての公益事業を接収し、これらの公益事業の従業員および公務員がストライキに参加した場合には厳罰に処する旨の警告を発した。ゼネストは予定通り行われた。然し乍ら公益事業が政府の接収によってスト戦列から離脱したため威力を全く欠き、惨めな失敗に帰したのである。これに力を得た政府は、ストライキに参加した一部の政府従業員を徴戒解雇に附し、接収命令に服従しなかった労働者を刑罰に処した。更に民間企業においても、好機至れりと政治ストに参加した故を以て雇用契約を破棄し、再雇用を希望する者は改めて復職を願い出るよう言渡した。而も再雇用に当って明白なディスクリミネーションを行い、組合幹部並びに戦闘的な労働者を一気に追放してしまったのである。(2)

(2) 約七七万五千人の労働者が一時解雇され、その中二万四千人が再雇用を拒否された事実を見ても、使用者側の反組合政策・差別待遇(アメリカ法にいわゆる不当労働行為)が如何に激しかったかが窺われる(Chambre, 13 juin 1939, p. 1616)。

CGTの組合員は一九三七年の五三〇万人から一挙に二〇〇万人へと半減し(3)、ゼネストの失敗並びにその後の追打ちによって、ＣＧＴは勢力を著しく失墜してしまったのである。

（３） Picard, Le marché du travail et le mouvement syndical, pp. 1364-5.

ゼネスト敗北の後、使用者側のディスクリミネーションによって再雇用を拒否された幾千人もの労働者は復職を命ずる仲裁裁定を期待し、調停委員会に提訴した。使用者側は政治的目的のためのゼネストは調停仲裁法の範囲外にあり、従ってそれに伴う解雇は個別的紛争であると主張し、ダラヂェもまた、今回のゼネストは政府に対し向けられた不法な政治ストであり、従って仲裁制度の管轄外である旨の意見を表明し、これらの意見におされて、県調停委員会の長である県知事の多くは、組合側が提訴した事件の受理について政治的に躊躇せざるを得なかった。(4)

（４） P. Daniel, "Les conséquences juridiques de la grève du 30 novembre", Dossiers de l'action populaire, 1939, p. 499.

勿論、法律的には管轄の問題は仲裁人、そして最後的には高等仲裁裁判所の決定するところであり、事件は調停仲裁手続に附託された。然し乍ら仲裁々定の多くは、或は管轄権を否定し、或は解雇の正当性を容認し、高等仲裁裁判所も、解雇および復職請求が集団的紛争であることは認めたが、解雇の問題に関して、職業上の不満に関係のないストライキに参加することは雇用関係における使用者の権利を侵害するものであり、使用者は労働契約を解除する権利を有すると述べ、復職を認めなかった仲裁人の裁定を確認したのである。(5)(6)

（５） CSA. No. 930, 15 fév 1939. なお、仲裁裁定については Droit Social, 1939, p. 72参照。

（６） 然し乍ら、再雇用に当って使用者の組合幹部に対するディスクリミネーションを認めた仲裁々定に対しては、右のディスクリミネーションが組合活動に基くものではないことの立証を欠くとして無効を宣言しているのは興味深い (CSA. No. 1959, 3 mai 1939)。

当初は四〇時間法等と共にむしろ労働者を守るための制度として確立された強制仲裁制度は、政治情勢の変遷につれて、次第に労働者側に冷淡となり、反労働者的な傾向をすら示すに至った。政府の瀕々たる指示、指令が、政府によって任命される仲裁人の自由な裁定を阻止したことはいうまでもないが、このような直接の指示がなくとも仲裁人は、政府の政治的見解に従って行動せざるをえなかったのである。ゼネストの後には、この制度はもはや被解雇者の救済には何等の役に立たないことを示したし、特に一九三八年法の賃金条項(第一〇条)は、物価が安定した後においては同条但書と共に逆に賃上を抑制する方向へ働き、仲裁手続の遅延と共に労働者の不満と失望は累積して行った。強制仲裁法に対する労働者側の失望はやがてこの制度に対する非難へと変り、強制仲裁法の発起人ともいうべきＣＧＴが今やその廃止を要求するに至った。[7]

（7）　例えばＣＧＴノール支部（Union départementale du Nord）では、強制仲裁法は当初は満足すべきものであり有用であったが、労働者の同意なしの改正により、その性質を変革させたとの見解を発表し、組合幹部ゴーチエ(Gauthier）は、この制度は労働運動に対する拘束物となっていると述べている（Peuple, 26 fév. 1939)。
　また全国織物業労働者組合（Fédération Nationale du Textile）は、一九三九年六月の年次大会において「強制仲裁法は労働者に対する武器と化しつつある」と述べ、同年七月の出版労働組合（Fédération du Livre）大会は、強制仲裁法の廃止を要求している。

然し乍ら間もなく第二次世界大戦が勃発し、強制仲裁をめぐる諸問題も硝煙の彼方へと消えて行った。政府は、開戦と同時に強制仲裁制度を中断し、産業関係および賃金統制の強力な権限を把握し、凡てが戦時体制へと移行した。

第五章　フランスの最低賃金制

一　はしがき

賃金が労働契約という当事者間の自由な協定により、需要供給の法則（la loi de l'offre et de la demande）に支配されつつ決定されると考えられていた時代においては、賃金の観念は、純粋に経済的なものであり、法的規制の対象となりえなかった。

然しながら資本主義経済の加速度的な進展は生産性の飛躍的な増大と共に、資本の前に痛ましいまでにいためつけられ、社会の下層部に浮遊する夥しい賃労働者群を生み出したのである。労働力の外には何物をも有しない彼等は、使用者の提示する一方的な賃率を唯々として受諾せざるをえず、やがては悲惨な社会問題を醸成して行った。労働者の悲惨な状態は、漸く世人の道義的正義感をゆり動かし、一連の労働保護法を成立させた。労働者をこのような地位に低迷させる最大の根源が、経済的非独立の状態において締結される不当な賃金率にあることに着目した一部の人道主義者は、労働保護立法の一環として賃金に対する国家の積極的な介入を要望するに至ったのである。このような動きは、フランスにおいては先ずカトリック社会主義者の間に起り、ローマ法皇レオン一三世がその回状Rerum novarumにおいて「賃金が質素で正直な労働者の生存を維持するのに不充分なものであってならないことを知るのは自然法の正義である。」と説くに及んで益々活発なものとなった。ここに純粋に経済的な概念にすぎなかった賃金理論に、新しい社会的賃金（salaire social）の観念が加わり、主として人道主義的な世論を背景に労働者政党は最低賃金の決定を目的とするいくつかの法案を提出するに至ったのである。(1)

（1）八時間労働制および一切の労働者•使用人に対し最低賃金制を設定する一九〇五年一一月五日のVaillant提案（一九一〇年一一月一七日再提出、ch., No. 469）、全ての労働者に対し最低賃金制を設定する一九一〇年一二月五日のCuny提案（Doc. parl., n°545）、一九二八年一一月二二日のPicqunal提案等がなされているが何れも成立するには至らなかった。P. Pic, Traité élémentaire de législation industrielle, 6e éd., 1931, No. 941）。

このような家族をも含めて労働者の平均需要を満たそうとする社会的賃金、公正賃金（juste salarie）、家族賃金（salaire familiale）の観念に対して自由主義経済学派の側から猛烈な反対が起ったのは勿論のことである。彼等は「国家はかかる領域に介入する権限を何等有するものではない。」と真向からきめつけつつ、「賃金率は仕事の性質、市場の状態、企業の盛衰、原料の高下、注文の多寡により著しく変化しうるものである。賃金は同一職業においてすら、地方または都市により相違し、利潤により変動すべき性質を有するものである。(2)」として反対の態度をとった。

（2）H. Denis, L'histoire des prix, 1895, P. Pic, op. cit. No. 944, p. 651.

然し乍ら、このような賃金生産力説的な立場に立つ反対論者も、家内労働者を初めとする特定労働者にしわよせられた苦汗労働に対しては、何等かの意味での国家的介入を認めざるをえなかった。即ち、契約自由の原則の中において経済的に優位に立つ使用者側の権利の抑制の正当性を容認せざるをえなかったのである。賃金の領域における国家的規制は、先ず家内労働者および公共土木事業における労働者に対して向けられた。不当に低い賃金の支払をうけているこれらの労働者に対し、その地域において現に支払われている賃金水準を保障し、相対的に公正な賃金を確保させようとしたのである。

やがて労働保護法の中に蘇生し、階級的連帯性を意識するに至った労働者階級は、団結の力によって、より有利な労働条件獲得のための闘争を展開し、ストライキを武器としつつ、労働協約を獲得するに至る。賃金決定の原則は労働協約の出現により画期的な変質を遂げ、今や個々の労働者に代る労働者の団体が、使用者または使用者の団体と事実上対等の立場に立って労働条件の決定を行うに至った。このような事情を背景に一九三六年団体協約法は、職種別地域別の最低賃金の規定を協約の絶対的記載事項と規定し、更に最も代表的な労使両団体の締結した労働協約に一般的拘束力宣言を課すことにより職業別、産業別統一賃金の設定を意図したのである。勿論、これらを補うものとして一九三六年―三八年労働争議調停仲裁法に基く調停仲裁制度の存在を忘れてはならない。

然し乍ら労働協約による賃金決定が画期的なものであるとはいえ、其処に支配するものは依然として労使両階級の赤裸々な力関係であり、その勢力のぶつかり合う点において賃金率は決定され、労働協約に基く最低賃金設定の基準もまた端的に企業乃至は当該産業の支払能力により制約されざるをえなかった。これらに対する疑問の中から徐々に生活費を基準として最低賃金の設定、賃金決定における公権力の直接的な介入を要望する声が起ってきたのである。第二次世界大戦の勃発は戦時労働政策の一環として完全な賃金統制を実施させ、戦後の計画経済もまた物価統制と並んで賃金統制を断続させたのであるが、その間新憲法の施行に表明されるように労働権の思想にも飛躍的な発展が見られ、これに呼応して賃金の領域においても、健康で文化的な生活を営むに足る生活賃金の観念が登場して来ているのである。戦後の経済再建に伴い、徐々に物価統制が解除され、一九五〇年法は、賃金統制を完全に撤廃し、再び賃金の決定は労使両団体の自由な交渉に委ねられるに至った。それと共に生活賃金を基礎にした全国的な最低賃金が設定され、公権力をもってその実効を保障することとなった。更にフランスの最低賃金は、一九五二年七月一八日法が物価に応ずるエスカレーター条項を設けるに及んで、最低生活賃金の色彩を益々濃厚に打出すに至った。その間、労働者階級の一貫した最低賃金要求の統一運動があることを見逃してはならない。

以上のようなフランスの最低賃金制の発展過程には、最低賃金制発展の典型的な形態が段階的に現われており、理論的にも極めて興味深い幾多の問題を内包している。以下、(イ)公共土木事業における労働者の最低賃金、(ロ)移民労働者および特定労働者に対する最低賃金、(ハ)家内労働者の最低賃金、(ニ)労働協約の拘束力宣言による最低賃金、(ホ)賃金統制法における最低賃金、(ヘ)一九五〇年最低保障賃金の各項について分説するが、これらは、最低賃金制の時期的な発展過程を示すものである。

二　公共土木事業における最低賃金

賃金決定における公権力の介入は、フランスにおいては公共土木契約における労働関係に対するものをもって嚆矢とする。それは私企業に対する干渉を意味するものではなく、国家が契約の一方の当事者であったが故に容易に入札に際して諸条件を課すことができたのである。激しい競争入札の結果、請負人はしばしばその経費の削減を労働者に転稼し、極端に低い賃金が支配的となっていた。賃金の低下は必然的に労働力の質の低下を斎し、土木工事についても短時日の間に再び修繕工事をなさざるをえなかった。そこで請負契約書の中に賃金に関する約款を挿入し、当該地域における通常賃金の支払を保障させようと計ったのである。最初の試みは一八八八年にパリ市当局により行われたが、請負人はこれに反対して参事院に控訴し、参事院もまたこれを認め「労働の自由を侵害し、市参事会（Conseil municipal）の権限を越えるもの」として無効の判決を下している(1)。これに対して政府は、労働局に調査を命じ積極的にその対策に乗り出し、立法的解決に道を開こうとしたのである。一八九四年以来公共土木事業における最低賃金を設定しようとする法案が相ついで提出されたが上院の反対が余りにも明白であったため、時の商務大臣ミルランは一八九九年八月十日大統領（décret）の形式により法的規制を行うこととした。

ミルラン命令は、公共土木契約の入札書に当該都市または地方において通常適用される賃率に等しい賃金を労働者に対して支払う旨の条項の挿入を規定するものである。右の条項は国の締結する契約においては義務的とし、市町村の場合は任意的なものとされていた。ミルラン命令は、一九三七年四月一〇日大統領令[2]および一九四〇年三月八日大統領令により改訂され今日に及んでいる。その概要は次のようなものである。[3]

（一）通常賃金率の確定は各県毎に県知事によりなされるが、当該職種については通常の能力を有する労働者に通常支払われている賃金と同一のものでなければならない。

（イ）県知事は、当該地方または地域に労働協約が存する場合には右の協約に賃金決定の基準を求める。

（ロ）労働協約が存しない場合には、労使双方の代表により構成される通常賃金認定委員会[4]（Commission de constatation des salaire normaux）に諮問し、かつ職業組合、労働審判所、または市町村の技術家および建築技師、労働監督官およびその他の関係者の意見を徴した上で決定する。

（二）同一県内においても、地方または町村（agglomérations）により賃金率が異なるときには、同一職業に対して数種の賃金表を定めなければならない。

（三）賃金表は各入札書に添附することを要し、労働の行われる場所に掲示しなければならない。

（四）契約の履行が長期に亘り、関係産業に賃金率の変化を生じた場合には、関係当事者の請求または職権に基いて賃金率が改訂される。改訂の手続は（一）におけると同一の形式において行われる。[5]

（五）監督方法は次のようなものである。

（イ）行政官庁は、請負人に対して賃金台帳および労働者名簿の提出を求め、賃金の支払に際し立会うことが出来る。
（ロ）右と同一の権限は労働監督官に対しても認められる。
（ハ）実際に支払われた賃金が入札書に添附された賃金より低い場合には、行政官庁は、損害を受けた労働者に対し、使用者が予め供託した保証金の中から直接、差額を支払う。
（ニ）賃金に対する違反に対しては入札心得書に定められた制裁を適用することができる。
（ホ）累犯の場合には、関係行政官庁は、当該請負人を一定期間または絶対的に当該県内の入札から除外することができる。

（1）Conseil d'État, décret du 17 mars 1888, S. 1892. 3. 89.
（2）Décret du 10 avr. 1937は公共土木契約のみならず、競争入札または特命（de gré a gré）による物品供給契約に関し契約履行の目的をもって組織され、若くは機能するchantierまたはateliersに対して適用される。
（3）P. Durand, Traité de Droit du Travail, tome II, 1950, pp. 622-625; P. Pic, op. cit. No. 962-970.
（4）V. l'arrête du 15 jan. 1938.
（5）勿論、労働協約または仲裁裁定に服する労働者は賃金表の改訂を待つことなく、労働協約または仲裁裁定に定めれた賃金を受取る（Circ. min. Trav., du 15 jan. 1938, Bull. min. Trav., 1938. 35）。

三　移民労働者および特定労働者に対する最低賃金

フランスにおいては移民労働者およびその他の特定労働者に対し、早くから最低賃金制が定められている。

（一）　移民労働者の最低賃金

外国人労働者の生活水準は、多くの場合フランス人労働者の生活水準よりも低く、激しい競争により、賃金は不当なまでに引き下げられる危険性が存した。このような外国人労働者による賃金引下競争を防ぐために移民協定(accord d'immigration)による最低賃金の保障がとられている。例えば一九一九年九月三〇日の仏伊労働条約第二条は「移民労働者の賃金は同一企業において同一労働をなす同一職種の本国労働者が受取る賃金を下回ってはならない」と定められているが、同様の規定は、ポーランド（一九一九年）、チエッコスロヴァキア（一九二〇年）、イタリヤ（一九四六年）との条約にも存在した。

（二）　戦争年金受給者に対する最低賃金

一九二四年四月二六日法は、戦争年金受給者に対し、通常賃金の支払を命じている。

（三）　復員軍人、捕虜、政治流刑人に対する最低賃金

一九四五年五月一日命令（Ord. du 1er mai 1945, art. 23 et s.）は、特定の復員軍人、捕虜および政治流刑人に対し、六ヶ月間、企業において以前に占めていた地位に応ずる最低賃金を保障している。

（四）　ジャーナリストの最低賃金

一九三五年三月二九日法は、間接的な方法でジャーナリストに対し最低賃金の支払を保障している。

(1) P. Durand, op. cit. pp. 626–628.

四　家内労働者の最低賃金[1]

家内労働者に最低賃金法を制定しようとする動きは早くから見られたところであったが、第一次大戦中に漸く実を結んだ。イギリスと同じく資本主義の歴史の比較的古いフランスにおいては、家内工業の存在が広汎であり、家内労働者の極端に低い賃金と苦汗労働は家内労働者に対し、極めて有害であったのみならず、必然的に当該職業の賃金低下、長時間労働を一般化させたのである。

家内労働者は、一般的に家計補助的ないわゆる足前的賃金（salaire d'appoint）を目的としたため、極度の低賃金が支払われ、これを補うために一四時間一五時間に及ぶ労働時間の延長が行われた[2]。更に家内労働者は相互に孤立し、意識が低いために、集団的な組織をもって労働条件の改善に当たることができなかった。やがて、このような極度の低賃金の存在が工場労働者の労働条件を引下げる役割を演ずるに及んで、単なる人道主義的な立場に立つ家内労働者保護の要求から歩を進め、労働階級の統一要求として賃上げが叫ばれ始めた。フランスの家内労働法が第一次大戦中の一九一五年に制定されたのは、戦争逐行のための労働者階級に対する一定の譲歩を意味するものでもあろう。

一九一五年七月一〇日法は、衣服、帽子、靴下、下着、刺繡、羽毛細工、造花その他被服業に入るあらゆる仕事を家庭においてなす一切の女子労働者に対し適用されるものであったが、一九二二年四月一〇日命令は、適用範囲をズボン吊、靴下止、ネクタイ、レース等、被服業に附属するものにも拡張し、更に一九二六年七月三〇日命令は、一九一五年法を手袋、モロッコ革製品、籠製品、封筒、包装製品等の家内女子労働者にも適用させることとした。その後一九二八年一二月一四日法は、一九一五年法の適用範囲を上述の事業における家内女子労働者のみならず、男子労働者にも拡張し、ここに広汎な家内労働者に対する最低賃金法が成立したのである。更に一九三五年七月二五日命令により、同法は絹およびレイヨン織物業にも及ぶこととなり、同法は一九四一年八月一日法および一九四三年六月二八日法により修正されつつ現行労働法典第一巻三三条以下（家内労働者の賃金）の規定をなしている。

家内労働者に対する最低賃金制の概要は次のようなものである。

1　最低賃金の決定

労働法典第一巻第三三条は、「家内労働に適用される手間賃は、中程度の熟練を有する労働者が、法定労働時間中……以下の各条により職種別、地域別に定められた最低賃金をうるように計算されねばならない」と定め、更に第三三条eは、最低賃金決定の基準として当該地域における同種の工場労働者に通常支払われている賃金を基礎とすることを明示している。然しこの賃金決定には、工場労働者の賃金が通常時間当りで支払われているのに対し、家内労働者の賃金が出来高給で支払われているという比較上の難点が存する。同種の工場労働者に通常支払われている賃金の確定と、家内労働者の労働時間の確定がなされて初めて家内労働者の手間賃が決定されるわけである。

（イ）　一九一五年法における賃金決定手続　　右の二つの機能を行うために一九一五年法は、各県毎に賃金委員会（Comité des salaires）および職業鑑定委員会（Comité professionnel d'expertise）の二つの委員会を設置し、その決定を行わせている。

（1）　賃金委員会は、当該地方および職業において中等度の能力を有する労働者に対し通常支払われる賃金を決定することを目的とする。右の委員会は同数の使用者および家内労働者代表をもって組織し、管轄区域の治安判事が主宰する。賃金委員会は、当該地域に家内労働者と同一の労働を営む工場労働者が存する場合には、その工場労働者に払われている賃金を基準とし、同一の労働を営む工場労働者が存しない場合には類似の労働を営む工場労働者の賃金を基準とし、更に類似の労働を営む工場労働者が存しないときは、同該地方の日雇労働者に通常払われる賃金を基準として、家内労働者の賃金率を作成する。

（2）　職業鑑定委員会は、家内労働者が委託された仕事を行うのに必要な平均労働時間を評価することを目的とする。即ち家内労働者の賃金は、監督の煩を避けるため、請負または出来高給を通例としているため、その賃金は賃金委員会により定められた時間賃金に換算するための必要労働時間の測定を任務とするわけである。

職業鑑定委員会は同じく同数の労使代表をもって組織され、治安判事が主宰していた。

（ロ）　一九四一年法（現行法）における賃金決定手続　然し一九四一年八月一日法は、一九一五年法の本質を維持しつつも手続を簡素化し、時間当たり通常賃金の決定と、必要平均労働時間の決定をすべて県知事の権限として、前記の両委員会を廃止し、諮問委員会を設置している。即ち、

（1）　通常賃金率の決定

（a）　県知事は、当該地方において家内労働者と同種の職業を営む工場労働者に対し通常支払われる賃金率を確定しなければならない。（b）　関係職業について当該地方に家内工業しか存在しない場合には、類似の労働を逐行する工場労働者の賃金、若くは、類似の地方において家内労働と同種の労働を逐行する工場労働者の賃金を基準として賃金率を決定する。（c）　県知事は、賃金率の確定に際し、当該地方の工場労働者に労働協約が存する場

合には、協約の賃金率を基準として決定しなければならない（一九三七年四月一〇日命令第三条）。（d）労働協約が締結されていないときは、労使同数をもって、構成する混合委員会（Commissions mixtes）の意見を徴しなければならない。また、労働組合、労働審判所、県および市町村の技師、技術家、労働監督官およびその他の関係者より情報を蒐集することを要する。（e）右の賃金率には、必要に応じ家内労働者の仕事場の経費（frais d'atelier）を加算することができる。（f）関係産業において賃金率の一般的変化を生じた場合には、県知事は職権、または家内工業の利害関係人の請求により賃金率を改訂することができる。

（2）必要平均時間の算定

第三三条gは、県知事に対し、一九一五年法において職業鑑定委員会が行っていたと同一の任務を課している。即ち家内労働者が委託された仕事を遂行するのに必要な平均労働時間を算定する。このために県知事は、各種の家内労働者が商品目録毎に継続作業をなすのに必要な労働時間数を決定しなければならない。従って家内労働者に支払わるべき最低賃金は、時間当たり賃金と必要労働時間数とにより容易に算定されるわけである。県知事はこの必要労働時間数の決定に際し、前述した混合委員会の意見を徴さねばならない。同委員会には専門家の資格で二名の使用者および二名の家内労働者を招致することが規定されている。

2　最低賃金の公示

県知事は、最低賃金を決定の日から一月以内に公示しなければならない。右の公示は「県行政命令集」（Recueil des arrêtés administratifs du département）に掲載することによりなされる。公示の日以後、最低賃金は県内の全域に亘って適用される。関係者は最低賃金の決定に対し、労働大臣に異議を申立てることができる[3]。労働大臣は異議の申立または職権に基き、新に混合委員会の意見を聴取した後家内労働者の最低賃金を決定する。労働大臣の決定に対しては上訴を許さない。

3　**監督方法**

最低賃金の支払を確保するために次の監督方法がとられている。

(イ)　家内労働を実施するすべての使用者は、その旨を労働監督官に届出なければならない。

(ロ)　右の使用者は、家内労働者に適用される賃金を集合場所 (locaux d'attente) または原料を引渡し、製品を受取る場所に掲示しなければならない。

(ハ)　家内労働者に仕事を提供するときには、賃金の額を記載した手帳を交付し、仕事の引渡しを受けたときには労働者に支払った報酬額を記載する。使用者は右と同一の事項を備付けの帳簿に記入し、労働監督官の請求により提示しなければならない。

4　**制　裁**

最低賃金以下の賃金を支払った使用者に対しては民事上刑事上の制裁が課せられる。

(イ)　民事上の制裁

使用者は、家内労働者に対し不足額を支払うと共に損害賠償の責に任じなければならない。

(ロ)　刑事上の制裁

労働法典第一巻第九九条および第一〇〇条の定める罰則が適用されるが、最低賃金以下の賃金を支払った場合には、労働者一人につき二千フラン以上一万二千フランまでの罰金に処せられる。前述した手帳および帳簿に記載せられた賃金以下の賃金を支払った場合には罰則が加重される。

5　最低賃金に関する訴訟

最低賃金に関する訴訟は労働審判所に提起することを要するが、行政処分に付随する訴訟は違警罪裁判所の管轄とされている。訴権は損害を受けた家内労働者が有することは当然のことであるが、この外に職業団体の訴訟担当が認められている。特に興味深いのは、職業団体は訴訟委任によることなく、関係人に代って訴えを提起しうる点である(但し、利害関係者が反対した場合はこの限りではない)。更に右の職業団体は、その構成員中に紛争当事者を含まないとき、即ち組合員外の紛争であっても、紛争当事者と同一職業に属するものであるときには当事者適格を認められており、「利益なければ訴なし」という民事訴訟法上の原則は大きく破られている。(4)

(附　記)　以上のような家内労働者の最低賃金は、一九五〇年に全国的な最低賃金法が施行されるに及び、実質的な意味を失うに至った。

(1)　M. Amiaud, Cours de Droit du Travail, 1951, pp. 599-606; P. Durand, op. cit. pp. 824-829; Rouast et Durand, Précis de Législation Industrielle, 4e éd. 1951, pp. 437-442. その他ピック、カピタン、キューシュ等参照。

(2)　カピタン、キューシュ「労働法提要」星野、石崎訳三六二頁。

(3)　県知事の決定に対する異議の申立は、一九四一年法以前においては、中央家内労働委員会(Commission Centrale du travail à domicile) に対してなされたが、右の委員会は一九四一年八月一九日法により廃止され、以後労働省の所管となった。

(4) 家内労働者は、極度に従属的な地位から最低賃金違反の訴訟の提起を躊躇するためこの規定が設けられたといわれている。また、家内労働者の最低賃金に対する違反は間接的に工場労働者をも侵害するため職業団体は当事者適格を有するとも説明されている (P. Durand, Traité, p. 829)。

五　労働協約の一般的拘束力宣言による最低賃金

一九六三年労働協約法および労働争議調停仲裁法により、フランスの最低賃金制は画期的な発展を遂げるに至った。即ち従来の苦汗労働に着目した特定労働者に対する最低賃金制から一般的拘束力宣言によるより広汎な労働者に対する最低賃金制へと規模を拡大したのである。

1　一九三六年六月二四日労働協約法

一九三六年労働協約法は、職種別、地域別の最低賃金に関する規定を労働協約の必要的記載事項と定め、更に工業、商業における地域的または全国的に最も代表的な労使両団体の締結した協約が、労働大臣の発する一般的拘束力宣言により関係地域および職業のすべてに亘って適用される旨を定めている。一九三六年労働協約法における最低賃金制は単に未熟練労働者に対する最低賃金ではなく、賃金格差をもった職種別の最低賃金である点に特色を有している。一九三六年六月二四日から一九三八年一二月三一日までに五一九の労働協約が拡張され(1)、労働協約に定められた最低賃金は当該職業および地域における法的規範として極めて重要な役割を演じたのである。

2　労働争議仲裁法

一九三六年一二月三一日法および一九三八年三月四日法(2)により労働争議の強制調停仲裁制度が確立せられると共に、仲裁裁定による賃金の決定が可能となり最低賃金の問題は更に前進することになった。当事者が労働協約の締結に失敗した場合、労働協約を改訂しようとする場合、労働協約が存しない場合の紛争は、凡て法の規定する調停仲裁機関に附託される。世界的恐慌の余波と第二次世界大戦前後の不安な政情に基く経済的諸困難から、労働紛争は賃金に関するものが主流をなし、殆どすべての賃上が仲裁裁定により行われたといわれている。(3)しかも仲裁裁定が協約と同一の勃力を認められ、労働大臣による拘束力拡張の対象とされるに及び、賃金決定に対する仲裁制度の役割は益々重要性を帯びるに至ったのである。

さて、一九三六年労働協約法は、職種別、地域別の最低賃金の規定を協約の必要的記載事項と定めているが、最低賃金決定の基準については何等明らかにすることがなく、また三六年調停仲裁法も、仲裁人の賃金裁定の基準については何等規定していなかった。

そこで物価の騰貴に応ずる賃金調整の基準を明確にするため一九三八年三月四日法が制定された。同法第一〇条は特にこの基準を明確にすることを意図したものであり、échelle mobile条項として世人の目を惹いた。(4)即ち(1)契約または裁定によって賃金が決定された日から官庁生計費指数が五％以上の変動を示すときには、当事者は賃金改訂の要求をなすことができる、(2)賃金改訂の日から六ヶ月以内は新に賃上の要求を行うことができない、(3)但し、六ヶ月以内であっても、生計費指数の変動が一〇％以上に上るときは即時賃金を改訂することができる、旨を定めるものであり、賃上に一種の法的根拠を与えるものということができる。したがって、賃金の改訂は原則として物価の変動に比例して行わねばならない。例えば生計費指数が一〇％の増加を示した場合には、協約の定める賃金も一律に一〇%の増額を行わなければならないわけである。然し、使用者が、企業の経済状態から物価と同比率の増額が不可能である旨を立証した場合には、仲裁により右の比率をスケール・ダウンしうることが認められている。

これらと関連し、同法第一〇条の適用を受ける賃金に関し多くの論議が闘わされている[5]。即ち、協約の定める最低賃金が、物価の変動に応じそのまま増額されるものであるか、いいかえれば、同法第一〇条は最低賃金に対するスライディング・スケールの役割を果たすものであるか否かが争われたのである。結局、高等仲裁裁判所の判決[6]により、生活費の騰貴に比例して賃金の増額を行うという規定は、協約の定める最低賃金の総額について適用されるものではなく、その一部をなす最低生活費（minimum vital）に対してのみ適用されることが明かにされた。従って、例えば生計費指数が一〇%の増加を示した場合であっても、当該産業の最低賃金が最低生活費以上のものであると見做されるときは、仲裁人は最低賃金を一〇%引上げず、その中の一部である最低生活費のみを一〇%増額することができるのである。つまり最低生活費（minimum vital）の考え方が、同時に最低賃金決定の重要な基準となり、賃金に関する仲裁裁定の根拠となったということができる。

労働協約法並びに労働争議調停仲裁法はやがて第二次世界大戦の勃発と共に効力を停止され（一九三九年九月一日法）、賃金制度もまた戦時体制へと移行して行った。

（1）　Amiaud, op. cit. p. 607.

（2）　これらの制度の概略については拙稿「フランス労働法における紛争調整機構」私法八号八一頁―八三頁、並びに「フランスの強制仲裁制度」を参照して頂ければ幸いである。

（3）　S. Buguet, Le rajustement des salaires par l'arbitrage, 1938.

（4）拙稿「フランスの強制仲裁制度」に立法過程と共に詳述しておいた。
（5）同法の審議過程においては、凡ての賃金に対してスライディング・スケールを認めんとする意見と、最低生活費に対してのみ適用さるべきであるとする意見が対立し、結局は妥協の形で条文に明記せず不明確なまま同法は通過した。議会の答弁の中でショータン首相は「minimum vitalと呼ばるべき賃金の必要部分（fraction nécessaire）即ち……生計費の増加の結果増額しなければならない部分」と述べている。（Sénat, 27 fév. 1938, p. 265）同じく上院において労働大臣ポール・ラマディエは「調整を必要とする賃金とは、minimum vital即ち、労働者が生きるために受けとらねばならない賃金である」と答えている（Ibid, pp. 267–68）。
（6）C.S.A. No. 284 bis, 1er août 1938, métallargie de Béthune et d'Arras, Dr. Soc. 1938, p. 33. 同伴決は次のように述べている。「第一〇条の規定はすべての賃金に対して適用されるものではなく、minimum vital即ち、労働者が生きて行くために受けねばならない最低生活費に応ずるminimum vitalに対する指標を設定することは独立して仲裁人に委任されている。仲裁人は各職種毎にこれらの指標を決定しうる。」

六　賃金統制法における最低賃金（1）

1　第二次大戦中の賃金政策

第二次世界大戦の勃発と共にすべては戦時体制へと切替えられ、物価統制と並んで賃金安定政策がとられた。一九三九年一〇月一〇日法および一九四〇年六月一日命令は、労働法典第二巻第一条に列挙する工業的商業的事業場における賃金を一九三九年九月一日現在の水準においてストップし、（同法第一条）一九四一年一一月三〇日法は賃金ストップ令をその他の職業に拡張する権限を労働大臣に委任した。同法に基き多くの委任命令が出されている。

例えば一九四二年一月九日命令により自由業、公務員、組合、法人その他の団体に拡張され、戦後も引続き門番(arrêté du 9 oct. 1945)、家事使用人(arrêté du 31 jan. 1946)に対し拡張されることが定められた。このように安定させられた賃金は労働大臣以外は修正することができなかった。

2　戦後の賃金政策

解放後も引続き厳格な賃金および物価統制が続けられ、戦後の経済再建のための完全な計画経済政策がとられたのであるが、賃金に対する最も緊急な要務は、物価騰貴に応ずる賃金の引上げと、職種別、地域別に存在する賃金差の混乱の是正であった。このために一九四四年八月二四日法および九月一四日法を初めとして夥しい法令が相次いで公布された。(2)

さて、戦争体制へ突入すると同時にその効力を中断されていた一九三六年労働協約法に代って一九四六年一二月二三日には新しい労働協約法が制定された。同法においても職業別地域別に適用される賃金の規定を労働協約の絶対的記載事項としているが、それは飽くまでも法令によって賃金が決定されるまでの臨時的性格を有するものであり、如何なる賃金条項をも協約に規定してはならないことが定められている。(同法一〇条および労働法典第一巻三一条o参照)計画経済において賃金は国が定めるものであり、戦前のように職業団体により定められるものではないという考え方の論理的帰結である。

国による賃金の決定は飽く迄も一九三九年一一月一〇日法および一九四〇年六月一日法に法的根拠を有しているが、一九四六年労働協約法により手続上、労働協約高等委員会(Commission supérieure des Conventions Collectives)の意見を徴した後になされる労働大臣の提案に基き政令によって定められることとなった。労働代表が構成員として出席する労働協約高等委員会に諮問することにより賃金決定の手続上の民主化を意図したのである。一九四六年一二月二二日法第七条は、右のようにして公布される政令は、(1)法令の定める事業場に適用される最低賃金、(2)職種別格差および賃金格差、(3)最高賃金を定めることを規定している。

以上の如き賃金立法のうち最低賃金制に関するものだけを取上げ、その概要を略述しよう。

3　最低賃金と職種別係数(3)

戦後の賃金統制の一環として解放後逸早く最低賃金制がとられた。最低賃金は一八歳以上の通常の体力を有する、各産業または職業における未熟練労働者を基準として定められる。

一九四六年一二月二二日法以前においては、全国賃金委員会（Commission National Interprofessionnelle des salaires)、四六年法以後は労働協約高等委員会の意見を徴した後に最低賃金は決定されるのであるが、最低賃金決定の基準に関し幾多の論争がなされている。一九五〇年法による全国保障最低賃金の伏線ともなるので簡単に紹介しておこう。

勿論、最低賃金の決定基準に対しては、賃金に購買力（Pouvoir d'achat）をもたせようとする労働者側の要求と賃上の物価へのはね返りを怖れる政府側の見解が真向から対立したことはいうまでもなく、決定基準に対する理論的根拠が何もえられないままに、最低賃金の額はこれらの政治的交渉の妥協点において定められていたということができよう。換言するならば、結局は、使用者側の執拗に主張する企業の支払能力に制約されつつ決定されていたと見ることも出来よう。然し乍らその間、労働者の家計費（budgets ouvriers）を基準に理論的に最低賃金を決定しようとする主張がなされたことは極めて注目すべき事実である。理論生計費に組入れるべき費目の選定、ヤミ価格と統制価格との差に関する難点から、甲論乙駁は果しなかったが、結局は物価の騰貴と生産性の向上とをにらみ合わせつつ決定するということで妥協的に落着いたわけである。

さて、一九四五年にはパリ地区の未熟練労働者に対し一時間二〇フラン、一九四七年一二月三一日命令では一時間当り三八フランの最低賃金が定められている。

次に、全国職業委員会（Commission Nationale Professionnelle）は各職業毎に労働者を数種の職種に格付け、職種別係数を作成し、労働大臣命令により公布することになっている。例えば、当該職業の労働者を(1)未熟練労働者、(2)重作業未熟練労働者、(3)半熟練労働者、(4)熟練労働者、(5)高度熟練労働者等に格付け、(1)の未熟練労働者の係数を一〇〇として、夫々、(2)一一〇、(3)一三五、(4)一五〇、(5)一七〇と定めている。更に監督的管理的職員に対しては、特別の係数が定められ、職工長（Contremaître）は半熟練労働者を基準として二〇〇、技師はそれぞれ三〇〇、四〇〇、五〇〇等の係数が割当てられている。

更に最低賃金の外に時間補償金（indemnité horaire）（一九四七年一二月現在で一時間一〇フラン）が定められているため、例えば職種別係数一五〇の熟練労働者の最低賃金は、38 fr. ＋19 fr. ＋10 fr. ＝67 fr. と計算されるわけである。時間補償金は物価騰貴を理由に、一九四八年九月二八日命令により新に増加されている（パリ地区では一律七フランを増加）。パリ地区の労働者に対しては、月五〇〇フランの交通費（indemnité de transport）が認められており、更に職業別の格差が設定されるに及んで最低賃金制は極めて複雑な体系をなすに至った。

4　年齢別地域別の減額

(イ)　年齢別減額

年齢別減額は次のように定められている。

一四歳以上一五歳未満の者に対し五〇％

一五歳以上一六歳未満三〇％

一六歳以上一八歳未満二〇％

（ロ）　地域別減額

第一次大戦中政府は賃金率を地方別又は地域別の生活費に応じて調整するため、賃金地域（zones de salaires）を設定する命令（Décision du ministre de l'Armément du 17 fev. 1917）を発しているが、戦後この命令が消滅した後においても地域給の観念は労働契約または労働協約の中に存続していた。従って国家が賃金統制を再び行うにあたり、この形態を復活させたことは当然であろう（arrêté du 24 avril, 30 mai, 21 juin, 19 juillet 1945）。

賃金地域は、地域別の生活費に賃金を適合させるために設けられたものであるが、地域の設定および賃金差については多くの論議が展開され[5]地域数および賃金差は次第に減少の一途を辿り、賃金平均化の傾向を示している。即ち一九四四年三月七日命令によれば六地域であったものが、一九四五年四月二四日命令においては三地域に減少し、賃金差（l'écart de salaire）も占領中の四〇％から一九四五年四月二四日三三％、同年五月三〇日二五％と減少している。地域別減額とはパリを第一区、零％とし、他の地域をそれぞれ格付けし、〇％から二五％までの減額を行うものである（戦災地に対しては有利に定められている）。

（1）　Amiaud, op. cit. pp. 609–925. はこの間の賃金政策を要領よく紹介している。

（2）　P. Durand, op. cit. p. 631. の注に法令の件名が掲げられている。

（3）　L. Boiteau, Traité pratique des Conventions Collectives, Commentaire de loi du 23 décembre 1946, 1947, pp. 45–54, pp. 62–71.

（4）職業別分類については、I. Préau et Riffard, Les Délais de Preavis, 1947, pp. 364 et s. 参照。

（5）P. Durand, op. cit. pp. 635–636.

七　一九五〇年全国保障最低賃金

戦後経済の安定化につれて物価統制は徐々に解除され、一九五〇年二月一一日法により賃金統制も完全に撤廃された。再び賃金は労使の自由な交渉により決定されることとなったのである。その間新憲法の制定による労働権の新たな確認と二〇世紀憲法的な特色ともいうべき生存権の思想は最低賃金の観念に対しても深い影響を与え、最低賃金の領域においても飛躍的な発展が行われた。即ち、賃金の決定を労使の自由な交渉に委ねつつも、労働者の生存に必要な賃金は国が保障するという考えに立ったのである。一九五〇年二月一一日法はこれに応じて全国保障最低賃金を制定した。同法は生活費を基礎にした全国保障最低賃金を設定すると共に、労働協約による最低賃金制を復活している。最低賃金制の制定に当っては熱烈な労働階級の統一的運動の成果が織り込まれていることも否定すべからざる事実であろう。

一九五〇年法によれば、先ずすべての労働者に対して保障される全国的な最低賃金が制定され、これらを基礎として協約により職業別全国最低賃金が定められることとなっている。同法および一九五〇年八月二三日命令を初めとする諸法令を総括しながら、五〇年法による最低賃金制について概観しよう。

1　最低賃金法における理論生計費の観念

従来の最低賃金の観念を一変させる重要な改革は、一九五〇年法が最低賃金決定の基準として理論生計費を採用した点である。これは労働者側の熱烈な要望にこたえるばかりではなく、一九四六年憲法の精神から導き出される賃金の観念に応ずるものであり、また一九四七年七月の「パレ・ルワイヤール協定」[(1)] (accords du Palais-Royal) において認められた原理の帰結であるといわれている。[(2)] 勿論最低賃金決定の基準を理論生計費に求める考え方は当初からとられたものではなく、激しい論戦の後に政府原案を押切って修正されたものである。政府原案は最低賃金決定の基準を現に支払われている通常賃金に求め、一九四九年一一月二九日の法案提出に際し、経済会議 (Conseil économique) は、計算の基礎として公務員の給与計算の基準となっている生計費を採用する意見を表明している。[(3)] 理論生計費の観念に対しては、政府は一貫して反対の態度をとり、議会においても「いかなる国においても――私は敢ていかなる国においてもというが――理論生計費による最低賃金の決定を行っている国はない。」という言葉に始まる激烈な反対論を披瀝しているほどである。[(4)] 然し乍らもり上る労働者階級の圧力に押され、政府の意見は否決されて、或意味においてはこれらの妥協とも見られる労働委員会の修正通り可決されたのである。

(1)　一九四七年七月諮問委員会 (Commission Consultative) がパレ・ルワイヤールで開かれ、席上、賃金は労働者およびその家が生存を営むに充分な額でなければならないという結論を出している (I. Kroher, Convention Collectives et Conflits Collecttifs du travail, 1951, p. 44.)。
(2)　I. Kroher, ibid. p. 44; G. Bohn, Convention et conflits Collectifs du travail, 1950, p. 100.
(3)　I. Kroher, op. cit. pp. 44-45.
(4)　ビドー首相のこの答弁についてはJ.O. Déb. parl. Ass. nat. 1950, p. 149.
(5)　Conseil de la RépubliqueにおいてM. Abel Durandは理論生計費設定の困難を次のように指摘して反対してい

る。「この理論生計費はナンセンスであり、とりわけ全国保障最低賃金の設定に役立たせようとするときには、なお更、ナンセンスである。それは労働者の現実の〔生活〕費用とは関係がなく……hommo economicusとまではいわないが、通常のフランス人の生計費に応ずるものではなく、抽象的なフランス人、全く仮空の実在しないフランス人のために構成されるものである」(J.O. Déb. parl. 1950, p. 360)。アベル・デュランはこのような言葉をもって始まる反対演説を行った後に、統計協会 (l'Institut de statistique) が毎月発行する生計費指教を基準とすべきことを提案している。

2　全国保障最低賃金の決定

最低賃金決定の基準が理論生計費に求められるとはいえ、完全にそれに拘束されるものではなく、最後の決定権は政府の裁量に委ねられている。最低賃金の決定は次のように行われる。

(イ)　労使団体、農民団体、家族団体の各代表および労働大臣並びに経済主務大臣またはその代理人をもって構成する労働協約高等委員会 (Commission supérieure des Conventions Collectives) は労働法典第一巻第三一条xの規定に基き、全国保障最低賃金の決定の基礎となる理論生計費 (budget type)(6) の編成を考究すべき任務を有する。

(1)　右の委員会には二つの小委員会が設けられており、第一小委員会は飲食物、第二委員会は飲食物以外の経費の必要量の評価を行う。

(2)　第一委員会は、必要カロリーの最低を二、八九七カロリーと決定し、それを実際の飲食物価格に換算し、必要飲食物費を算出する (一九五〇年三月現在において、単身者の飲食物費を一月七、一五二フランと評価している)。

(3)　第二小委員会は、飲食物以外の一切の経費を、住居費、被服費、洗濯費、保健衛生費、雑費等に分類して、必要経費を算定する (一九五〇年三月現在、一月八、〇四七フランと評価している)。

(4)　以上の小委員会の算定額を合計して理論生計費を定める（一九五〇年三月現在、単身者月一五、一七〇フラン、夫婦および子供二人からなる標準世帯四三、二〇〇フランと定められた）。

(ロ)　労働協約高等委員会は右のように確定した理論生計費を理由を附した意見書と共に労働大臣に送付する。

(ハ)　労働大臣および経済主務大臣は、右の委員会の資料に基き、一般的経済状態を考慮しつつ最低賃金案を決定し、閣議に提出する。

(ニ)　閣議は再び労働協約高等委員会の理由を附した意見書を考慮しつつ(7)最低賃金額を決定し、政令として公布する。

(ホ)　労働協約高等委員会の最低賃金に関する報告書は毎年公刊され、右の報告書並びに政令は、国際労働事務局に送附される。

(6)　理論生計費とは労働協約高等委員会の定義によれば、「人間の個人的および社会的需要、基本的で抑えることのできない需要の最低を凡ゆる場合に確実に満足させる生計費」と規定されており、家族団体全国連合（Union Nationale des Associations Familiales）の主張により、「単身者の理論生計費と並んで夫婦および子供二人からなる標準世帯の理論生計費の研究も行われねばならない」と補足されている。尚Bohn, Kroher, Amiaud, Durand等のそれぞれの定義は、前掲書を参照して頂きたい。

(7)　「理由を附した意見書を考慮し」という文言は国民議会の修正により挿入されたものである。

3　最低賃金の減額

最低賃金は一八歳以上の正常の体力を有する男女労働者を基準に定められ、次のように減額が認められている。

（イ）　年齢別の減額は次のとおりである。一四歳―一五歳、五〇％減、一五歳―一六歳、四〇％減、一六歳―一七歳、三〇％減、一七歳―一八歳、二〇％減

（ロ）　正常の体力を有しない労働者に対しては労働省令の定める一定額の減額が認められているが、その額は最低賃金の一〇分の一をこえてはならない。また、使用者がこのような最低賃金以下の労働者を数多く使用しないために、右の減額が適用される労働者の数は同一職の労働者数の一〇分の一をこえてはならないことが規定されている。ただし、この比率は地区労働監督官（Inspecteur divisionnaire du Travail et da la main-d'ouvre）の決定により修正することができる。

（ハ）　地域差はパリ地区を基準地域（zone de base）とし、五〇年八月二三日命令により、〇％から一八％までの減額が規定されていたが、五一年六月二八日命令により〇％から一三・五％までと改められている。(8)

（8）　P. Dupuis et J. Gagniére, Manuel de Législation ouvrière, 1952, p. 34.

4　全国最低保障賃金率

最低賃金は五〇年八月二三日命令により、第二地区に対し時間当り六四フランと定められ、パリ地区に対し七八フランと定められたが、一九五一年三月二四日命令より七四フラン（パリ地区八七フラン）、一九五一年六月一三日命令により七五フラン二五（パリ地区八七フラン）一九五一年九月二八日命令により八六フラン五〇（パリ地区一〇〇フラン）と改訂されている。(9)

（9）　五一年九月の最低賃金の決定に際し、労働者側は月二三、六〇〇フランを要求し、使用者側は一八、〇五フランを主張したが、結局一時間一〇〇フラン、月二〇、〇〇〇フランと決定された（Perraud-Charmantier et L. De Riedmatten, Lois Sociales, 1952, p. 83およびsupplément参照)。

一九五〇年九月二三日労働大臣通牒 (circulaire du 23 sép. 1950, J.O. 26 sép. 1950) は月給により報酬をうける労働者および使用人に対しては時間当り最低賃金の一七三倍の最低賃金が保障せられる旨を規定している。生産報償金、期末手当等の報酬は、名称の如何を問わず最低賃金計算の基礎には含まれず、パリ地区の労働者に対しては、最低賃金の外に月八〇〇フランの交通費の支給が保障されている。

5　全国保障最低賃金の適用範囲

全国保障最低賃金はフランス本国における、労働法典第一巻第三一条および第三一条oの規定する職業の全部に対して適用される。Algérie, Guadeloupe, Guyane等の海外の諸県に対しては、別に定める命令により最低賃金率が決定される。慣習上報酬の一部が食事および住居の提供によりなり立っている農業労働者、海員等の職業の最低賃金は特別の法令により定められている。

6　特定労働者の最低賃金

(イ)　一九五一年四月一七日命令 (J.O. 18 avr. 1951) および同年五月一五日労働大臣通牒 (J.O. 17 mai 1951) は、食事および住居の供与をうける職業に対する最低賃金法の適用条件を明かにしている。即ち、全部または一部の食事の供与をうける労働者 (例えばホテル、キャフェ、レストラン等の従業員) に対する最低賃金は、保障最低賃金から、労働協約または一九五〇年二月一一日法第二一条による協定の定める額を控除して決定する。

右の協約または協定にかかる定めがない場合には、右の現物供与（avantage en nature）の評価額は一日につき、当該地域における保障最低賃金の二時間分（一日一回の食事の供与をうけるときは一時間分）と定められている。従ってパリ地区においては三食供与の場合（nourriture complète）一日一七四フラン、一月四、五二四フラン、一食だけの場合一日八七フラン、一月二、二六二フラン（何れも五一年五月現在）となっている。

使用者が住居を提供する場合の利益の評価額は、協約または協定に別段の定めがないときはパリ地区では一日一五フランと定められ、その地域に対しては最低賃金に適用されると同一の地域別減額が適用される。

（ロ）　農業労働者に対する最低賃金

農業労働の特殊性に応じ、一九五〇年一〇月九日命令は独立して農業労働者の最低賃金を規定している。一九五〇年八月二三日命令第一条の規定に服する農業団体、農業倉庫、農業協同組合、農業会等の従業員を除き、農業労働者に対しては五〇年一〇月九日命令の定める最低賃金が保障されている。即ち、年二、四〇〇時間労働を基準とし、セーヌ県およびセーヌ・エ・ウァズ県の第一地区においては、年額一五六、〇〇〇フランと定められている。全国保障最低賃金におけると同様に地域別の減額が認められている。(10)

使用者が住居および食事を供与するときには一定額を最低賃金から控除することができる。(11)

(10)　Décret du 9 oct. 1950第二条および附則を参照。

(11)　Décret du 24 mars 1951, Décret du 13 juin 1951附則A表、およびB表によれば、食事の一日の額は最高二三五フラン（セーヌ県）より最低一八六フラン（サルト県）までの間においてそれぞれ定められている。同様に住居の利益提供の評価額は一日最高一〇フラン（セーヌ県）最低八フラン（サルト県）の間において定められている。

（ハ）　海員の最低賃金は一九五〇年一一月一五日命令により別に規定されている（V. décret No. 50-1414 du 15 nov. 1950.)。

(二)　家内労働の最低賃金

一九五〇年八月二五日労働大臣通牒は、労働法典第一巻第三三条により定められた家内労働者の時間賃金が、全国保障最低賃金を下廻るときは、仕事の供与者はその差額を支払わねばならないことを明かにしている。

7　最低保障賃金の調整（エスカレーター条項）

賃金を物価の変動に適合させるため、労働協約中にスライディング・スケールを採用する例がしばしば見うけられるが、フランスにおいては国の定める最低賃金制の中にこの旨を規定し、生計費の変動と最低賃金とを密接に結合させることとなった。最低生活賃金の観念をより一歩前進させるものと称することができよう。

エスカレーター条項は一九五二年七月一八日法によって設定され、労働法典第一巻第三三条xaとして挿入されている。次いで一九五二年八月二〇日命令（J.O. 22 août 1952)、同年八月二二日省令（J.O. 25 août 1952）により施行細則が定められた。概要は次のとおりである。

(イ)　労働協約高等委員会は、生計費の変動を考究させるための小委員会を設置する。

(ロ)　小委員会は次の者をもって構成する。労働大臣またはその代理人(委員長)、農林大臣またはその代理人(委員長補佐)、経済主務大臣の代理人、各四名の労使代表、家族組合全国連合の代表。

(ハ)　小委員会は全国統計経済研究協会（Institute national de la statistique et des études économiques）と連携しつつ生計費の変動を考究し、パリにおける月別消費者価格指数を公表する。

(ニ)　右の指数が五％以上の騰貴を示した場合には、保障最低賃金は変動率に比例して増額される。

（ホ）　特別の場合を除き、四ヶ月以内に二度の改訂をなすことはできない。

8　労働協約による最低賃金

以上のような全国保障最低賃金を基礎としつつ、労働協約により産業別、職種別の最低賃金が定められている。一九五〇年二月十一日法により、全国協約には、(イ)未熟練労働者の職業別全国最低賃金を定めなければならない。同時に、(ロ)職業別職階級制係数の設定を命じ、未熟練労働者の最低賃金を基準として職業別、職階制別の全国最低賃金が定められる。(ハ)全国協約が存在しない場合には右の最低賃金は地方別に地方協約(Convention régionale)により定められ、地方協約が締結されていないときは地域協約（Convention locale）により定められている。

第六章　フランスにおける解雇の法理

一　フランスにおける解雇の法理

一　はしがき

かってのデスポティズムに対するリアクションとして起ってきた一八世紀後半の社会思潮は、人間の意思(volonté humaine)に対するすべての障害を取除くことを提案し、「人は生れながらにして自由である」(人権宣言第一条)という自由・平等の個人主義をフランス革命の政治的イデオロギーとして採択させた。すなわち個人の幸福は、個人が社会的な紐帯を一切断ち切り、社会的に孤立し、平等の基盤に立った自由な活動を営むことによって初めてえられると考えたのである。このような個人主義の哲学が、新たに起ってきた資本主義経済の発展をいたるところで阻害していた従来の封建的な政治経済機構を打破し、職業の自由・労働の自由を確立して資本主義的企業発展の素地を切り開くという経済的な必然性に媒介されたものであることは改めて述べるまでもないであろう。政治社会において自由な個人は、経済活動においても自由人であり、かつ平等人でなければならなかった。市民法は、このような経済活動の自由を守護すべき任務を引受けるものとして誕生してきたのである。経済的政治的自由の理念は、法律的には意思自治の原理・契約自由の原則として表現され、すべての法律関係は、個人の意思に窮極の根源を有し、契約と社会契約によって設けられた国家の制定する法のみが、法的関係を構成しうるとされたのである。

経済社会にレッセ・フェールの法則が支配するごとく、法秩序においても契約自由の原則が支配して初めて自然の調和が保たれるというのが市民法の出発点であった。

右のような自由の理念に導かれた一八〇四年のナポレオン法典は、雇用契約に関し「何人ト雖モ一定期間又ハ一定企業ノタメノ外、ソノ役務ヲ約スルコトヲ得ズ」(仏民・一七八〇条)と規定し、(1) 個入の自由が雇用契約関係にも貫かれていることを明確にしている。同条は、人間の自由に反する一切の契約、換言するならば契約による奴隷的拘束を禁止する旨を宣言するにすぎないのであるが、同条の論理的な解釈から、期間の定めのない雇用契約は、当時者の一方の意思により常に解除しうるという原則が立てられていた。(2) 何故ならば雇用契約のごとき継続的な債権関係においては、契約の解除が両当事者の意思の合致(合意)にのみ基づかなければならないとすれば、一方の当事者の意に反した契約関係が永続的に続く脅れがあるとされたからである。期間の定めのない雇用契約の解除に関する右のような解釈は、一八九〇年一二月二七日法により改めて確認され、同法は「期間ノ定ナクシテ為サレタル役務ノ賃貸借 (Le louage du service) ハ契約当事者ノ一方ノ意思ニヨリ何時ニテモ之ヲ終了セシムルコトヲ得」という明示の規定を民法典一七八〇条に追加し、解雇に関する原則を明かにした。

(1) ナポレオン法典は、雇用契約に関する規定として、一七八〇条と一七八一条の二箇条を設けるにすぎなかったが、雇用契約の立証について定める一七八一条が一八六八年八月二日法により廃止されたのと、内容の重要性からいって、基本的には、一七八〇条のみが存在するにすぎないといっても過言ではなかろう。同条は上述のごとき原則的な規定を掲げるのみで、雇用契約の性質、条件、効果等については何等ふれていない。

(2) 例えばCharriére, La repture abusive du contrat de travail à durée indéterminée, 1933, pp. 30 et s. 参照。

雇用契約関係における両当事者の対等の立場に立った自由は、もとよりフランス革命の政治的イデオロギーの所産であるが、フランス革命が「典型的なブルジョア革命」であり、ナポレオン法典がまた典型的な市民法であることの当然の帰結として、雇用契約における形式的な自由にもおのずからブルジョア的な要請と、ブルジョア法的な性格が滲み出ていることに注目しなければならないであろう。奴隷的拘束からの解放・労働の自由の確立が、当時漸く勃興の気運に向いかけていた産業資本主義の発展に不可欠の自由な労働力の確保にあったことはいうまでもないが、問題を本稿の主題とする解雇に限定して眺めた場合にも、労働関係の終了に関する前記の原則が、企業経営上の利益を守るための資本家的な要請に導かれていることは疑いない。すなわち、使用者が、不満足な労働者を常に解雇でき、経済状勢の変動に応じて、余分となった労働者を何時でも解雇しうることが、利潤追求を本来の使命とする資本主義的経営に不可欠の要件と考えられたのである。繰返して述べるならば、雇用契約の終了はナポレオン法典成立以後、全く単純にして純粋に法律技術的な原則に服し、雇用契約は期間の定めの有無に従い、それぞれ期間の満了により、或は契約当事者の一方の意思表示により終了するという法律構成がとられたのである。

しかしながら、手工業的な規模の企業と、望むならば何時でも他に職を求めることのできた職人的なタイプの労働者しか知らなかったナポレオン法典の時代から、資本主義の発展が加速度的に進み、大企業と階級的に固定化してしまった夥しい賃金労働者群が輩出するにおよんで、雇用契約の終了に関する右の原則にも大きな修正が加えられるようになった。(1)

(1)　V. Vincent, La dissolution du contrat de travail, 1955, pp. 367 et s. なお、フランス法においては、労働契約の解除を一般的にcongéと総称し、そのうち使用者による契約の解除を解雇(licenciement)、労働者による解除を退職(démission)と呼んでいるが、本稿においては、期間の定めのない労働契約の使用者による解除を便宜上解雇と定義づけて取扱っていくことにする。

(1)　まず第一に資本主義経済が進展するにつれて、企業という社会的な制度が確立し、長期的に固定化した商品生産が行われるようになった点にわれわれは注目しなければならない。かつての手工業者は、自己の選択するところに従い、自由に製品を変更し、或は職業を中止することができた。しかるに、産業革命を経た後の資本主義的大企業においては、有機的に組織された有形無形の物的設備が逆に人間を統轄するようになり、例え経営する人は変っても企業は一つの制度としてそのまま半永続的に存続するようになってきたのである。(1) このような経済的社会的条件の変動は資本の側の要請として雇用関係の安定を――国家意思を媒介としつつ――新たに打ち出し、労働契約の終了に関する法原則を修正するにいたった。例えば、その後制定された労働法典第一巻第二三条（一九二八年七月一九日法）は「使用者に法律上の地位の変更が生ずる場合、とくに相続、売却、合併、資本の移転、会社設立等の場合であっても、変更当日に効力を有していたすべての労働契約は、新事業主とその従業員との間にも存続する」と規定し、普通法上の原則により、当然に契約関係が消滅するとみられていた使用者（契約当事者）の死亡、会社の合併、営業譲渡等の当事者の変更においても労働契約は存続する旨を明示の規定をもって定めているが、これらも雇用関係安定の一つの要請とみてさしつかえないであろう。また個別企業自身においても労働契約の終了に代えて、従業員としての身分を保持する労働契約の一時的停止（suspension）の制度（一種の帰休制）を設けることが一般化してきたが、(2) 解雇を防止するための組織的労働運動の力が一方において働いているとはいえ、雇用の安定という資本の側の機能が楯の半面に存在することを見落してはならない。

（1）　Savatier, Les métamorphoses économiques et sociales du droit civil d'aujourd'hui, 1952, p. 30.

（2）　Durand, Traité de droit du travail, 1950, pp. 792–793.

(2)　市民法上の美しい衣をまとった自由と平等が労働力以外の何物をももたない労働者階級にとって「餓死の自由」に外ならず、悲惨な「労働者階級の状態」が現出したことは改めてのべるまでもないが、市民法の形式的自由に対する反省乃至修正として生じた労働者保護立法は、解雇に関しても市民法上の原則をいくつかの点に亘って修正している（例えば、特定労働者に対する解雇予告期間の法定、妊産婦の解雇制限等）。

(3)　解雇の自由を制限するものとしてとくに重要な機能を果しているのは労働協約である。長い間の慣習によって積み重ねられてきた解雇予告期間をさらに有利に改訂し、或は解雇そのものを制限するために、解雇を従業員代表（délégués du personnel）、経営協議会（comités d'entreprise）乃至は労使混合委員会の協議事項とし、或は第三者たる労働監督官の介入を規定する等種々の手段を構じつつ解雇の法理を修正して行った。

(4)　労働協約により広く開拓され、確立された解雇制限の法理の若干のものは、次のような立法となって実定法秩序に凝結している。第一は団結権を側面から擁護するために、従業員としての身分を保持しながら労働者の代表として活躍する従業員代表並びに経営協議会委員の解雇を制限する立法（後述）であり、第二は、一面において計画経済の必要性から生れたものであるとはいえ、一般的に労働者の採用・解雇について行政権の介入を認める一九四五年五月二四日命令（後述）である。また集団的紛争に対する仲裁裁定の法律審たる高等仲裁法院[1]の判決が復職という民事裁判所とは異った新しい法原理を確立するようになったことも、労働協約による解雇の制限に関連してふれておかねばならないであろう。

（1）　拙稿「フランス労働法における紛争調整機構」私法八号参照。

以上のように、民法典においては全く単純で純粋に技術的なものにすぎなかった解雇の法理も、今日では極めて複雑な様相をおび、制限的な諸側面を含むにいたっているが、大別すれば解雇の自由(脅威)に対して労働者は次の三つの面に亘る保護をうけているのである。第一は解雇予告期間の制度であり、第二は、不当解雇に対する損害賠償の制度であり、第三は法令並びに協約による各種の規制である。以下これらの諸点についてその概要を分説する。

二　解雇予告期間

(一)　沿　革

雇用契約の即時の解除が、相手方に対して思わざる損害を蒙らせる危険性のあることから、契約の解除に先立って予告する義務を当事者に課す制度がフランスにおいてはかなり古くから発達してきた。その起源はアンシィアン・レヂイム時代の同職組合の規約にまで遡上るといわれているが、民法典の編纂者は、契約に対して厳格な規制を設けることを好まなかったために、古くから行われていた解約告知の制度を敢て雇用契約の章に挿入しようとはしなかった。しかし裁判所は職業慣習としてこれを取上げ、解約告知の制度はそれなりに労働者に対しては次の仕事を見出すための期間として、また使用者にとっては新しい労働者を採用するための期間としての役割を果してきたのである。しかしながらその後の資本主義の発展に伴い、労使の社会的な勢力関係が一変し、多くの労働者層が生れてくるにおよんで、とくに使用者側の解雇予告期間に対する考え方が変ってしまった。近代的な企業の要求する労働力は、もはや単純な未熟練労働で事足り、資本主義的な経済機構そのものが自ら創出していった豊富な労働力の存在は、資本が新しい労働力を求めるのに何等の不便も感じなくしてしまったのである。そこで使用者側は強大な事実上の力を駈り、解雇予告期間を短縮し、或はこれを廃止する傾向を示し始めた。当時の裁判所が解約告知の制度を慣習として取上げたとはいえ、それはいわば法の次元において把握したわけではなく、当事者間の契約が沈黙を守っている場合にのみ、これを補充するもの（事実たる慣習）として適用したにすぎないのである。従って労使間の明示の合意により、職業或は地方的な慣習により定まっている解雇予告期間を短縮し、或はこれを廃止することすら可能であった。しかも、使用者の一方的に制定する就業規則が、擬制的な契約意思を媒介として成立しているといういわゆる就業規則の契約説が支配していた当時にあっては、使用者は就業規則を改訂することにより意のままに解雇予告期間を短縮し、或はこれを廃止することができ、労働者は事実上の力関係の前に「自由な意思によって」これを甘受しなければならなかった。

このような解雇予告期間切下げの傾向に対して、一方において労働協約が大きな防波堤の役割を演ずると共に、他方においては保護法的な観点からこれを規制しようとする動きが国家法自身の中に起ってきた。いくつかの法案が相次いで提出された後[1]、一九二八年七月一九日法により解雇予告期間の制度は大きな改革を受けつつ、実定法秩序（労働法典第一巻第二三条）の中に明示的にくみ入れられたのである。

(1)　一九〇四年高等労働会議法案、一九〇六年立法研究協会法案、一九一二年ルブウク（Le boucq）法案、一九二五年コチイ（Coty）法案、同年ブロム（Brom）法案。cité par Durand, op. cit. p. 845, note 1.

(二)　解雇予告期間の構造

(1)　法的性質　一九二八年七月一九日法は、解雇予告期間に関する従来の法原理を大きく修正するものであるが、大陸法系の諸外国の場合と異り、各種の職業に適用される予告期間を法定することをせず、具体的な期間は、職業別或は地域別の慣習に譲っている。すなわち、労働法典第一巻第二三条は「予告期間の有無およびその期間は、当該地方および職業における慣習に、慣習の存在しない場合は労働協約に従って決定される。労働協約は慣習により定められた期間に抵触することができる。」とのみ規定し、職業別或は地域別に統一的に適用される予告期間を定めていない。しかし「慣習または労働協約を下廻る予告期間を定める個別契約または就業規則のすべての条項は当然に無効となる」と規定し、予告期間に関する職業慣習に公序としての法的効力を与えたのである。すなわち従来の慣習による予告期間が、両当事者間の明示的な合意、さらにはそれを擬制する就業規則によって破られ、事実上骨抜きになる危険性をはらんでいたのを是正し、職業別、地域別に現に行われている解雇予告期間に慣習法としての効果を与えた点に一九二八年法の意義が存する。従って、慣習として確立された予告期間を短縮し、或は予めこれを放棄する旨の労働契約は当然に無効の取扱いをうけることになったのである。しかし、解雇予告期間はフランス法においては解雇の有効要件ではなく、予告を行わなかったり、予告期間を守らなかった場合でも解雇が無効とはならず、単に損害賠償義務を発生させるにすぎないことも指摘しておかねばならないであろう。(1)

(1) Cass. civ. juill. 1937, Gaz. Pal., 37. 2. 806; Trib. Nantes, 25 nov. 1947, Gaz. Pal. 48. 1. 54, cité par Drouillat et Aragon, Code du Travail annoté, p. 26.

使用者が、予告期間中の賃金に等しい額の予告手当を支払う（予告期間の金銭換価）ことにより、即時解雇をなしうることは、(1) わが国の場合と同様である。また、使用者が予告期間の途中において、残りの期間の賃金を支払うことにより即時解雇をなすことも認められている。(2)

(1) Cass. civ. 6 mai 1924, D. 26. 1. 217; 19 juill 1928, D.H. 28. 464.

(2) Cass. civ. 6 mai 1924, D. 26. 1. 217.

(2)　期　間　慣習として裁判所により確立された予告期間は、職種、職階上の地位、地域別に異り、複雑でかつ尨大な体系を構成しているが、[1] 通常、労働者は八日、職員（employé）は一五日乃至一月、上級使用人（employé supérieur）はその職務の重要性に従い三ケ月、六ケ月、一年となっている。[2]

（1）　フランスでは解雇予告期間のみを集め分類した数百頁の書物が出版されているが、このこと自体、解雇予告期間の複雑な体系を示すものである。例えばPréau, Les délais de préavis。

（2）　具体的な二、三の実例をあげると、パリ地区ゴム産業労働者の予告期間は八日(Trib. civ. Seine, 24 févr. 1936, D.H. 936. 229)、パリ地区ガラス工が一五日（Trib. civ. Seine, 9 avr. 1936, Quest. prud. 1937. 34)、自動車販売人一月（Civ. Seine. 5 févr. 1943, Quest. prud. 1943)、同じく機械工の職長一月（Civ. Seine, 15 févr. 1937, Quest. prud. 1937. 536)、パリ地区工場長三月（Civ. Seine, 29 mai 1942, Quest. prud. 1943. 265)、トゥルーズ上級使用人六ケ月（Paris, 16 mars 1937, Quest. prud. 1937. 735）等となっている。なお若干の職業、例えば建築業や旅館業においては時間賃金で雇用されている労働者には古くから解雇予告期間の慣習が存しない（Civ. avr. 1910, S. 1913. 1. 350; Civ. 8 juill. 1937, D.H. 1937. 485; Paris, 22 févr. 1906, D.P. 1907. 2. 39)。cité par, Durand, op.cit. p. 847, note 1.

ただし例外的に六〇%以上の身体障害をうけた戦争年金者（一九二四年四月二六日法）、ジャーナリスト（一八三五年三月二九日法）、商事代理人(一九三七年七月一八日法)、家屋の門衛(一九三九年一月一三日法)、については、法律により予告期間の最低限が定められている。[1]

（1）　戦争年金者の解雇予告期間は、日給者にあっては二週間、月給者の場合は二ケ月、ジャーナリストの予告期間は、勤続三年以下の場合は一ケ月、三年以上の場合は二ケ月、商事代理人は、勤続一年未満一ケ月、一年以上二年未満二ケ月、二年以上のもの三ケ月、門衛の場合は三ケ月と規定されている。協約または慣習がこれより有利に定められているときは勿論有利な方に従うわけである。

(3)　解雇予告期間が適用されない場合　予告期間の制度が行われている職業であっても、次のような場合には予告を行うことなく契約を解除することができる。

(イ)　第一は、試用期間中の労働者である。試用期間は、職業や地域毎に多くの場合、慣習や協約によりその日数が定められているが、試用期間中の労働者に対して解雇予告の制度が適用されないことが判例法上確立している。(1)しかし協約に反しない限り、当事者間の合意により慣習より長期の試用期間を設けることが認められているが、それが解雇予告の制度を免れるためになされたものである場合には違法とされている。(2)

(1)　Cass. soc. 5 janv. 1945, D. 45. 1. 188.

(2)　Cass. civ. 25 avr. 1936, S. 36. 1. 80.

(ロ)　第二に、労働契約を存続させ難い重大な過失を契約当事者の一方が犯した場合には、予告期間なしに直ちに契約を解除しうることが認められている。(1)労働者側について即時解雇を正当ならしめるほどの重大な過失と認定されたものには、業務命令の拒否、勤務中の明かな怠慢、横柄、喧嘩、傷害、欠勤の反覆、重要な遅刻、有罪と推定される刑事上の訴追等がある。(2)

(1)　Civ. 9 juill. 1901, D. 1902. 1. 128, S. 1902. 1. 114.

(2)　これらの多くの判例については、Durand, op. cit. p. 854 note 1～6参照。

(ハ)　第三は、火災、洪水、地震等の天災や、戦争等の不可抗力が発生した場合である。しかし、経済的な危機に伴う経営難や破産、使用者の意思による事業所閉鎖等は不可抗力とはみなされていない。

(4)　期間の定めのある雇用契約の更新と解雇予告

資本主義経済が高度に組織化され、各企業が単純な未熟練労働しか必要としなくなるにつれて、予告期間を短縮し或は廃止しようとする動きが使用者側にみられ始めた。解雇予告の制度を免れるための一つの手段として、短期の期間の定めのある雇用契約をつぎつぎと更新していくことがわが国におけると同様にフランスにおいてもしばしば見受けられた。通常、使用者は一日限りの契約を毎日更新し、その日の雇用契約は期間の満了により当然に消滅し、翌日は別個の期間の定めのある雇用契約が締結されたのであるから、解雇予告は行う必要がないと主張したのである。(1) しかし、この場合、それが実質的には期間の定めのない雇用契約であることは明かであり、そこには「法に対して欺瞞をなす意思」(volonté de faire fraude à la loi) が存することも明白であるとして、学説上このような契約は現実には「期間の定めのある労働契約の外見上のマスクをつけた期間の定めのない労働契約」であり、使用者は解雇予告の義務を免れないとされた。(2)

(1)　これらの例の最も多く見られたのは港湾労働者である。

(2)　Amiaud, Cours de Droit du travail, 1951, p. 911.

判例もまた学説と同じように脱法行為としてこれを捉え、次のように判示している。一般的に外見にとらわれず契約者の現実の意思 (volonté réelle) を探求しつつ合意を真の姿態として把握することは裁判官の任務に属するが、期間の定めのある労働契約は、黙示の更新により期間の定めのない労働契約となる (Cass. civ. 15 oct. 1941, D.C. 42. J. 149)。具体的には契約の期間を一年と定め、三ケ月前の予告なき限り自動的に更新するという定めをした場合、次の更新の期間が契約上定められていても、それは期間の定めのない労働契約であると判断され (Cass. civ. 17 mars 1947, D. 47. J. 295)、また黙示の更新を伴う日雇いの契約は、更新の数が限定されていない限り期間の定めのない契約として扱われ、慣習により定められた予告期間を奪う効果をもつ労働契約は労働法典第一巻二三条により無効とされている（Cass. civ. 16 juin 1937, S. 37. 1. 310; Cass. 9 avr. 1930, Gaz. Pal. 30. 2. 505)。同様に一時間ぎめの契約で更新の回数が限定されていない場合も期間の定めのない労働契約とみなされた（Cass. soc. 5 déc. 1941, S. 42. 1. 83)。

(5)　予告期間中次の求職のために認められる時間

フランス法では解雇予告の法的効果は、従来の期間の定めのない労働契約が、期間の定めのある労働契約へと転化することであると説かれている（Cass. civ. 19 oct. 1937, D. H. 38. 23; 7 dec. 1909, S. 11. 1. 57, D. 10. 1. 65)。従って予告期間中といえども従前どおりの労働条件と労務の提供が継続するわけである。しかしながら、予告期間中労働者が完全に労動時間に拘束されるとすれば、次の就職を探すためには、労働者は予告期間の満了、すなわち完全に解雇されるまでまつか、予告期間の中途において欠勤するかしなければならない。予告期間が次の労動契約を締結するまでの緩衝的な役割を果すものとして生れてきた経緯を考えれば、このような解決方法がとくに労働者にとって不利であることはいうまでもないであろう。そこでフランスにおいては、予告期間の途中に賃金を失うことなく次の職を探すための時間を労働者に与える慣習が成立してきた。通常このような慣習は「二時間」(des deux heures)という名で総称されているが、勿論、職業別地域別の慣習により具体的には種々の形態をとっている。これも前記の一九二八年法により慣習法として認められ、この慣習に反する個別契約や就業規則の条項は違法とされている。[(1)] 今日では多くの場合労働協約によって、慣習より有利に定められ、例えば一日単位でこれをとるようになっており、[(2)] 一月の最高限（例えば五〇時間）が定められている。

(1) Vincent, op. cit. pp. 452-453.
(2) Conv. coll, de la radio-élěctricité du Nord, du 20 avr. 1937, ard. 24.

三 解雇権濫用の法理

1 問題の所在

予告期間の制度並びに右の違反に対する損害賠償は、期間の定めのない労働契約を突如破棄することにより生ずる損害を防止し、或はこれを塡補することを目的とするものであった。従ってそれは解雇それ自身によって生ずる損害を救済することはできないのである。しかしながら労働契約の解除は、たとえ予告を伴った場合であっても相手方に対し不当の損害を蒙らしめる場合がありうる。例えば、雇用主が工長を他の都市より呼びよせ、定着的・継続的な仕事を与うべきことを約しながら数日を経た後に何の理由もなく、また何の過失もなく解雇するような場合、[1]或は政治的信条や労働組合に加入したことを理由として解雇するような場合がその一例としてあげられる。このような場合、使用者が予告期間さえ遵守すれば、適法な権利の行使として労働者は蒙った損害を一切甘受しなければならないのであろうか。初期の判例および学説は、民法典の論理的・形式的な解釈から、動機がいかに不当なものであっても、それは期間の定めのない労働契約の一方的解除権の行使に外ならないとして損害賠償の請求を否定していたが、一八五〇年以降の判決は、若干の躊躇をみせながらも次第に権利濫用理論を適用しつつ、不当解雇に起因する損害賠償の請求を認める立場へと変っていった。[2]すなわち権利濫用に対する責任の原則が期間の定めのない労働契約の解除に関しても認められる旨を明かにし、期間の定めのない労働契約は一方当事者の意思のみで破棄できるが、労働者を正当な動機 (motif justifié) なくして解雇した使用者は、民法典一七八〇条により与えられた解雇権 (droit de licenciement) の濫用として、たとえ予告期間を守ったとしても損害賠償の責に任ぜなければならないと判断するにいたったのである。

(1) カピタン・キューシュ「労働法提要」星野・石崎氏訳七八七頁。

(2) その間の動きを控訴院と破毀院の判決とに分けて簡明に紹介したものとしてCharriére, La rupture abusive du contrat de travail à durée indéterminée, 1933, pp. 37–41参照。解雇に権利濫用理論を適用したのはまず下級審の判決であり、ついで破毀院により認められている。

解雇に権利濫用理論を適用するに当って争われたのは挙証責任の問題であった。下級審判決は正当な理由 (motif légitime) の存在が解雇の条件であるとし、挙証責任は解雇を行った者、すなわち使用者に帰属するという結論を導き出したが、破毀院は右のような解釈は解雇権行使の自由を認めた民法典一七八〇条を侵害するものであるとし、使用者は、被解雇者が使用者の過失、すなわち解雇権の濫用を立証した場合にのみ損害賠償の責に任じなければならないという原則を樹立した。(1) すなわち下級審判決は解雇における正当な理由の存否に着目し、破毀院判決は解雇権の行使に際しての過失の有無に重点をおいた点に両者の相違がみられるのであるが、そのいずれの立場をとるかによって、解雇をした者が動機の正当性を立証しなければならないとするか、或は損害賠償を請求する者が権利濫用を立証しなければならないとするかという全く異った結論が生ずるのである。勿論破毀院の判決により後者が優位を占めたことはいうまでもないが、実際問題として労働者が使用者の内心的な意図まで探求して解雇に権利濫用があったことを立証することは外部に現われた事実を立証するよりも困難であり、解雇の無制限的な自由を抑制するものとして生れてきた権利濫用理論の効果を実質上骨抜きにするものであった。これに反して、仮に当該解雇が正当な動機（理由）に基くものであることを使用者が立証しなければならないとしても、使用者は少くとも自己自身の意思に関する問題であるから、真の理由を隠そうとしないかぎり具体的にいかなる理由で労働者を解雇したかということは、相手方である労働者が推測して立証するよりも容易に表現しうる筈である。労働者は破毀院の判決に対する不満の意を表明し、とくに鉄道従業員は解雇に際し、正当な理由のない限りすでに退職基金に払込んである金額の返還を求める請願を議会に対して行ったのである。[(2)] これらの動きに対応して一八九〇年一二月二八日法が制定され、民法典一七八〇条に挿入された。

（1）　Cass. civ. 5 févr. 1872, D. 1873. 1. 63. 5, 1872. 1. 132, cité par Durand, op. cit. p. 868, note 2.

（2）　労働者は早くから、理由の明かでない不当な解雇によって蒙る損害について雇用主の非を鳴らし、幾度か労働審判所または商事裁判所に損害賠償請求を訴えていたが、とくに被用者が長期間或る工場に勤続し、その工場に設けられた退職基金に払込をしていた場合、解雇権の濫用により蒙る損害は莫大なものとして不満の因になっていた。

2　一八九〇年一二月二七日法

一八九〇年法は、全文二ケ条よりなる極めて簡単なものである。第一条はすべての労働契約に関し、第二条は鉄道会社の退職基金に関して規定したものであるが、ここではとくに本稿の主題と密接な関係を有する第一条に限って論を進めていくことにする。第一条は民法一七八〇条に挿入され、その後労働法典第一巻第二三条に掲げられているが、解雇権濫用に関する問題点を必ずしも明確に解決したとはいい難いのである。すなわち同条は、まず期間の定めなく締結された雇用契約は常に契約当事者の一方の意思によって解除しうるという原則的規定を掲げ、その次に「但シ当事者ノ一方ノミノ意思ニヨル契約解除ハ損害賠償義務ヲ発生スルコトアルベシ」という漠然たる留保を加えただけにすぎない。従って判例学説によって争われてきた、いかなる場合に、いかなる原因によって損害賠償義務が発生するのであるか、その際の挙証責任は原告被告のいずれに分配せられるのであるかという問題には明確な解答を与えず、一切を裁判官の裁量に委ねてしまった。このような立法の不備から同法の解釈をめぐって再び論争が繰りひろげられたのである。第一はプラニオール[1]およびアッペール[2]の理論である。両者の説に従えば一八九〇年法は当然に既存の法原理を修正したものであり、その結果解雇権はもはや存在しなくなった。すなわち契約当事者の一方が自由に契約を解除しうる権利は今や同法により否定されてしまったのであり、ただ契約の解除を正当ならしめる事由の存するかぎり、これが認められるにすぎない。従って今後契約解除をなすものは、例えば相手方の義務の不履行とか事業の運営上その役務を要しなくなったとかの正当な事由を立証することを要するというのである。

(1) Planiol, note au Dalloz, 1893. 2. 377, cité par Dupont, La Résiliation du Contrat de Travail à durée indéterminée, 1932. pp. 21-22.
(2) Appert, note au Sirey, 1899-1-33.

第二はこれと真向から対立するアンドレ、ギブール[1]の見解である。この説によれば、一八九〇年法は労働契約の終了に関する既存の法原理を何等修正したものではなく、契約破棄に際して過失を冒したものが損害賠償の責に任じうることを認めた破毀院の判例を改めて確認したにすぎない。従って労働契約は契約当事者の一方の意思によって常に解除できるという民法典一七八〇条の原則はそのまま維持されているというのである。

(1) André et Guibourg, Code ouvrier, p. 60.

これに対していわば両者の折衷説ともいうべきものがボードリイ=ラカントウリーおよびヴァール(1)の理論である。この理論はかっての控訴院判決のとった立場と軌を一にするものであり、契約当事者の一方の意思による契約解除の自由は従前どおり維持されているが、解除の際に発生しうべき過失についての損害賠償責任を広く認める一八九〇年法によりこの自由は制約をうけている。従って契約解除をなそうとする者が、正当な事由を立証することを要するというのである。

(1) Baudry-Lacanterie et Wahl, Contrat de louage, no. 2247.

以上の論者はいずれも一八九〇年法の草案、議会における提案理由の説明等を引用しつつ自説の正当性を主張したのであるが、破毀院は依然として従来の判例の立場を踏襲し(1)、使用者は常に労働者を解雇する事ができるが、ただ解雇権行使の際に過失を犯し、権利の濫用をなしたことを被解雇者が立証した場合にのみ損害賠償の責に問われることを明かにしたのである。従って一八九〇年法は、従来の法原理に修正を加えたものではなく、判例法上確立された原則を法文上明確にしたにすぎないというのが破毀院の見解であり、その限りでは前に掲げた学説中の第二説が勝利を占めたわけである。それ故に一八九〇年法の効果も、解雇の際故意でなくとも過失が存するだけで解雇権の濫用が成立しうることを明かにし、裁判所を勇気づけただけに終ったといわれている(2)。

(1) Cass. civ. 20 mars 1895, D.P. 95. 1. 249.
(2) Rouast et Durand, Précis de Législation industrielle, 4e éd., p. 423.

3　一九二八年七月一九日法

その後一八九〇年法の不備を補うためにいくつかの法案が提出されたが(1)やがて一九二八年七月一九日法(2)が制定され従来の疑問に対する一応の解答が与えられた。同法は、労働法典第一巻第二三条に挿入され、解雇の自由に対する制限的な機能を果すことになった。同法により予告義務違反の解雇に対する損害賠償責任と、解雇権濫用に伴う損害賠償責任とが別個に或は競合して成立しうることが明かにされたのであるが、ここでは、解雇権濫用に対する損害賠償請求訴訟における挙証責任の問題と賠償額の決定の二項目について同法（すなわち現行法）の骨子を分説し、併せてその後の判例により具体的に解雇権の濫用と認定された事例について概観することにする。

(1)　例えば一九〇六年のガストン・ドゥメルグ法案、一九〇七年のシャンボン法案、一九二五年のコチイ法案、一九二六年ポーラン法案等々が提出されている。その詳細に関してはCharriére, op. cit. pp. 56-62参照。

(2)　V. Charriére, ibid, pp. 63 et s.; Dupont, op. cit. pp. 27 et s.

(イ)　挙証責任の転換

一八九〇年法においても、権利濫用が成立しうるためには、解雇権の濫用によって被害を蒙った労働者がその旨を立証しなければならなかった。しかるに一九二八年七月一九日法（労働法典第一巻第二三条第五項）が「裁判所は権利濫用が存在するか否かを認定するために契約解除の事情を調査することができる。判決はすべての場合において契約を解除した当事者の主張する理由を明かにしなければならない」と規定したところから、同法は暗黙のうちに挙証責任を転換したのではないかという問題が生じてきたのである。すなわち同法のいう、判決が契約を解除した当事者の主張する理由を明示しなければならないということは、解雇についていえば使用者が解雇の理由を裁判所において述べなければならないということであり、このことから被解雇者は単に正当な原因に基かないで解雇されたと述べるだけで当該解雇が解雇権の濫用でない旨の挙証責任は使用者側に帰属することになるのではないかというのである。学説は殆んどこの立場をとり、一九二八年法により挙証責任は転換せられたと説き、多くの下級審判決もまたこの見解に従ったのである。しかし破毀院は飽くまでも従来の態度に固執し、挙証責任の転換を認める下級審判決を破棄している。すなわち破毀院の見解に従えば、労働者は当該解雇によって蒙った損害と使用者が契約を終了せしめる権利 (droit de mettre fin au contrat) の行使において犯した過失とを立証するのでなければ損害賠償を請求することができない。換言すれば、使用者に解雇権濫用による損害賠償責任を認めるためには、使用者自身のなすいかなる過失も犯さなかったという立証では不充分であって、解雇された労働者が使用者の過失を立証するのでなければならない。しかして、当該解雇が権利濫用的性格 (caractère vexatoire ou abusif) を示すことが立証されて始めて使用者は損害賠償の責に任ずるのである。確かに一九二八年法の規定により、使用者は解雇の理由を裁判所において述べなければならないが、使用者の申立てた解雇理由を証拠とすることはできない。従って申立てた理由が不正確であっても、そのことにより権利濫用を構成する過失が存在すると認定することは許されないのである。すなわち、使用者の申立てた解雇理由が不正確であることを主張する被解雇者は、さらに真の理由が悪意または少くとも見逃し難い過失から生じた権利の濫用を構成することを立証しなければならない。しかし、使用者の申立てた理由が不正確なときは、それ自身使用者の過失の構成要素となるし解雇理由として中傷的非難 (imputation calomnieuse) があげられているときは、解雇が悪意によって行われたことの一つの証拠としてとり上げられなければならないというのである。

（1） Rouast, note D.P. 1930. 1. 71; Pic, Législ. industrielle, no. 1202; Capitant et Cuche, p. 413; Planiol et Ripert, t. XI, p. 107.

（2） Cass. civ. 6 avr. 1936, D.H. 36. 265. なお以下に掲げる判例は主としてDrouillat et Aragon, Code du Travail annoté, 1950より引用したものである。
（3） Cass. soc. 20 mars 1945, D. 45. 1. 268.
（4） Cass. civ. 10 févr. 1936, D.H. 36. 164.
（5） Cass. civ. 20 mail 1935, S. 36. 1. 263. D.H. 35. 395.
（6） Cass. civ. 28 déc. 1936, S. 37. 1. 232; Cass. soc. 9 déc. 1943. D. 44. J. 30.
（7） Cass. soc. 9 déc. 1943, D.H. 44. J. 30, 12 mai 1948, Bull. civ. 497.
（8） Cass. soc. 9 déc. 1944, J.C. 46. II. 3206.
（9） Cass. civ. 30 oct. 1947, Bull. civ. 65; 26 juin 1948, Bull. civ. 644.

(ロ) 解雇権濫用の観念

解雇権行使における使用者の過失は、破毀院によれば、一般的に「その原因が専ら職業的利益を配慮することなく、被用者に対する敵意（pensée d'hostilité）による解雇[1]」と定義づけられているが、フランス法においては具体的にどのような場合に解雇権の濫用が成立し、或は成立しないと認められているかを主要な項目について概観することにする。

(a)　解雇理由として使用者が最も多くあげているのは、労働者の勤務の怠慢乃至は不適格ということであるが、使用者はその業務の組織の長として、労働者が彼に委された役目を充分に果したか否かを評価する権限を有するが故に、裁判所はその評価を行うことができない[2]。換言すれば、裁判所は自己のなした評価を使用者の評価に代えることができないのである[3]。従って使用者が他のより若く、より能力のある労働者と交替させるために或る労働者を解雇することは正当な権利の行使に外ならないし[4]、肉体的能力が減じたと評価して解雇することは、例えそれが労働事故から生じたものであっても過失とはならないのである。[5] 労働者が病気にかかったときには、平癒以前に労働者を代えることが企業の必要性から止むをえない場合を除き、解雇することはできないが、[6] 病気が長びく場合には解雇の正当な理由（cause légitime）となる。[7] 従って例えば、現実に病気のために一日欠勤したことを理由に解雇したり、一五日間の診断書を提出しているのに六日目に解雇したような場合は権利濫用の責を負わねばならないと認定されている。[8][9]

（1） Cass. soc. 26 juin 1947, S. 47. 1. 170.
（2） Cass. civ. 10 avr. 1936, D.H. 36. 265; 20 mai 1935, S. 36. 1. 263, D.H. 35. 395; 8 janv. 1942, D. H. 44. J. 150.
（3） Cass. soc. 9 oct. 1941, D. A. 42. J. 21; 8 janv. 1942, D.A. 42. Somme 6.
（4） Cass. civ. 1er juin 1908, Bull. civ. 105.
（5） Cass. civ. 14 avr. 1937, S. 37. 1. 204.
（6） Cass. civ. 27 nov. 1933, S. 34. 1. 60.
（7） Cass. civ. 17 avr. 1934, Gaz. Pal. 34. 34. 2. 39, 1er sép.
（8） Cass. req. 28 juill. 1897, S. 99. 1. 33, 2e sép., D. 98. 1. 16.
（9） Cass. civ. 22 déc. 1920, D. 21. 1. 35.

(b)　右のことと関連して使用者は企業経営上の手段の唯一の判断者であるから、企業組織を変更しようとする場合は一般的に解雇権を有し、とくに新しい業務の着手にとって不要と判断される労働者を解雇することができる。[1] すなわち経済的技術的必要から使用者が与うべき仕事を有しなくなったために解雇することは権利濫用にはならない。[2] その意味で経営難も解雇の正当な理由である。[3] その際使用者はいかなる労働者を残しておくべきかを判断す

る事ができるのである。(4)

（1）Cass. civ. 24 juin 1937, D.H. 38 Somme 2.
（2）Cass. civ. 20 mars 1895, S. 95. 1. 313, D. 95. 1, 249.
（3）Cass. civ. 26 janv. 1932, S. 32. 1. 86.
（4）Cass. civ. 14 mai 1935, S. 35. 1. 203, D.H. 35. 380.

(c)　しかしながら一方において、労働者が組合に加入し、または加入しなかったことを理由に解雇することは解雇権の濫用を構成するし、(1)組合の書記或は労働審判所審判官となったことを理由に解雇することも許されないとされている。(2)同様の趣旨から使用者との紛争に組合の助力を要請したことを理由とする解雇は権利の濫用とみなされている。(3)従ってフランス法においては権利濫用理論により不当労働行為の法理を構成しようとしていることが窺われる。

（1）Cass. civ. 20 mars 1929, S. 33. 1. 52; 2 juin 1937, S. 38. 1. 22.
（2）Cass. civ. 27 mai 1910, S. 10. 1. 424, D. 11. 1. 223.
（3）Cass. civ. 27 mai 1930, S. 30. 1. 387, D.H. 30. 426.

(d)　その他例えば賃金協定の履行を要求したことを理由に労働者を解雇することや、違法な労働条件で労働することを拒否した労働者を解雇することはいずれも解雇権の濫用と認定されている。(1)(2)

（1）Cass. civ. 8 fev. 1928, S. 28. 1. 215.
（2）Cass. soc. 26 juin 1947, S. 47. 1. 170.

(ハ)　損害賠償額の算定

解雇権の濫用によって損害を蒙った労働者に対しては損害賠償の請求が認められるが、その額の算定に当っては「損害の存在を正当化し、その範囲を決定すべき諸事情」を一般的に考慮する外、次の諸点に留意すべきことが労働法典第一巻第二三条に注意的に規定されている。

1　慣習、とくに雇用の安定に関する慣習。

2　業務の性質、職務上の被用者の地位および賃金額。

3　被用者の勤続年数および年齢。

4　退職年金の控除済額および払込済額。

従って具体的にはこれらを総合的に判断した上で損害賠償額が算定されるわけである。なお、損害賠償請求権を前以て放棄する契約は明文を以て禁止され、また判決により確定した賠償額は支払について賃金債権と同様の保護をうける。

4　権利濫用と復職命令

労働法典第一巻第二三条は、権利濫用の解雇に対する恢復の手段として損害賠償の請求のみを規定しているにすぎない。確に解雇権の濫用に損害賠償責任を発生させることは、解雇の自由に対する一つの制限となるが、それは飽くまでも間接的な効果にすぎず、解雇された労働者にとっては損害賠償の請求よりもむしろ復職の方が望ましい場合が多いのである。そこで解雇権の濫用に対する制裁として裁判所は、使用者に対し労働者の再雇用を命じうるか否かが前記労働法典第一巻第二三条の解釈の争いとして起ってきた。しかし飽くまでも普通法の原則を貫こうとする裁判所は、解雇権を復職の形で禁止することは、使用者の指揮権（droit de direction）を奪うことになるという純粋に市民法的な観点から、権利濫用の解雇に対しても損害賠償しか請求できないと判断した。[1] しかしながら一方において集団的紛争における仲裁々定の法律審を行う高等仲裁法院 (Cour Supérieure d'Arbitrage)[2] は、同条の解釈として権利濫用の解雇に対し復職を命じうるという立場をとり、ここに個別的紛争における最高裁判所としての破毀院の見解と集団的紛争における最高裁判所としての高等仲裁法院の見解は完全な対立を示したのである。[3] 労働関係を集団的な紛争の場においてとらえる高等仲裁法院の判決が伝統的な市民法概念に固執することなく、大胆に労働法理論を切り開いていったことは論者の指摘するところであるが、その意味において高等仲裁法院が解雇権の濫用に復職という救済手段をとっていることは注目に価しよう。同時に高等仲裁法院は、挙証責任についても一九二八年法により完全に転換したという立場をとっている。従って当該解雇が組合活動や従業員代表制等労働者団体の法の場において発生したものである限り、被解雇者は権利濫用の解雇であると述べるだけで、その後の挙証責任は使用者が負い、場合によっては復職の可能性も生れてくるわけである。

(1) P. Augnier, Arbitrage et Surarbitrage dans les conflits collectifs du travail, p. 117, p. 124.
(2) 拙稿「フランス労働法における紛争調整機構」私法八号参照。
(3) Amiand, op. cit. p. 919.

四　従業員代表・経営協議会役員に対する解雇制限

従業員代表並びに経営協議会役員が労働者の利益代表として果している役割[1]の重要性については改めて述べるま

でもないが、組合役員と異り多くの場合、使用者と雇用契約関係にあるものが多い。従って解雇の脅威にさらされ、その職務を充分に遂行することができなくなる可能性も生ずるわけである。そのためフランスにおいては、これらの労働者の解雇を制限する特別法が制定されており、側面から労働者の利益乃至は団結権を擁護するように仕くまれている。すなわち使用者が従業員代表並びに経営協議会役員たる労働者を解雇しようとする場合には、その旨を経営協議会に通告し、多数決による同意をえなければならない（一九四五年二月二二日命令、一九四六年四月一六日法参照）。経営協議会の同意がえられないときは、労働監督官にその旨を通告し、監督官の許可をえた場合には労働者を解雇することができる。労働監督官の決定は行政処分としての性格を有し、関係当事者（使用者、当該労働者、経営協議会）は異議の申立てを参事院に対して提起することができる。

（1）その概略については拙稿「フランスの経営協議会」季刊労働法第一一号参照。

五　雇用解雇統制立法

以上がフランスにおける解雇の法理と法制の概要であるが、戦後計画経済の一環として労働者の採用と解雇を行政権により規制する法令が制定されているのでその概略について簡単に附記しておくことにする。一九四五年五月二四日命令により労働大臣は労働者団体の意見を聴取した後、工業商業と自由業その他の二種類の職業別に分類された名簿を作成することになっているが、その中自由業については解雇は県労働局への事後の届出で足りるが、商業工業においては県労働局の事前の許可(autorisation préalable)を必要とし、その際解雇の理由を明記するよう罰則を以て強制している。労働局は右の許可申請書受理後七日以内に受諾、拒否、調査の回答をなすことになっており、回答がない場合は受諾(許可)として取扱われる。また労働局の決定に対する異議の申立ては地方労働局長宛に行うように定められている。

さて右の解雇統制法は罰則を以て解雇の事前の許可を要請しているところから、使用者が許可をえないで解雇した場合には当然に罰則の適用をうけるが、対労働者との関係で当該解雇が無効となるのか、損害賠償請求権を発生させる過失となるのか、或は有効であるのかが問題となった。しかし破毀院は、許可をうけない唯一の制裁は罰則の適用のみであり、そのことにより労使間を規制する普通法は侵害されない[1]と判断し、参事院もまた行政訴訟に附随して、行政当局の許可はその評価を司法裁判所の判断に代える権利を有しないし、また労使間の私法関係に介入する権利を有しない[2]として、解雇統制法違反の解雇も有効と判断している。しかしながら、現実には使用者に解雇理由と事前の許可を要求する右の立法が、解雇の自由に対する一つの圧力となっているといっても決していいすぎではないのである。

(1) Cass. soc. 24 janv. 1947, S. 47. J. 73, Gaz. pal. 47. 1. 71; Cass. soc. 3 juin 1948, J.C.P. 48. 1I. 4462. 2 sép.

(2) Cons. d'État, 18 juin 1947, Gaz. Pal. 67. 1. 282, S. 47. 3. 81, D. 47. J. 356; 29 avr. 1949, Gaz. Pal. 47. 1. 282, S. 47. 3. 81, D. 47. J. 356; 29 avr. 1947, Gaz. Pal. 25 mai 1909.

二　フランス法における差別的解雇とその救済

一　まえがき

ＩＬＯ総会は、一九四九年に「団結権および団体交渉権についての原則の適用に関する条約」（第九八号）を採択している。同条約第一条は、労働者が「雇用に関する反組合的な差別待遇に対して十分な保護をうける」旨を規定し、その保護の中には、とくに「組合員であるという理由、または労働時間外、若しくは使用者の同意をえて労働時間内に組合活動に参加したという理由で労働者を解雇し、その他その者に対し不利益な取扱をすること」が含まれる旨を明記している。すなわち、同条約は、団結権を実質的に保障していくためには、団結権行使の国家からの自由（ＩＬＯ八七号条約）と並んで、「団結権行使の使用者からの自由」の確保が不可欠の要素であることを国際的な基準として掲げているのである。このように、今日、ＩＬＯ九八号条約が採択されていることは、使用者に対する関係での団結権行使の自由の確保の重要性が、団結権保障についての国際的な共通の理解となっていることを物語るものである。したがって、一国において、団結権の法認がなされていることは、使用者に対する関係での団結権行使の自由の確保が公の政策となっていることを示すものとみてよいであろう。

しかしながら、目標が同じであるとはいえ、どのような方法で「団結権行使の使用者からの自由」を確保していくかは、それぞれの国によって異る。例えばアメリカやカナダ、日本、フィリピンなどでは、そのための特別の国の機関を設けることにより使用者の団結権侵害に亘る一定の行為（不当労働行為）を排除していこうとしているし、フランスやドイツでは、主として司法上の救済によって使用者の反組合的行為を禁圧していこうとしている。またイギリスでは、ＩＬＯ九八号条約を一九五〇年に批准しているが、未だに同条約の内容を具体化する国内法は制定されていない。それは、労働者の団結という「事実上の強制力」によって使用者の反組合的行為が抑圧されており、労使関係への国家権力の介入を好まないという労使双方の伝統的態度が法的な規制を思いとどまらせているからである。

このように使用者に対する関係での「団結権行使の自由」の確保は、それぞれの国により、さまざまな方法で行なわれているが、本稿では、フランス法を中心に、主として組合活動を理由とする解雇がどのように取扱われているかを概観することにする。

二　一般原則

一　フランスにおける普通法上の建前としては、期間の定めのない労働契約にあっては、所定の解雇予告期間を遵守するかぎり、いつでも当事者の一方の意思によりこれを終了させることができる（民法典一七八〇条、労働法典第一巻二三条）ようになっている。しかし労働契約の解除は、たとえ予告期間を遵守した場合であっても相手方に損害を蒙らしめることがありうる。初期の判例および学説は、民法典の論理的・形式的な解釈から、動機がいかに不当なものであっても、それは期間の定めのない労働契約の一方的解除権の行使に外ならないとして損害賠償の請求を否定していたが、一八五〇年代以降の判例は、次第に権利濫用理論を適用しつつ、不当解雇に起因する損害賠償の請求を認める立場へと変っていった。つまり期間の定めのない労働契約は、一方当事者の意思のみで解除できるが、労働者を正当な動機なくして解雇した使用者は、解雇権の濫用として、たとえ予告期間を遵守したとしても損害賠償の責に任じなければならないことが判例法上確立されるにいたったのである。このことは一九二八年の改正により、労働法典第一巻第二三条[2]に明記され、今日にいたっている。

解雇権濫用の構成要素としては、使用者の悪意（intention malveillante, malicieuse ou vexatoire）、不誠実（mauvaise foi）または責むべき過失（légèreté blâmable）等が挙げられているが[3]、組合員たること、もしくは組合活動を行ったことを理由とする解雇が右の解雇権の濫用に当ることは早くから判例法上確立されていた。例えば、

(1)　組合員たることを理由とする解雇が権利の濫用に当ることは、つぎのような裁判例により明らかにされている。

(イ)　組合加入を理由とする解雇（Justice de Paix de Carmaux, 10 janv. 1908, Gaz. du pal. 1908. 1. 236; Cass. civ. 20 mars 1929, D.H. 1929. 266; Cass. civ. 2 juin 1937, S. 1938. 1. 22.）

(ロ)　組合役員並びに労働審判所審判官たることを理由とする解雇（Cass. civ. 27 mai 1910, D.P. 1911. 1223）

(ハ)　組合加入並びに組合大会への出席を理由とする解雇（Cass. civ. 20 mars 1929, D.H. 1929. 260）

(ニ)　使用者との紛争に、組合の意見を求め助力を要請したことを理由とする解雇（Cass. civ. 27 mai 1930, D.H. 1930. 426）

(ホ)　組合脱退の拒否を理由とする解雇（Trib. civ. de Lille, 12 nov. 1906, D.P. 1908. 2. 73）

(ヘ) 特定組合への加入拒否を理由とする解雇（Trib. civ. de la Seine, 1er fév. 1934, Gaz. des Trib. 1934. 2. 294）

(ト) 組合役員の職務の遂行を妨害する目的でなされた配置転換の拒否を理由とする解雇（Cass. civ. 23 mars 1950, Droit Ouvrier, 1950, p. 544）

(2) これと同一の原理は、組合員であることを理由とする採用の拒否にも適用される。したがって、つぎのような場合には使用者は権利の濫用として損害賠償の責を負わなければならない。

(イ) 組合員たることを理由とする採用の拒否（Cass. req. 13 mars 1905, D.P. 1901. 1. 113）

(ロ) 組合に加入する旨の発言を理由とする採用の拒否（Trib. Commerce Lille, 12 nov. 1906, D.P. 1906. 2. 73）

(3) 同様に組合の結成を理由とする解雇が権利の濫用に当るとされていることについては、改めて述べるまでもないであろう（Trib. civ. de La Flêche, 20 jan. 1948, Droit Ouvrier, 1948, p. 26; Trib. civ. des Bouches-du-Rhône, 21 juin 1936, Droit Ouvrier, 1939, p. 395; Cass. civ. 19 oct. 1937, S. 1937.1.373）。

(4) 正当な組合活動を理由とする解雇もまた権利の濫用に当るとされているが、主要な判例にはつぎのようなものがある。

(イ) 組合の会合への出席を理由とする解雇（Cass. civ. 20 mars 1929, D.H. 1929. 260）

(ロ) 組合役員就任直後の解雇（Cass. soc. 23 mars 1960, Bull. IV, n°297, p. 234.）

(ハ) 組合員の利益擁護、または賃上げの要求を理由とする解雇（Trib. de Paix de Guêret, 2 fév. 1951, Droit Ouvrier, 1951, p. 231; Trib. civ. de Guêret, 4 juillet 1951, Droit Ouvrier, 1952, p. 95）

(ニ) 労働立法の適用の要求を理由とする解雇（Trib. civ. de la Seine, 2 janv. 1948, Droit Ouvrier, 1948, p. 256; Cass. civ. 30 juin 1949, Droit Ouvrier, 1950, p. 468）

(ホ)　就業時間外に就業場所を離れたところでなされた組合のパンフレットの配布、並びに演説を理由とする解雇 (Trib. civ. de la Seine, 28 avril 1951, Droit Ouvrier, 1951, p. 497)

(ヘ)　組合出版物の所持を理由とする解雇 (Conseil des Prud'hommes de la Seine, 21 janv. 1949, Quest. Prud'hom. n°25, p. 31)

(ト)　印刷物の企業内持ち込み禁止の規定に違反し、更衣室内で組合のパンフレットを所持していたことを理由とする解雇 (Trib. civ. de la Seine, 11 juin 1956, J.C.P. 1956. IV, p. 103)

以上のようないくつかの裁判例を通じて、フランスにおいては、それなりに団結権保障の法制が確立されてきたのである。とくに第四共和国憲法制定後の破毀院判決は、憲法上の団結権保障の規定を真正面からもち出し、組合活動を理由とする解雇に損害賠償の支払いを命ずる下級審判決は法の適用を誤っていないと判示するにいたっている。(4)

(1)　外尾「フランスにおける解雇の法理」季刊労働法一八号一一四頁以下参照。

(2)　労働法典第一巻二三条はつぎのように定める。
「期間の定めのない雇用契約は、契約当事者の一方の意思により、何時でも解除することができる。」

「契約当事者の一方の意思による契約の解除は、損害賠償の原因となしうることができる。解雇予告期間の不履行に対して認められる損害賠償は、他方において契約当事者の一方の意思による契約解除の濫用を原因とする損害賠償と同一のものではない。裁判所は、権利の濫用の有無を判断するために、契約解除の諸事情を調査することができる。判決は、すべての場合において契約を解除した当事者の主張する理由を明白に示さなければならない」。

(3)　Cass. civ. 18 mars 1930, v. Lévy, Rupture brusque et la rupture abusive du Contrat de Travail, Droit Ouvrier, 1948, p. 235.

（4） Cass. 3 janv. 1958, D.H. 19 fév. 1958, p. 119. 事案はつぎのようなものである。ある製薬会社の従業員アントワーヌは、職業上の不適格性を理由に解雇された。アントワーヌは、本件解雇が争議終結後間もなく他の組合の戦闘的分子と一緒になされているところから、組合活動を理由とする不当な解雇であるとして損害賠償請求訴訟を労働審判所に提起し、勝訴の判決をえた。右の判決は、控訴審であるセーヌ民事裁判所においても支持された（Trib. civ. de la Seine, 4 avr. 1955）が、会社側は、さらにこれを不服として破毀院に上告した。会社は、(1)企業主のみが企業運営上の技術的・財産的状態についての唯一の判断者であること、したがって企業主のみが従業員たる資格を剝奪するか否かを決定しうること、(2)組合員たる資格を有することは、解雇に関して、労働者になんら特権的な地位を与えるものではないこと、(3)本件解雇は、従業員としての職業上の不適格性に基づくものであることを主張したが、破毀院は、争議直後になされたアントワーヌの解雇と組合活動との間には、因果関係があるという原審判決の事実認定に基づき、つぎのように判示しつつ会社側の上告を棄却している。「一九四六年一〇月二七日の憲法前文によれば、〈何人も組合活動を通じて、自己の権利と利益を擁護することができ、また自己の選択する組合に加入することができる〉と規定されており、したがって組合活動を理由としてなされた解雇により蒙った損害を回復することを上告人に命じた原審判決は、法律上の根拠に基づいている」。

二　ところで、組合員たること、もしくは組合活動を理由とする解雇が損害賠償責任を発生させるとしても、訴訟法上の原則によれば、権利濫用の解雇であることは損害賠償を請求しようとする労働者がこれを立証しなければならない。しかし実際問題として、労働者が使用者の内心的な意思まで探求して解雇に権利濫用があったことを主張し、立証することは極めて困難であり、解雇の無制限的な自由を抑制するものとして生まれてきた権利濫用理論の効果を実質上骨抜きにするものであった。これに反して使用者は、少くとも自己自身の意思にかかわる問題であるから、真の理由を隠そうとしないかぎり、具体的にいかなる理由で解雇したかということは、相手方である労働者がこれを推測して立証するよりは簡単な筈である。そこで下級審判決は、正当な理由の存否が解雇を有効に行うための要件であるとして、挙証責任は解雇を行った者すなわち使用者に帰属するという結論を導き出そうとした。しかし破毀院は、右のような解釈は、解雇権行使の自由を認めた民法典一七八〇条を侵害するものであるとし、使用者は、被解雇者が使用者の過失、すなわち解雇権の濫用を立証した場合にのみ損害賠償の責に任じなければならないという原則を捨てなかった。(1)

しかしながら問題は、一九二八年七月一九日法が労働法典第一巻二三条を改正し、「裁判所は、権利の濫用の有無を判断するために、契約解除の諸事情を調査することができる。判決は、すべての場合において契約を解除した当事者の主張する理由を明白に示さなければならない」と規定したところから新しい局面へと移っていった。

学説および仲裁判決は、ほとんど同法により挙証責任が転換されたと解した。すなわち同法のいう「判決は契約を解除せる当事者の主張する理由を明示しなければならない」ということは、解雇についていえば、使用者が解雇の理由を裁判所において述べなければならないということであり、このことから被解雇者は単に正当な事由に基づかないで解雇されたと主張するだけで当該解雇が解雇権の濫用でない旨の挙証責任は当然に使用者側に帰するというのである。(2)

しかし破毀院は、あくまでも従来の態度に固執し、挙証責任の転換を認める下級審判決を破棄している。すなわち破毀院の考え方によれば、使用者に解雇権濫用による損害賠償責任を認めるためには、やはり被解雇者自身が、当該解雇が権利濫用的性格を有することを立証しなければならない。(3)確かに一九二八年法の規定により、使用者は解雇の理由を裁判所において陳述しなければならないが、その理由が不正確であっても、そのことだけにより権利濫用を構成する過失が存在すると認定することは許されないのである。(4)使用者の陳述する解雇理由が不正確であることを主張する被解雇者は、さらに真の理由が悪意または見逃し難い過失から生じた権利の濫用を構成することを立証しなければならない。ただ使用者の申立てた理由が不正確であるときには、それ自体使用者の過失の構成要素の一つとなりうるし、[5] 解雇理由に、労働者に対する中傷的非難が含まれているときには、解雇が悪意によって行なわれたことの一つの証拠となりうるにすぎないというのである。[6]

（1）Cass. civ. 5 févr. 1872, D. 1873. 1. 63.
（2）C.S.A. 5 août 1938, Gaz. du pal. 1938. 2. 400; P. Durand, Traité de Droit du Travail, t. II, p. 872; M. Boitel, Association du Droit Social, Droit Ouvrier, 1939, pp. 273 et s.; P. Pic, Traité, p. 854; A. Rouast, note D.P. 1930. 1. 71.
（3）Cass. civ. 6 avr. 1936, D.H. 36. 265; Cass. soc. 20 mars 1945, D. 45. 1. 268; Cass. civ. 10 févr. 1936, D. H. 36. 164.
（4）Cass. civ. 28 déc. 1936, S. 37. 1. 232; Cass. soc. 9 déc. 1943, D. 44. J. 30.
（5）Cass. soc. 9 déc. 1944, J.C. 46. II. 3206.
（6）Cass. civ. 30 oct. 1947, Bull. civ. 65; 26 juin 1948, Bull. civ. 644.

三　実際問題としては、当該解雇が組合活動を理由とするものであったとしても、使用者は、ほとんどの場合、それが経営難とか、仕事の入手難とか、あるいは労働者の不適格性、不都合な行為に基づく解雇であると主張する。したがって裁判所は、まず第一に、使用者の主張する解雇理由が真正なものであるかどうか、あるいは真の理由をカムフラージュするためのものであるか否かを確定しなければならない。そのために裁判所には職権によって事実関係を調査する権限が与えられている。その限度において挙証責任の分配の問題は、労働者側に有利に扱われているといってよい。

そこで裁判所は、例えば当該労働者が長年の職業上の経験を有し、[1] またはこれまでに使用者からなんら非難されることなく数年間勤務していた等の事情から、[2] 職業上の不適格性を主張する使用者の解雇事由が不正確であると認定し、あるいはとりたてていうほどのことでもない軽微な労働者の欠点または過失を理由に解雇したり、[3] 昔の無断欠勤を今になって取上げて解雇するのは、[4] いずれもその理由が不正確であると判断している。

しかし前述したように解雇理由が単に不正確であるというだけでは、必ずしも権利濫用の解雇であることを法的に示したことにはならない。そのためには、解雇の真の動機が労働者の組合活動に基づくものであることを明らかにしなければならないのである。破毀院の見解にしたがえば、右の立証責任も労働者側に課せられていることになる。この立証は、使用者の主張する解雇理由の不正確性を立証するより遙かに困難である。しかし判例では、次第に労働者側に厳格な証明を要求しないようになり、現在では、客観的な諸事情から当該解雇が組合活動に基づくものであるらしいとの推定をなさしめる程度のものであれば足りるとされている。[5]

（1）　Trib. civ. de la Seine, 2 janv. 1948, Droit Ouvrier, 1948, p. 256.
（2）　Trib. civ. de la Seine, 9 janv. 1950, Droit Ouvrier, 1950, p. 145.
（3）　Trib. civ. de la Seine, 28 avril 1951, Droit Ouvrier, 1951, p. 466.
（4）　Trib. civ. Metz, 26 avril 1951, Droit Ouvrier, 1951, p. 273.
（5）　F. Saramito, Le renvoi pour activité syndicale, Droit Ouvrier, 1952, p. 167.

四　以上のように、解雇権の濫用によって損害を蒙った労働者に対しては、損害賠償の請求が認められるが、その額の算定に当っては、「損害の存在を正当化し、その範囲を決定すべき諸事情」を一般的に考慮する外、つぎの諸点に留意すべきことが定められている（労働法典第一巻二三条）。

(1)　慣習、とくに雇用の安定に関する慣習

(2)　業務の性質、職務上の被用者の地位および賃金額
(3)　被用者の勤続年数および年齢
(4)　退職年金の控除済額および払込済額

したがって具体的には、これらを総合的に勘案した上で損害賠償額が算定されるわけである。なお損害賠償請求権を前もって放棄する契約は明文をもって禁止せられており、また判決により確定した賠償額は、その支払いについて賃金債権と同様の保護をうけるようになっている。

五　解雇権の濫用に損害賠償責任を認めることは、確かに解雇された労働者にとってある種の救済になりうるわけであるが、権利濫用の解雇のより公平な、かつ直接的な救済が当該解雇を無効とすることにあることは改めて述べるまでもないであろう。

事実、二、三の下級審判決は、解雇権の濫用に対する制裁として、当該解雇を無効とし、労働者に原職復帰を認めたが、破毀院は、いずれもこれを破毀している(1)。すなわち破毀院は、労働契約の解除をすでに確定された事実であるとし、裁判所は契約を復活させることができず、使用者の過失は単に損害賠償責任を発生させるにすぎないと解しているのである。また当該労働者の復職を使用者に命ずることは、使用者の経営権ないし労務指揮権を奪うことになり、かつ一旦解雇された労働者を強制的に復職させれば、企業内の労使関係に種々のトラブルを生ぜしめるといった考慮がその背後には潜められているともいわれている(2)。

つまり破毀院は、解雇権の濫用によって解雇された労働者の蒙った損害を最も公平に回復せしめるのは復職であるという労働法の特殊性を見忘れ(3)、純粋に市民法的な観点から民法典一一四二条を適用し、権利濫用の解雇に対しても損害賠償しか請求できないと解しているわけである。

しかしながら一方において、集団的紛争における仲裁裁定の法律審である高等仲裁法院（Cour Supérieure d' Arbitrage）は、権利濫用の解雇に対して仲裁人は復職を命じうるという見解をとり、破毀院と対立した立場に立っている。(4)

ただいかなる場合においても復職命令が出せるわけではなく、「労働者の集団的利益の擁護」と「企業主の自由および権威の維持」との妥協が成立するような方法をとることが必要であるとされ、高等仲裁法院は、仲裁裁定が企業主の権利を過度に侵害しないかどうかを規制する権限を留保している(5)とされているのは注目さるべきものであろう。ともあれ、組合活動を理由とする解雇の問題が、集団的な紛争として提起された場合には、労働者は、原職復帰という仲裁裁定によって救済をうけうる可能性をもつわけである。

（1）　Cass. soc. 27 nov. 1952, Droit Social, 1953, p. 101.
（2）　Auguier, Arbitrage et Surarbitrage dans les conflits collectifs du travail, 1938, p. 117, p. 124; Autié, La rupture abusive du contrat de travail, 1955, p. 150.
（3）　Autier, ibid., pp. 150-151.
（4）　4 juillet 1938, Droit Social, 1938, p. 292; 15 fév. 1939, Droit Social, 1939, p. 32; 14 déc. 1954, Droit Social, 1955, p. 282.
（5）　Brun et Galland, Droit du travail, 1958, p. 578.
（6）　いかなる場合に集団的紛争としての調整手続に入りうるかという問題については、外尾「フランス労働法における紛争調整機構」私法八号参照。

三　特別法による規制

一　ＩＬＯ九八号条約の批准に伴って制定された一九五六年四月二七日法は、直接的には、ＣＧＴ系の出版労働者組合連合（Fédération des travailleurs du libre）のユニオン・ラベル使用契約（contrat de label）による雇用の独占を立法措置によって明示的に禁止しようとするものであった。(1) しかし同法は、一般的に「組合の自由を保護し、すべての労働者に〔団結権〕の自由な行使を保障する」ことを目的として制定されたものであったため、同時に組合活動を理由とする解雇に対しても一定の保護を与えるという法的な効果をもつことになったのである。

同法は第一条において「すべての使用者は、とくに採用、監督、仕事の分配、職業教育、昇進、報酬、社会的利益の供与、懲戒および解雇の方法に関する決定を行うに当り、〔労働者の〕組合加入または組合活動の行使を考慮してはならない」、「使用者が前項の諸規定に反してとったすべての手段は、権利の濫用とみなされ、損害賠償の対象となる」と規定する。したがって実質的には、これまでに述べてきたように、従来、学説判例によって確立されてきた普通法上の原則を明文化しただけの規定にすぎない。しかし団結権侵害の態様を具体的に例示し、これを明確に禁止している点で、組合の自由の保護に対するより強固な法的根拠を与えていると評することができる。すなわち同法により、これまで判例法上確立され、あるいは労働協約上の権利として労働者が獲得してきた使用者に対する関係での組合の自由に関する諸権利（日本労働法上の概念で表現すれば、不当労働行為法上の諸権利）が、立法によって明確に承認されたわけである。

ただ同法は、組合活動を理由とする解雇についての基本的な問題は少しも解決していない。すなわち「組合活動」

の概念の内容や、労働者に課せられる挙証責任、復職といったこれまでの問題点は、同法によっては少しも解決されていないのである。組合活動を理由とする解雇に対しては、依然として解雇権の濫用を理由に損害賠償の請求が認められるにすぎない。しかし同法は、第三条において、組合活動を理由とする解雇を行った使用者に対し、六千フランないし三万六千フランの罰金を課すことを規定している。つまり課罰主義によって、使用者の、団結権侵害にわたる行為を禁圧していこうとしているのである。

(1)　同法の立法過程については、外尾「フランスのショップ制」季刊労働法三一号参照。

二　従業員代表（délégués du personnel）並びに経営協議会委員（membres des comités d'entreprise）が、企業における労働者の利益代表者として果している役割の重要性については改めて述べるまでもないが、かれらの多くは事実上組合の戦闘的分子であり、委員としての活動を行うに際し、使用者と意見が対立する場合が多い。しかも組合幹部と異り、これらの委員は、一方において従業員としての資格を有しているため、解雇の脅威にさらされてその職務を十分に遂行することができなくなる可能性があるわけである。そこでフランスにおいては、これらの労働者の解雇を制限する特別法が制定されており、間接的に労働者の利益、ないしは団結権を擁護するしくみがとられている。

すなわち使用者が、従業員代表並びに経営協議会委員たる労働者を解雇しようとするときには、その旨を経営協議会に通告し、多数決による同意をえなければならない（一九四五年二月二二日命令二二条、一九四六年四月一六日法一六条）。経営協議会の同意がえられなかったときは、問題は管轄区の労働監督官の判断に委ねられ、解雇が認められるか否かの決定が下されるまで従業員としての地位は保たれる。経営協議会が存在しない企業にあっては、従業員代表の解雇は、直接、労働監督官の同意をうることが要件とされている。労働監督官の決定は、行政処分としての性格を有し、関係当事者（使用者、当該労働者、経営協議会）は、異議の申立を四ヵ月以内に労働大臣に対して行うことができるし、行政訴訟の道も開かれている。ただ労働者側に重大な過失が存在する場合には、処分が確定するまで当該労働者に出勤停止を命ずることができるようになっている。

ところで、このような特別法による規制に反して、使用者が、経営協議会ないしは労働監督官の許可を求めないで、あるいは不許可の処分がなされたにもかかわらず労働者を解雇した場合には、当該解雇は当然に無効とされる(2)。しかしいくつかの下級審判決が(3)、このような場合に復職を命じているにもかかわらず、破毀院は、労働契約が、いわゆる「為す債務」であるということから復職の強制を認めず、民法典一一四二条を適用して、使用者側の復職拒否には損害賠償責任が発生するにすぎないとしている(4)。すなわち、一九四五年二月二二日命令二二条ないし一九四六年四月一六日法一六条違反の解雇は無効であるが、いかなる法的効果をも生ぜしめるものではない(5)。使用者は、復職の債務を負うが、民法典一一四二条により強制的に履行させることができず、労働者は単にそれによって蒙った損害の賠償を請求しうるにとどまる、というのである。従業員代表や経営協議会委員たる労働者の解雇も、特別法による制限があるとはいえ、究極的には一般労働者の解雇の場合と同じように、解雇権濫用の法理に服するというのが破毀院の考え方である。

このような破毀院の見解は、当然に活発な反対をまきおこした。いくつかの下級審判決は、依然として復職を命ずることによって破毀院と対立する立場に立つことをあえて明らかにしようとした(6)。とくにバランス裁判所判決は、「たとえ裁判所が解雇は理由がないと判断しても、使用者が、従業員代表や経営協議会委員を、損害賠償を支払うことによって解雇しうることを認めることは、それに値をつけることを条件に、使用者が、その企業内の労働者の団体の首脳者の首を自由に切りうることを認めることである。このようなことは〔一九四五年命令並びに一九四六年法の〕立法者の意図ではなかった筈である[7]」と述べ、破毀院の見解に反対の意を表明している。

学説もつぎのような理由をあげて破毀院の見解に反対している。①民法典一一四二条が「為す債務」について直接強制を禁止しているのは、債務者の人格そのものに対する強制をもたらすとか、その自由を抑圧するといった場合を避けようとするものであり、そのおそれがなく、また遅延賠償手続をとってその履行を強制する方法もあるのであるから、民法典一一四二条と復職とは必ずしも両立しえないものではない[8]。②集団的紛争については、高等仲裁法院が復職を認めており、このような最近の労働法の傾向ないし指導原理に破毀院の見解は反する。法令違反の解雇が無効であるということは、論理的には労働契約が継続しているということでなければならない。破毀院の見解は、無効な解雇を権利濫用の解雇に転化せしめようとするものである[9]。③行政法の分野においては、免職が無効である場合には復職という救済が与えられているのに、破毀院の見解は、これに対立する[10]。④比較法的にみても、西ドイツとか、オランダ、ポーランド、アメリカ等の国々においては、復職が行われているが、破毀院の見解は、このような世界的な傾向に逆行するものである[11]。

（1） 外尾「フランスの経営協議会」季刊労働法一一号参照。
（2） Cass. soc. 3 juin 1948, D. 1948. 510.
（3） Trib. civ. St-Etienne, 2 juin 1951, Droit Ouvrier, 1951, p. 421; Trib. Paix d' Albert, 17 oct. 1951, Droit Ouvrier, 1951, p. 505; Trib. civ. Charolles, Droit Ouvrier, 1952, p. 50.
（4） Cass. soc. 27 nov. 1952, D. 1953, 239.
（5） Cass. soc. 3 juin 1948, D. 1948. 510.
（6） Cour d'appel de Besançon, 23 fév. 1960, Droit Ouvrier, 1960. p. 96.

（7） Trib. de Valence, 12 juillet 1955, Gaz. Pal. 1955. 2. 292.
（8） Brun, Jurisprudence en Droit du Travail, p. 485.
（9） Camerlynck et Lyon-Caen, Droit du Travail, 1965, p. 305.
（10） Rivero, Prêcis de Droit administratif, 3e êd., n° 268.
（11） Meyers, La réintêgration des salariês selon le Droit français et le Droit amêricain, Droit Social, 1962, p. 211.

解　題

本巻には、労働協約に関するものを除くフランスの労働問題と労働法に関する論文を、収録することにした。私はとくにフランス労働法を専攻したわけではなく、フランスに留学したわけでもないが、求められるままにフランスの労働法や労働問題の諸事情を紹介した論文の数は、自分でも驚くくらいの量になっていた。戦後なにもないところから出発した日本の労働法や労働問題の関係者（政府、使用者、労働者、研究者）にとっては、まず外国（西欧先進諸国）ではどうなっているかを知りたいという要望が非常に強かったのである。当時、助手になりたての私ですら、フランス語がすこしばかり読めるというだけの理由で、労働省からフランス労働法典の翻訳を頼まれたり、大会社からフランスの関係業界の労働協約の翻訳を頼まれたり、各種の雑誌社からフランスの労働問題の諸事情の紹介の論文の執筆を依頼されたりした。しかし、情報は限られていた。「フランスに行きたしと思えど」当時はかなわぬ夢であった。丸善や紀伊國屋を通じて入手しうる出版物や雑誌、新聞を頼りに執筆する以外には方法がなかった。ただ私が気をつけたのは、与えられたテーマのすべてが、歴史的流れの中で社会的・経済的な現象として生起しているということから、表面的な事象だけではなく、できるかぎり社会的・経済的な背景を含めて紹介しようと努めたことであった。それがどこまで成功したかはおぼつかない。

このような論文を、今、著作集に収録することについては、私自身かなりの抵抗を感じた。社会経済情勢は大きく変わったし、法制度も法理論も大きな変化を遂げている。また、その後、私も何回もフランスを訪れ、ブールス・ド・トラバイユ（労働取引所）を初め、主な労働組合の事務所を訪れたり、豊富な文献や資料を集めたりはしている。これらの論文を時宜にあうように書き改めたいと思わないではないが、時間と体力が許さない。そこで歴史的・思想史的になんらかの役に立ちそうなものだけにしぼることにし、かなりの論文を削除した。各論文の初出の掲載誌名と年度は次のとおりである。

第一章　フランスにおける団結と団結権
一　フランスの労働運動と労働争議権（「季刊労働法」一五号　昭和三〇年）
二　フランスにおける団結と団結権（講座　労働問題と労働法　2『団結権と不当労働行為』弘文堂所収　昭和三一年）
第二章　フランスの労働組合
一　労働組合（大野・外尾『独仏の労働組合』所収　日本労働協会　昭和三五年）
二　サンジカリズムの変遷（「経営と労働」昭和四五年六月号）
第三章　フランスにおける公共労働（「季刊法律学」二九号　昭和三五年）
第四章　フランス労働法における紛争調整制度
一　フランス労働法における紛争調整制度（「私法」八号　昭和二七年）
二　フランスの労働争議調整手続の実態（「討論労働法」三三号　昭和二九年）
三　フランスの賃金紛争調整手続（「討論労働法」四五号　昭和三〇年）
四　フランスにおける強制仲裁制度
第五章　フランスの最低賃金制（「季刊労働法」九号　昭和二八年）
第六章　フランスにおける解雇の法理

一　フランスにおける解雇の法理（「季刊労働法」一八号　昭和三〇年）

二　フランス法における差別的解雇とその救済（石崎古希記念『現代ヨーロッパ法の動向』勁草書房　昭和四三年）

索　　引

外尾健一著作集

第 7 巻

フランスの労働組合と法

2002年2月20日　初版第1刷発行

著　者
外尾健一
発行者
袖 山 貴＝村岡侖衛
発行所
信山社出版株式会社
〒113-0033 東京都文京区本郷6-2-9-102
TEL　03-3818-1019　FAX　03-3818-0344

印刷・勝美印刷　製本・渋谷文泉閣　発売・大学図書

ISBN4-7972-5076-3　C3332

外尾健一著作集

◆ 第1巻　団結権保障の法理 I

◆ 第2巻　団結権保障の法理 II

◆ 第3巻　労働権保障の法理 I

◆ 第4巻　労働権保障の法理 II

第5巻　日本の労使関係と法

第6巻　フランス労働協約法の研究

◆ 第7巻　フランスの労働組合と法

◇ 第8巻　アメリカのユニオンショップ制

◆は既刊，◇は近刊

信山社